贏球治百病

數據分析如何毀了棒球文化，
搞出美國大聯盟史上最大弊案！

WINNING FIXES EVERYTHING

HOW BASEBALL'S BRIGHTEST MINDS CREATED SPORTS' BIGGEST MESS

EVAN DRELLICH

伊凡・德雷里克

顏佑丞——譯

台灣各界主播、球評、作家、媒體推薦

「把金錢和聰明人擺在一起，你就會贏球。」《贏球治百病》呈現休士頓太空人如何在數據棒球的浪潮中，採取最極致、最冷血的管理方式，雖然如願奪冠，但球隊老闆與總管付出了身敗名裂的代價，許多名將從此被貼上作弊的標籤。這不禁讓人反思：經理人精明的操作與數據導向，真的把棒球一步步推向極端了嗎？人性與效率的拔河，該怎麼取得平衡呢？《贏球治百病》由資深記者德雷里克精心撰寫，高潮迭起，鉅細靡遺地揭露二十一世紀棒球界最大醜聞。這本書一定能讓經營管理者得到共鳴，並有所啟發。球迷也能從中一窺大聯盟產業運作的邏輯，以及新世代的數據思維如何改變棒球。非常推薦所有喜愛棒球的球迷一讀。

——Hito大聯盟主持人王啟恩

作者德雷里克在大聯盟媒體界享譽盛名、人脈廣闊，除揭露二〇一九年太鼓達人事件，也在後續報導多個關於美國職棒產業的重大議題，包含勞資衝突、規則修改等。文筆清晰、資訊豐富，重點是往往能帶來許多其他報導和專書未載及的內幕。此書絕對值得一讀。

——緯來體育台賽事主播李秉昇

身為長年雙城球迷，疫情縮水賽季雙城就是被太空人淘汰，而反派角色柯瑞亞後來加入雙城，讓我的心情更加五味雜陳！這本好書的問世讓人一窺惡名昭彰的「作弊事件」全貌，內容文筆流暢，宛如紀錄片歷歷在目，重新梳理現場對話、前因後果來龍去脈，一切都有了更立體鮮明的呈現，除了棒球領域以外也有財經等領域的新知介紹，獲益良多，誠心推薦！

——「城牆裡的棒球事」版主、棒球作家陳志強

中外野攝影機、垃圾桶、太鼓達人……大聯盟近代最肆無忌憚的醜聞，沒有人比本書作者德雷里克更會講這段故事，而他正是這項弊案的揭發者。在他充滿戲劇張力的故事中，出身麥肯錫顧問的太空人隊總管盧諾，如何在低成本經營卻又不斷累積勝場的誘因之下，一步步走入深淵，進而使球員、球迷、聯盟一同付出代價。

——棒球作家、《天才的人間力，鈴木一朗》作者張尤金

從這本書中我獲得了兩個很重要的啟發：第一，當數據決定一切時，人性將不再受到重視，身而為人的價值，也將因此被抹煞。第二，當一切只看數據時，未來的可能性將會消失，因為數據代表著過去，但未來經常在數據尚未觸及之處。期許自己能善用數據，而不要被數據給奴役了。

——商業思維學院院長游舒帆

作為在台灣提倡棒球數據的一分子，我本應該要支持球隊蒐集更多的數據和影像資料，但德雷里克用這部引人入勝的調查報導，讓我陷入了深深的反思。《贏球治百病》這書名取的十分精妙，為了追求勝利積極使用數據管理球隊本是一件美談，但逐步升級的壓力讓所有人捲入了一起棒球史上最大的作弊案。十分推薦這本書給對棒球數據有興趣的球迷朋友，或正在職業球隊任職的的夥伴們！

——中華職棒進階數據網站「野球革命 Rebas」營運長鄭凱駿

獻給琳達、瑪麗與史蒂夫。

「你的責任究竟為何？」
「創造條件，使會發生的事情發生。我可不是什麼神人來著。」
「管你是什麼來著，你的同情心在哪裡？」
「那才不干我的事。」

——瑪拉末（Bernard Malamud），《白痴先來》（*Idiots First*）

目次

序章

我拖著蹣跚的步伐，走在由校舍改建為住所的長長樓梯上，在波士頓的低溫下抽著一根又一根的菸。我應該把時間拿去做更有意義的事，但我必須要逃離現實。當時是二〇一九年二月，我剛被開除。我的記者生涯前途迷茫，銀行帳戶餘額一天天減少，體重卻直線飆升，我每天都懷疑自己究竟能不能完成我人生中最重大的一篇報導。

幾個月前，也就是二〇一八年十月，我還是波士頓紅襪隊（Boston Red Sox）的隨隊記者。當時正值美聯冠軍賽，紅襪恰巧對上我之前專職報導的球隊：衛冕冠軍休士頓太空人隊（Houston Astros），他們在二〇一七年才剛拿下隊史首座世界大賽冠軍。

我在二〇一八年季後賽獲悉一項驚人的消息，也就是太空人如何在奪冠那年「偷暗號」。我坐在太空人主場附近的飯店房間裡，和有第一手消息的線人聊著。這些消息可不是來自外界的揣測，而是來自那些參與其中的人，是真真切切的內幕消息。

我得知太空人靠著架設在中外野的攝影機，將敵隊捕手的配球暗號放大，並回傳到休息室旁的電視螢幕，使得坐在一旁的球員能夠看清楚影像，然後無恥地拿球棒和其他東西敲擊垃圾桶，把他們蒐集來的資訊傳達給場上的隊友。如此一來，打者便能占據優勢，因為他們可以預判投手要投速球還是變化球。這種借助科技來竊取暗號的行徑，已經明顯違反運動道德。更何況這不只是單一球員的劣行，而是整隊集體作弊來獲得世界大賽冠軍，全世界都被他們蒙在鼓裡。

我整個被嚇傻了。老實講，這是一則超級勁爆的新聞，是很多記者都夢寐以求、甚至還不敢報導的大新聞。我打從一開始就相信我手上擁有的消息正確無誤，但如果要拼湊出完整的故事，我勢必得拿到更多證據。

一位太空人消息來源提醒我，應該要仔細看看這件弊案的來龍去脈。這個建議在事後看來非常有道理，但同時也有點像在為他們脫罪和轉移焦點。無論如何，我想要親自了解這整起事件的前因後果，並且把它寫進我的報導中。

二〇一八年在美粒果球場（Minute Maid Park），紅襪和太空人在某場季後賽進行賽前打擊練習時，太空人的總管傑夫．盧諾（Jeff Luhnow）站在主隊休息區的台階上，他就像是球隊的設計師。在他即將離開之際，我試圖引起他的注意。「你不會有任何發現的。」盧諾的防禦心非常重，而且也表明不願跟我交談。他快速地消失在我眼前，一路走下休息區，直直進入球員通道。說起來格外諷刺，因為我才剛得知那裡正是他們作弊的地方。

後來，太空人在休士頓被紅襪淘汰。當晚，我在燈光昏暗、空無一人的球場上錄製我的電視宣傳。太空人的休息區在一壘側，離我不遠。我步入球員通道，走過一條短而寬敞的走廊，那是通往球員更衣室的走道，我想親眼瞧瞧他們上個賽季作弊的現場。垃圾桶就在我的右手靠牆處，還有幾條電線掛在一旁，代表那裡曾經擺放過電視，這個場景和我聽聞的完全一樣。我拍了幾張照片，希望某天能刊登在我的報導上。

紅襪則挺進世界大賽，對手是洛杉磯道奇隊（Los Angeles Dodgers）。我在道奇球場約見了兩位大聯盟高層，我想知道聯盟在防範各隊使用電子設備偷暗號方面，做了什麼努力。我告訴他們，我有不少理由懷疑太空人曾在去年利用電子設備來竊取暗號。

其中一位說：「我想每一隊或多或少都有嫌疑，但……」

「這是太空人內部自己說的。」我直接打斷他。

「你是說太空人有自己人承認他們這麼做過？」另一位驚訝地回道。

是的，沒錯。

「他們真的承認嗎？我不能談論這些，但我的意思是，你有你的消息，我們也有我們的消息，我們只能做到這樣。你說的事究竟有沒有發生，就聯盟而言我們完全沒聽說，我也對我們的應對措施很有信心。」

我很好奇聯盟會如何處理這起事件，他們也只告訴我最後要交由聯盟主席曼佛瑞（Rob Manfred）發落。我只是把我所知道的告訴聯盟，並不打算要干預調查結果。相反地，我很相信隨著聯盟愈深入調查太空人的作弊事件，我就能愈快一窺事情的全貌。

這是我在二〇一八年和聯盟高層進行的幾次簡短談話之一，主要談論我當時已知的情況。世界大賽結束後，另一位聯盟高層跟我說：「你大可告訴你的消息來源，如果他們願意，他們應該要來跟聯盟主席聊聊，我們絕對洗耳恭聽。但問題是，沒人來找我們啊。」當然，事情根本不會發展成那樣，因為沒有一個記者會出賣自己的消息來源給聯盟。我很清楚聯盟根本無心處理。

賽季結束後，我還不打算要將事件公諸於世，原因是這些消息來源都是不具名的，也沒有白紙黑字寫下來。如果我的報導全是基於匿名爆料，那我還得要有更多證據來佐證，而且要找到作弊的汙點證人更是難上加難，不過我還是沒有放棄。此外，我也想過大家會怎麼看待我的報導，畢竟我現在人不在休士頓服務了，寫的都是太空人敵隊的新聞，會不會有人相信也是個問題。根據我過往的經驗，太空人對媒體的控制欲很強，他們必定會想盡辦法來抹黑我和我的報導。

從二〇一三年底到二〇一六年，也就是我擔任太空人記者的期間，他們是支充滿爭議的球隊。我還在《休士頓紀事報》（*Houston Chronicle*）服務時，曾針對太空人的管理文化和決策制定提出了質疑，且該報導獲得了報社的支持。《休士頓紀事報》是當地唯一會在客場報導球隊消息，且不隸屬於太空人球團的媒體。太空人也曾對我施壓，球團老闆和首席發言人在二〇一五年與報社的編輯開會，試圖將我逐出隨隊記者的行列，單純只因他們討厭我的報導。好在令人欣慰的是，編輯都很挺我。

現在，事實就是如此，即便過了幾年，我也不會只因為害怕被拒絕就放棄報導太空人的作弊行為。但還有另一個大問題，就是我並不覺得我當時的公司有能力為我的報導背書。我那時服務於全國廣播公司的波士頓體育部門（NBC Sports Boston），對於要承擔如此重大的調查而言，它不是一間有骨氣和人力的新聞台。他們主要的工作是轉播波士頓塞爾提克隊（Boston Celtics）的籃球比賽，以及回覆廣播電台運動談話節目的內容。

於是我選了保守一點的做法，其實也是我唯一可以做的：繼續報導下去。我在二〇一八年十一月寫了篇關於利用電子設備偷暗號的文章，當初懷疑公司不會支持我的猜想很快就應驗了。隔年二月，我毫無預警地被炒魷魚，但或許我早該料到了。

被解雇後，日子彷彿慢了下來。我在波士頓的廣播電台兼職，負責在賽後和叩應來電的球迷閒聊。後來，現已隸屬於《紐約時報》（*New York Times*）的運動網站《運動員》（The Athletic）找上了我。肯．羅森索（Ken Rosenthal）成為我的新同事，他是全世界最厲害的棒球記者，他會在福斯（FOX）的全國轉播中（包含世界大賽），為了慈善團體而繫上領結，那是他的招牌。在這個新東家，我們將會一同完成我對太空人的報導。

《贏球治百病》講述了當公司利益成為多數企業領導者所信奉與追求的唯一價值時，會發生什麼事，以及當球隊深信無論他們造成多大的混亂，都能靠著世界大賽冠軍來洗白一切時，會有什麼後果。

太空人就是一場實驗。如同其舊主場有安隆公司（Enron）冠名贊助，[1]太空人帶著創新精神，在競爭中脫穎而出。二〇一一年，擁有極強商業手腕、且身兼多家公司老闆的大富豪吉姆．克蘭（Jim Crane）買下太空人，並任命前麥肯錫顧問公司（McKinsey & Company）的盧諾為總管。他們嚴守紀律和耐性，並擁抱當時還不被廣泛接受的數據分析。種種作為無不在宣示太空人將登上通往成功的飛船，準備一飛沖天。

過去這十幾年，不論是太空人或是整個球界都面臨劇烈變動，但太空人的轉型在變革管理上卻欠缺縝密的計畫。他們所追求的本質就是盤算著如何讓球隊維持好成績，這可以說是合情合理。然而，在實踐的過程中，他們缺乏贏得人心的能力，有時甚至到了全然漠視的地步。太空人深信為了做出改變，造成傷感與痛苦是必然的。只要最後能贏球，一切都會沒事，一切都會變好。歷史上哪個王朝霸業不是這樣建立的呢？

當我於二〇一四年報導太空人在職棒的聲譽時，盧諾是這樣告訴我的：「大家的認知會隨著我們贏球而改變。當我們拿下分區冠軍時，那些唱衰我們的人全會改為支持，這就是現實。你覺得如果當時奧克蘭運動家隊（Oakland Athletics）沒有成功會怎樣，有多少人會討厭魔球思維？就是因為他們靠著創意和創新不斷成功，所以才成為受人稱頌的英雄。」

太空人在奮發向上這方面並沒有錯，但問題在於他們並未意識到自己野心太大。太空人在各方面一步步地走向深淵，甚至無視路上出現的警訊和危險，最終自食惡果。當全世界發現他們的所作所為後，二〇一七年的冠軍已不足以洗刷罪名，太空人成了眾矢之的。

我們將在書中仔細檢視盧諾的生涯，以及他和老闆克蘭如何打造出這支太空人球團，還會看到他們如何步上勝利的顛峰，最後卻悲劇式地跌落萬劫不復的深谷。藉由這些故事，我想探討兩個核心概念。

第一，所有球員和球迷都渴望、也應該要渴望的是奪下世界大賽冠軍後噴灑香檳的慶祝時刻。自古以來，運動比賽最簡單又粗暴的宗旨就是：「拿下勝利，名留青史」。大家都想主宰比賽，獲取榮耀。當《魔球》（*Moneyball*）一書於二〇〇三年出版後，更加速推動棒球界對於創新思維的信仰。如此成功的典範散發著強大的吸引力，以至於那些野心勃勃的球隊高層（還有一心想成名的作家），無不群起效尤。在這樣的大環境下，我們似乎也很難責怪人們急於追求成功的心態。

本書不是要批評數據分析，或嘲諷它的實踐者，而是要凸顯在球隊重建的陣痛期中，那些

1　譯注：太空人一九九九到二〇〇一年的主場是安隆球場（Enron's Field），由美國能源公司安隆（Enron Corporation）獲得冠名權。安隆曾被《財富》雜誌（*Fortune*）連續六年評選為「美國最具創新精神公司」，後因涉入詐欺案在二〇〇一年底宣告破產。

多數人所忽略的問題。我們該怎麼看待手段和方法，而不是只在乎結果？那些跟比賽最有關聯的人，像是球迷和球員本身，或是像球探、教練和後勤人員等領著一般薪資的一般職員，他們所受到的衝擊和影響為何？當然，改變也有黑暗的一面，而且媒體往往只揭露一部分。那些看似對球隊好的事情，像是在戰績上擺爛和簽下便宜的球員，實則是幫老闆省錢的好藉口。

第二個問題和前者並存，我想探討堪稱近代棒球史上最大醜聞案的偷暗號事件，是如何發展的？這起作弊案在事發多年後還引發不少譏笑和餘波，究竟當初是怎麼走到這步的呢？

偷暗號事件最終導致盧諾和太空人的垮台，但一路上卻是因為球團管理階層和大聯盟高層放任不管，事情才會愈發不可收拾。如果仔細檢視太空人在事件爆發前幾年的管理和經營模式，其實不難看出他們正一步步走入深淵。

早在二〇一四年，我就在《休士頓紀事報》發表〈激進手段使太空人邊緣化〉（Radical Methods Paint Astros as 'Outcast'）一文，首度明確揭示一些職棒人士對於太空人管理模式的擔憂。兩年後，我在知名網站《棒球指南》（Baseball Prospectus）上寫的文章更有先見之明：

> 雖然太空人迄今沒有違反任何一條規定，但他們技巧性地操縱和影響勞資協議裡的選秀方法，卻成了運動管理課程的教材。作為受大眾信任的大型企業，大聯盟球隊該如何有道德地經營？就算沒有道德上的疑慮，大聯盟的規則在哪方面會被投機取巧者鑽漏洞？精打細算和違規操作的界線又在哪裡？

該文刊載於太空人靠著偷暗號拿到冠軍的前一年，而文章的結尾是個預示：「太空人時而成功的操作是遊走在規則的灰色地帶，這並非史無前例……我們可以確定規則不是由他們所訂，但他們可能會讓我們重新審視這些規則。」

當盧諾搭上贏球的順風車時，人們會理所當然地覺得他的策略很成功；當他被炒魷魚時，人們自然而然又會鄙視他所做的一切，覺得那都是靠作弊得來的。事實上，真相遠比我們所見的還要複雜。往後，棒球將不再光鮮亮麗、充滿傳奇色彩，而是一場由絕頂聰明和成功的人士在玩的遊戲，冷酷無情、數據掛帥、一切以商業為導向，這場遊戲時而充滿歡笑，但多數時間令人瘋狂。這就是休閒娛樂走向企業化的後果。

第一章 魔球典範

羅伯特·哈洛威（Robert Holloway）期待在奧克蘭競技場[1]接受一場「文化洗禮」，這也意味著球場的食物不算太難吃。哈洛威是個講話帶刺的英國佬，既不懂棒球，也沒打算要弄懂，他之所以出現在場邊，純粹只是因為同事盧諾要他來的。哈洛威在一間名為「原型方案」（Archetype Solutions）的新創公司擔任執行長，該公司於一九九九年在舊金山灣區成立，主要業務是利用演算法來替客戶設計出最符合他們的服飾。盧諾則擔任公司的營運長，同時還是一位棒球狂熱者。他們原先共用一間「又破又小」的創業投資辦公室，後來才搬到奧克蘭運動家隊的主場旁。二〇〇〇年，哈洛威靠著商業人脈認識了盧諾。「他是個專家，在幕後進行研

---

1 編按：奧克蘭競技場（Oakland Coliseum），位於奧克蘭的多功能球場，可供美式足球、棒球和足球比賽使用。奧克蘭競技場目前也是運動家隊的主球場，但運動家隊已計畫在二〇二七年將主場搬遷到拉斯維加斯的新球場。

究，而我則在幕前出一張嘴。我們兩人是如此的不同，所以才成為絕配。」哈洛威說道。

盧諾的個性文靜不愛交際，過去曾擔任過管理顧問。他的學歷令人眼睛為之一亮，不僅擁有賓州大學經濟和工程雙學位，還有西北大學的企業管理碩士學位。這份學歷在當時已堪稱完美，幾乎可以讓他錄取任何職位，除了他最想投入的棒球產業，於是他把空閒時間都花費在「夢幻世界」裡。

盧諾對棒球的熱情並不僅於大聯盟賽事，他從大學時期就熱中於「夢幻棒球」（Fantasy Baseball），在遊戲裡擔任模擬總管，創建和管理自己的球隊。夢幻棒球在美國是款家喻戶曉的遊戲，哈洛威這樣描述盧諾：「他真的非常熱血，整天都沉迷於夢幻棒球之中。我連那是不是線上遊戲都記不得。」

即使遊戲版本不斷推陳出新，但夢幻棒球的核心概念始終不變。玩家會藉由選秀來獲得球員，而遊戲裡的勝負則取決於球員在現實比賽的表現。夢幻棒球的雛形是在一九八〇年代出現，一開始稱作「烤肉棒球」（Rotisserie Baseball），由一群記者在紐約的法國餐廳開創，當時還得靠著紙筆和報紙上的分數欄來手動計算數據。但隨著網際網路發達，以及諸如雅虎（Yahoo）和哥倫比亞廣播公司（CBS）等平台媒體流行起來，夢幻棒球變得更容易上手。賽事只需要靠著數據機撥接上網，便能從傳統的表格紙筆戰，一躍成為電腦計算上的對決。

史帝夫．坎波（Steve Campo）是盧諾在「原型方案」很要好的同事，也是一位夢幻棒球愛好者。他們不僅在大學時期是室友，在前一間新創公司也是工作夥伴，他們成天都在聊遊戲裡的球隊。盧諾曾嘗試向哈洛威解釋遊戲規則，可惜沒有成功，他甚至還以為那個遊戲叫作「幻想棒球」（fancy baseball）。

哈洛威說：「我不懂棒球，所以我無法理解。但我大概知道他和其他玩家都在打造屬於自己的球隊，依照球員實際表現來獲取積分，然後互相對戰，他們就像是總教練。盧諾總是跟我說他掌握到的數據、知識和資料比其他人還要多，他這方面真的很厲害。」

許多人從小就夢想成為像米奇・曼托（Mickey Mantle）一樣的明星打者，或是像鮑伯・吉布森（Bob Gibson）一樣的王牌投手。也有人嚮往能夠成為經營球隊的總管，打理所有關於球員交易和簽約的事務。夢幻棒球打開了這扇大門，使得人們相信他們真的能實際管理一支球隊。不論是朋友還是同事，個個都摩拳擦掌，想要拿出看家本領來證明自己的決策最為出色。

自然而然地，人們都成了鍵盤總管，自以為拿個幾場勝利就能成為一位優秀的總管。但事實上，球隊總管不只要負責球員名單，他們還要監督球隊營運和人事管理，這可不是一般人有能力去做的。不過盧諾並不一般，他過去曾擔任過管理顧問，對於計算和研究非常在行，而這樣的經歷讓盧諾成為一位出色的模擬總管。

哈洛威又說：「我不懂這樣做有什麼好玩的，不過他開心就好。他愛棒球愛到成痴了，深深著迷於那些數據和成績。他非常適合我們公司，因為我們本質上就是靠著數據和演算法來替客戶找出最合適的服裝。」

盧諾的身材並不高大，站姿有點外八，而且戴著眼鏡讓他看起來像個書呆子。他在墨西哥市的高檔社區長大，父親的工作是撰寫旅遊手冊，在全國的旅館都能看到他的作品。青少年時期的盧諾在墨西哥也打棒球，高中時搬到加州繼續就學。在盧諾十五歲時，也就是一九八一年，來自墨西哥的費南多·瓦倫祖拉（Fernando Valenzuela）在大聯盟刮起一陣「費南多旋風」（Fernandomania）。這名新崛起的道奇王牌投手靠著優異的表現和獨特的投球動作，讓墨西哥舉國為之瘋狂。

盧諾就讀賓州大學時，曾試著寫信給道奇老闆彼得·歐麥利（Peter O'Malley），但從沒得到任何回信。棒球界當時並不看重他的學經歷，因為在球隊裡負責評估和交易球員的高階管理職位，幾乎都是留給那些打過職業棒球的「圈內人」。盧諾能參與其中的工作，頂多就是分析票房收入和場邊美食的銷售量。

然而，盧諾並不輕言放棄。盧諾說：「我出生在一個創業世家，父母親和祖父母那輩都是企業家。我高中時覺得不可能再靠著創業而賺錢，因為那些好點子和商機早就被人搶先用完了。不過你看優步（Uber）就是一個很好的例子，他們的理念很簡單，就是利用共享乘車的方式來賺錢，為什麼過去從來沒人想過可以這樣做呢？我們可能以為所有領域都已經被開發完了，但事實上總是會有新的未知藍海，只是我們還沒找到而已。」

二〇〇三年，一位前職棒球員及一位作家改變了一切，他們是比利・比恩（Billy Beane）和麥可・路易斯（Michael Lewis）。比恩曾是一名潛力十足的新秀，後來成為奧克蘭運動家隊的總管，而路易斯則將比恩的故事寫成一本書。他們的故事為那些像盧諾一樣有才能的鍵盤總管，開啟了進入棒球界的大門。

「我記得盧諾當時非常迷戀一本新書。」哈洛威說道，「那本書叫什麼來著？」

——**《魔球》**

一九九〇年代，盧諾在麥肯錫顧問公司的芝加哥辦事處擔任五年的顧問。他還是個通才，業務跨足於石油與天然氣、金融服務、零售和民生用品等行業。不過，他更專精於零售業和餐旅業。

對於從一流商學院畢業，並且想要進入管理顧問這行的學生來說，應徵麥肯錫公司就像申請明星大學。其他公司可能也會教你同樣的知識，工作內容也大同小異，但履歷表上印著哈佛大學或是史丹佛大學，就能讓你從眾多求職者中脫穎而出。麥肯錫就如同那些名校，在業界是最負盛名的公司，甚至可以說它在管理顧問的影響力上，猶如速食業裡的麥當勞，儘管兩者的收費天差地遠。

麥肯錫公司與波士頓顧問公司（Boston Consulting Group）及貝恩顧問公司（Bain & Company），被稱作管理顧問界的三巨頭，即便還有其他小型顧問公司存在，但三巨頭擁有最多和最重要的商業客戶。根據麥肯錫官方網站二〇二一年的資料顯示，他們擁有超過三萬名員工，公司據點遍布超過六十五個國家。

然而，麥肯錫公司過去捲入的爭議事件卻層出不窮，近年更是如此。他們在一九六〇年代崛起，公司業務內容與大型企業的發展，乃至整體經濟的發展都有密切的關聯。一九七〇年，經濟學家傅利曼（Milton Friedman）主張企業最首要的責任是增加利潤，企業的義務就是對股東負責。

針對此主張所造成的影響，耶魯大學法律學教授馬科維茲（Daniel Markovits）在《大西洋雜誌》（*The Atlantic*）評論道：「如此的信條給了野心勃勃的管理顧問新的準則。在一九七〇、八〇年代，這些管理顧問奉行這條準則到了幾近無情的程度。他們將目標鎖定在公司的中階管理人員上，因為這些人當時在企業占有主導地位，但他們的薪資卻拖垮了整體利潤。到了九〇年代經濟極為繁榮的時期，裁員縮編的熱潮也到達最高峰。」馬科維茲的標題為〈麥肯錫如何摧毀中產階級〉（How McKinsey Destroyed the Middle Class），該文刊載於二〇二〇年。

二〇一八年，《紐約時報》記者博丹尼奇（Walt Bogdanich）和傅才德（Michael Forsythe）也有類似的文章，以〈麥肯錫如何幫助威權政府提高地位〉（How McKinsey Has Helped Raise the Stature of Authoritarian Governments）為題，報導麥肯錫公司試圖為被判處叛國罪的烏克蘭前總統亞努科維奇（Viktor Yanukovych）提升形象，以及他們在中國和沙烏地阿拉伯等國家捲入的一些醜聞。

報導寫道：「麥肯錫曾製作一份報告，記錄沙烏地阿拉伯人民對於其政府一些重大政策的觀感，並特別點出三位經常在推特（Twitter）上發布負面言論的人。根據一個人權組織的調查，其中一人後來被抓了起來。」沙烏地阿拉伯對麥肯錫來說是非常重要的客戶，所以即便在二〇一八年，《華盛頓郵報》（*Washington Post*）的專欄作家哈紹吉（Jamal Khashoggi）遭到該國情治人員殘忍殺害，麥肯錫仍選擇參加沙烏地阿拉伯舉辦的一場大型投資會議。

除此之外，麥肯錫亦捲入普度製藥公司（Purdue Pharma）的醜聞案中。過去幾十年來，美國一直面臨藥物濫用危機，而普度製藥還是不斷生產類鴉片止痛藥「奧施康定」（OxyContin），甚至隱瞞該藥物的高成癮性和致死風險。根據《紐約時報》報導，麥肯錫在二〇一七年曾向普度製藥建議：「只要每造成一位消費者上癮，就給予販售奧施康定的經銷商回扣。」後來麥肯錫同意支付五億七千三百萬美元的和解金，而公司的全球管理合夥人施南德（Kevin Sneader）也親自出面道歉。二〇二一年，施南德被其他合夥人投票撤換，麥肯錫公司的聲譽也大受打擊。雖然不少圈內改革派人士，甚至圈外人都對麥肯錫表達諸多不滿，但時至今日，該公司在商界仍然具有舉足輕重的影響力。

在盧諾還是顧問的一九九〇年代，麥肯錫以及它所祭出的高薪職缺無疑是很多人夢寐以求的終極目標。每間顧問公司底下都有各式的專業團隊，但基本上都會訓練員工要對數字計算有近乎宗教般的狂熱精神。人們所提出的主張不能只憑個人信念，還必須要有資料的佐證。顧問被教導要更深入地研究，還有對事情抽絲剝繭，並關注經濟學原理如何在特定情境下運作。如果公司有個部門正在虧損，那麼目標就是找出最根本的原因。一九九九年五月，盧諾當時在麥肯錫擔任副主管，且即將成為合夥人，但他卻選擇離開公司，走向他第一次的創業之路。

哈洛威說：「盧諾好像去了一間叫作Petfoods.com還是Pets.com的公司，我不記得現在的名字了。這間公司專門運送狗食，我總覺得那是個奇怪的商業模式，但管他的，那間公司的業務正在萎縮，的確是入主的好時機。」

盧諾去的公司其實叫作Petstore.com，後來被Pets.com收購。公司最終在網際網路泡沫化下以失敗收場，但不管盧諾有沒有加入，都無法改變他們失敗的結局。盧諾前去Pets.com的管道和後來認識哈洛威的差不多，都是靠著人脈和背景。當哈洛威在創立「原型方案」時，其實和兩位盧諾都談過，一位就是盧諾，另一位是他的哥哥克里斯．盧諾（Chris Luhnow）。克里斯也是位管理顧問，任職於波士頓顧問公司。在一間創投公司的要求下，克里斯的前同事於一九九〇年代成立這間寵物用品公司，並邀請克里斯加入。後來盧諾也加入了，負責公司行銷。

僅僅過了三個月，公司員工數就從零增長到七十人。當他們成立人資部門後，其中一項任務便是親自詢問和記錄每個員工實際的工作內容。公司不惜花大錢開發客戶，因此盧諾得以掌管一筆龐大的資金。一位同事回想起公司曾經跟雅虎簽了一張價值上百萬美元的大單，並說道：「盧諾是個很稱職的行銷，而且他非常聰明。他很有創造力，也很勤奮，不過感覺活在自己的世界，比較注重個人利益而非團體利益，但那時候的程度不會太誇張。」

一九九九年十一月，公司砸了超過一千五百萬美元發布首次的全國廣告宣傳活動，包含架設全新網站、發布六支電視宣傳片，以及在廣播節目和雜誌中置入廣告。「我們的廣告宣傳和網站都把重點放在人類和動物的情感連結上，因為我們完全能理解飼主及其需求。我們本身也是動物愛好者，所以深知寵物與人之間深厚的情感連結。再者，我們也很清楚動物照護專家必須給出正確的資訊和建議，這非常重要。」時任客服部門副總裁的盧諾在記者會上如此表示。

但幾個月後，盧諾就跳槽到了「原型方案」，和哈洛威組成搭檔。執行長哈洛威掌管銷售、法務和行銷，而營運長盧諾負責公司營運、策略分析和產品開發。隨著公司員工數增加到三十人，他們的業績一飛沖天，客戶包含JCPenney、Sears、QVC等百貨和購物業者。哈洛威表示：「我們遙遙領先。」公司能有這樣的成果，很大一部分要歸功於盧諾所指導的分析技術。

他們研發出一套可以預測客戶體態的演算法，從而生產出獨一無二的布料圖案，並製造出一件號稱是「完美合身」的產品。二〇〇一年，威斯康辛州麥迪遜市的《首府週報》（*Capital Times*）報導了美國的Lands' End服飾是第一家全面採用「原型方案」技術的公司。消費者只需回答十五道問題，就能獲得最合身的服飾。一件褲子的售價是五十四美元，而且三週就能送到你家。

然而，新技術在所難免會遭遇反對聲浪。老牌零售業巨擘會對新技術抱持懷疑的態度，他們不覺得有改變的必要。因此當與這些客戶的高層開會時，「原型方案」就必須要提出能說服客戶的好方案。基本上，對外的會議是由哈洛威負責，儘管他說盧諾也會一起參與，但盧諾還是負責內部業務居多。

「盧諾還需要成長的部分大概就是處理公司對外事務的能力，我相信他一定可以的，這只是經驗問題，沒別的了。」哈洛威說道。他還打包票說，盧諾在十六型人格測驗中一定會是「物流師」，也就是ＩＳＴＪ型，代表他具有內向、實感、思考和判斷的性格。[2]

⚾

那本讓盧諾深深著迷的《魔球》，講述了運動家在二〇〇二年賽季的驚奇之旅。當時運動家是支小市場球隊，雖然口袋不像紐約洋基隊（New York Yankees）那麼深，有龐大的資金可以簽下明星球員，但運動家那年卻狂掃一百零三勝，在美聯西區封王，而作者在書中給出了詳盡的解釋。運動家總管比恩拋棄傳統的棒球思維，採用進階數據分析，也就是由比爾・詹姆斯（Bill James）所研究出來的「賽伯計量學」（Sabermetrics）。早在一九七〇年代，詹姆斯就提倡以數學為基礎的反傳統主張，但他的研究卻遲遲沒有受到廣泛關注，僅止於他的死忠追隨者而已。當《魔球》出版後，詹姆斯聲名大噪，但也伴隨更多的反對聲浪。

「當時的棒球圈還沒準備好接納我的想法，總會有人用他們的專業來質疑我的研究，覺得一切根本狗屁不通。四十五年來，我一直遭受這種體制的霸凌。」詹姆斯在一場訪談中表示。

比恩同樣意識到傳統的打擊率（ＢＡ）並不像上壘率（ＯＢＰ）那麼實用，因為打擊率只計算了打者擊出安打的比率，而上壘率除了涵蓋原本的打擊率之外，還加上選到保送的能力。保送與安打在某個層面上有著同樣的結果：打者都安全上壘。但事實上，球員選保送的能力一直以來都被低估，這顯示傳統數據無法確實反映出球員真正的貢獻。

在球員選擇上，運動家也開始嘗試不同的做法，他們把選秀目光集中在年輕的大學球員身上。過去統計資料顯示，當這些球員一旦熬過漫長艱辛的小聯盟，並晉身最高殿堂大聯盟後，他們更有可能取得優異的成績。年輕球員在球界是非常珍貴的，球員必須先在大聯盟待滿六年才有取得自由球員的資格。在此之前，球隊對其有控制權，雖然球員的薪資往往在第三年後會開始成長，但不必擔心其他球隊開價簽約。棒球圈長期以來更加重視老將和明星球員的價值，而忽略那些薪資較低的年輕小將。

《魔球》不論對棒球迷或是球團決策者都造成深遠的影響。對老闆來說，《魔球》提供了用低成本贏球的藍圖，也就是改變思維、善用進階數據和挑戰傳統權威。而比恩的方法也改變了職棒的用人原則，過去能吸引總管目光的球員不再受到青睞，甚至連高層挑選管理者的標準

2 譯注：十六型人格測驗的全名為「麥布二氏心理類型量表」（MBTI, Myers-Briggs Type Indicator），是由美國心理學家布里格斯（Katharine Briggs）及其女兒麥爾斯（Isabel Myers）所創，理論根據則是來自心理學家榮格的《心理類型》（*Psychology Types*）。

也變得大不相同。《魔球》為那些棒球圈外的人才開闢出一條新路，但同時也危及了現有人士，他們大多在圈內打滾了大半輩子，奉獻出自己的職業生涯；也有部分人士過度安逸與沉浸在自己的成就之中。

棒球圈裡的工作機會仍受到一定條件的限制。長久以來，球團老闆和高層主管都是以白人男性為主。然而，多數人並未意識到這樣的霸權存在，也沒有採取足夠的行動去改變。那些鼓吹《魔球》新潮思想的人，還得面臨一項難題：**萬一你的改變失敗了怎麼辦？**這種全面性的挫敗可不是一兩天就能復原的，也不見得有捲土重來的機會。

盧諾的前妻在二〇〇三年六月買了《魔球》給他當生日禮物。

「我很感興趣，但也沒什麼大不了的。」盧諾輕描淡寫地向《紅雀之道》（*The Cardinals Way*）的作者哈沃德．梅格達（Howard Megdal）說道。

盧諾恐怕小看了《魔球》對自己的影響。

「他愛死那本書了。」哈洛威說，「他還想要更上一層樓。」

盧諾的夢幻棒球夥伴兼同事坎波也告訴《紐約時報》：「《魔球》一出版，盧諾就跑來跟我說：『這本書簡直太完美了，這就是我所要做的！』」

就這樣，盧諾過去在麥肯錫的經歷瞬間變得價值連城。

盧諾的前同事是聖路易紅雀隊老闆小比爾．德威特（Bill DeWitt Jr.）的女婿。二〇〇三年夏天，那位同事告訴盧諾，德威特想跟他聊聊。德威特正在尋找像盧諾一樣的人才，也就是

《魔球》裡的典範。雖然沒有一定要找具有管理顧問背景的人，但有的話會很加分。盧諾在麥肯錫時，長期和一間大型賭場共事，因此對賠率和機率瞭若指掌，這也讓他在面試時取得優勢。隨後，盧諾獲得紅雀球團的邀約，夢幻棒球一夕成真。

哈洛威打趣道：「你可以說服人們放棄一些事情，但能有機會加入一支大聯盟球隊，管他是什麼聯盟，對盧諾來說就是非常完美的。他問我覺得怎麼樣，我跟他說：『你他媽就該去做呀！』」

第二章 紅雀往事

每年的十二月，美國職棒各界人士都會在冬季會議（winter meetings）上齊聚一堂。在這場為期四天的年度盛會中，球隊總管和球員經紀人一起在會議室中討論相關事宜，媒體記者也沒閒著，到處尋找最新的交易傳聞，而球員的簽約與交易案則如火如荼地進行。大約二十年前，會議還是面對面時尤為激烈，現在幾乎都改成傳訊息了。

二〇〇三年時，現任紅雀棒球事務部主席約翰·莫澤拉克（John Mozeliak）就已經在紅雀了，他一路從球探做起，後來慢慢升到這個位置。在某些球團的編制裡，棒球事務部主席才是最高的管理人物，而不是總管。在當年紐奧良的冬季會議上，紅雀看上亞特蘭大勇士隊（Atlanta Braves）的小聯盟投手亞當·韋恩萊特（Adam Wainwright），想要把他交易來培養成陣中主戰投手。新到任的盧諾負責這筆交易，正在會議室裡和其他球團高層協商。

雖然盧諾身在會場，但卻顯得格格不入。「他不屬於棒球圈，我還挺替他擔心的。所以當我們倆晚上坐在會議室裡，我會約他出去走走。我們基本上就是一直盯著筆電和試算表，想盡辦法做出正確的決定。當我回想起那段時光，就覺得他像一位試圖在職棒中站穩腳步的人。」莫澤拉克說道。

紅雀老闆德威特把盧諾帶進球隊是要讓他成為改革的推手。然而，棒球圈和他過去習以為常的環境大不相同，球團既不是新創公司，也不是精打細算的管理顧問業，創新思維在棒球圈內還不普及。就算盧諾之前待過不少行業，遇過的人也不在少數，但在職棒圈裡，這些人的背景、年紀和生活方式更是比他所接觸過的還要廣泛許多，從早早就成為職業球員的青少年，到屆齡退休的教練都有。

莫澤拉克又說：「他了解要經營好一家企業背後所需的核心理念，這一方面會幫助公司創新和改造，但另一方面也會惹惱還未適應的員工，我想這就是盧諾進來後遇到的困境。」

整個職棒圈裡，反對盧諾這類人的呼聲也日益升高，《魔球》的出版更是火上加油。書中刻劃了棒球傳統派和進步派的分歧，也可以說是球探評分和進階數據之爭。一直以來，球團都是靠著檢視基本數據，並親自到現場觀看球員的表現來找尋最優秀的選手。每一隊都有自己的球探部門，到世界各地去評估和發掘可用之才。在看過那麼多選手的表現後，球探要一一記得並評判他們的揮棒速度、守備能力，並且依據直覺和經驗去預測選手的未來潛力。任何人都知道一位打擊率三成五的小聯盟球員算是很出色的，但傳統上還是需要球探來分辨誰比較容易追打壞球，或是誰能夠及時調整狀態，以在更高層級的賽場中生存。球探的工作就是尋找璞玉，他們往往被刻劃成極具浪漫主義情懷，嘴裡叼著雪茄，不遠千里地穿梭在茫茫人海中，只為找到那些砂礫中的珍珠。

很多球團的高層主管過去都曾是球探，也有一些人對進階數據稍有涉獵。但《魔球》讓球團有了明確的新目標，這對傳統派來說是個職涯的警訊，也讓盧諾成為不受歡迎的人物。

華特・喬克蒂（Walt Jocketty）在二〇〇三年是紅雀的總管。某一天，當他剛好隨著球隊在休士頓進行客場比賽時，德威特打電話告訴他盧諾來了。

喬克蒂說：「我不認識盧諾，我知道他沒有棒球背景，他那時候在經營某間線上公司。無論如何，我們第一次見面時，盧諾就跟我說他並沒有覬覦我的職位，他只是想幫助球隊做出好決策而已。」

在喬克蒂的管理下，紅雀經營得還不賴，至少檯面上沒有什麼問題。身為一支老牌球隊，他們獲得世界大賽冠軍的次數只比洋基少而已，而且主場賽事長年都座無虛席。紅雀在二〇〇三年位居國聯中區第三，但過去三年都打進季後賽，其中兩次還打到國聯冠軍賽才敗下陣來。現已退休的球星艾伯特・普荷斯（Albert Pujols）當時還很年輕，剛迎來大聯盟的第三個球季。

身為一名投資者，德威特一直以來都把目光放得很長遠。一旦原有的這批球員離隊後，德威特可不想背負所有罵名。他任命盧諾為棒球發展部的副主席，負責以現代化方式改造球隊，並且提升決策能力，主要是為了讓球隊能更好地評估球員表現和薪資報酬，以及在選秀中發揮影響力。

「想要改變整個球團文化是當時的一大挑戰，這並不容易，尤其是我們的戰績還算不錯。」德威特在《紅雀之道》談到，並且於二〇二一年的訪問中再次強調，「不同意這種做法的人很容易提出批評，而媒體也跟著受影響。然而，我始終堅信這是對紅雀最正確的決定，我沒有絲毫懷疑。即便會受到外界檢視並造成混亂，我也準備好承擔一切後果。」

事實正如德威特所料，來自各界的檢視伴隨著混亂出現。「反對與不滿的聲浪出現了，也有人蓄意搞破壞，甚至還有人拒絕跟德威特談話。」一位紅雀高層回憶道。但其他人又能怎麼樣呢？老闆才剛把球隊重責大任交付給他女婿的一位前同事，而且他還沒有任何職棒或管理球隊的經驗。

德威特不管盧諾過去毫無棒球相關的工作經驗，就直接賦予他副主席一職，這樣的做法確實有違球界的常規。此外，這還意味盧諾將有一項特權，那就是老闆會更聽得進他所說的話，這個道理就和麥肯錫的顧問能夠直接與客戶公司的高級主管對談一樣。

一般來說，總管或者主席是球團裡最頂層的管理人物，所有決策都由他經手。以紅雀而言，那號人物就是喬克蒂。喬克蒂說：「我剛開始非常反感，我總感覺他在向德威特打小報告，還講了很多我不知道的事。我們的關係非常、非常糟糕。」

盧諾一上任，他的才智和野心立馬被同事察覺。他雖然沒有明目張膽地搞小團體，然後強力推動改革，因為他與喬克蒂的關係打從一開始就不好，但有同事表示：「盧諾有老闆在背後撐腰，這也足夠讓他主導和實行一切。」

選秀是盧諾最主要負責的工作，因為球團內部情勢的關係，他真正能插手的也只有這個。他在二〇〇四年的選秀初試啼聲，但最終成果不如人意。紅雀首次仿效運動家的策略，在選才上運用大量的數據分析。嚴格來說，莫澤拉克依然是主導選秀的人，等未來球團夠放心才會把責任交給盧諾。當時紅雀手邊有的數據資訊還不夠深入，就如《魔球》和運動家的例子所呈現的，大學球員是相對穩健的選擇，但紅雀在這方面走得太過火了。

選秀的成果並非當下就能看見，球員通常要在小聯盟打滾個幾年才會升上大聯盟。不過紅雀在該年賽季狂掃一百零五勝，並一路晉級世界大賽，只可惜最後被紅襪橫掃。紅襪在魔球派年輕總管提歐・艾普斯坦（Theo Epstein）的帶領下，終結了糾纏他們八十六年的「貝比魯斯魔咒」。

第一次的選秀並沒有為盧諾帶來威望，但是他愈挫愈勇。盧諾為紅雀的國際球探工作注入一股強心針，憑藉熟稔西班牙語的母語優勢，重建了球隊在拉丁美洲的影響力。沒有其他人要做這件事，因此盧諾把握機會又拿到了球團國際發展總監的頭銜。隔年的選秀結果也比第一次來得成功。

到了二〇〇六年，紅雀一舉登頂，他們擊敗底特律老虎隊（Detroit Tigers），奪下世界大賽冠軍。這座冠軍跌破眾人眼鏡，因為紅雀並不是季後賽的奪冠熱門。然而，盧諾與喬克蒂、總教練東尼・拉魯薩（Tony La Russa），以及農場總監布魯斯・曼諾（Bruce Manno）的關係正在惡化，大家得開始選邊站了。

有傳聞說，盧諾還是會跟與他不合的人打招呼，但是那些人會對盧諾視而不見，直接從他面前走過，就像吵架的小學生一樣。還有某位紅雀高層，他理應有一間屬於自己的辦公室，但他卻只待在小隔間裡，原因是他拒絕和盧諾共用同一面牆，所以放棄了那間辦公室。

一位同事回憶道：「球團內部有人被孤立，也有人在搞小團體。已經來球團很久的老屁股，或是有相近價值觀的人，他們往往會混在一起。」

在老闆德威特眼中，能指出球隊哪裡需要改革是盧諾的強項。然而，不管盧諾對於自己的理論和新方法有多大信心，嘗試錯誤和反覆修正是不可避免的，就如同做實驗一樣。失敗和走錯路是預料之內的事，而失敗就會導致抨擊。舉例來說，盧諾稍微修改了以往球探看待年輕球員的方式，但後來又放棄其中一些。

盧諾說：「我曾試過不同球探的配置組合，有些成功了並帶來好結果，所以我們繼續採用，有些則失敗了。有一年，我讓一位球探專職負責高中球員，另一位則專職大學球員，他們被稱為高中和大學的專家。一年後，我們從旁人的回饋和成效發現這並不是最佳的方案，因此我們用更好的辦法取代。如果某件事看起來不太對勁，我不會害怕放棄它；如果某件事沒有帶來成效，我也不會害怕去改變它。」

球團內外開始稱呼盧諾為「哈利波特」或「會計師」，這樣的嘲諷無可避免，但假如德威特、喬克蒂或是盧諾本人採取了不同的做法，那這種尖酸刻薄的狀況可能得以緩和不少。

「他表面上會同意我所說的話，但我知道他其實在想其他東西和做別的事。」喬克蒂這樣評論盧諾，「我後來發現他背著我做很多事，這不是個健康的職場環境，我想他讓很多人感到不滿。」

盧諾不大懂說話的藝術，就算他懂，大概也只會拿來指出別人的錯誤。他首次參與春訓時，與總教練拉魯薩、投手教練戴夫．鄧肯（Dave Duncan）和喬克蒂開了一個會，盧諾試圖建議拉魯薩用他的方式來調度後援投手和登錄球員，但事情發展得很不順利。

德威特時常與盧諾會面，並告訴盧諾沒必要花心力去應付大聯盟球隊的職員，因為他們根本不重視盧諾所做的一切。不過盧諾堅信只要是對他們有利的資訊，不管他們是否意識到這點，他都會告訴他們。

在喬克蒂和盧諾的權力鬥爭中，老闆很顯然更偏袒他所欽定的人選。盧諾在二〇〇五年獲得全權的選秀決定權，隔年又被德威特賦予更大的責任，要他同時負責業餘選秀和球員發展。這下從挑選球員開始，一路到他們在小聯盟的培訓，還有整個農場體系的調度，全部都是由盧諾主導。「以傳統球員的發展來說，這完全背離了過去我們所做的一切。」喬克蒂說道。

就某方面來說，這就是問題所在。

喬克蒂又說：「你要知道我們紅雀在球員發展這部分非常厲害，歷來都是如此。我們的計畫多年來都很成功，我認為到現在他們還是按這套計畫在執行。然後盧諾突然迸出了一堆怪點子，我不記得全部，但那種荒謬的想法大夥都摸不著頭緒。在那段時間裡，真是有夠難熬的。」

這樣的職場環境不會長久。二〇〇七年，盧諾在這場角力中勝出，德威特在十月開除了喬克蒂，換上莫澤拉克為新總管。事後，喬克蒂也自我檢討，認為自己在新時代錯失了良機。想要繼續待在職棒圈，就必須更加接受和適應盧諾所代表的新思潮。他在二〇〇八年加入辛辛那提紅人隊（Cincinnati Reds），擔任特別顧問的角色，後來還成為總管。「我過了好一陣子才想通，但也許已經太遲了。」假如可以重來一遍，喬克蒂說他會更加配合。「我至少該去了解更多關於數據分析的知識，以及如何應用它們，並試著找到共同合作的方法。」

話雖如此，喬克蒂還是對盧諾的做事方法很不滿，其他人同樣也這麼覺得。喬克蒂被炒魷魚後，莫澤拉克先是當了一個月的臨時總管，後來才被正式任命。在那段過渡期的某一天，他要求盧諾不要進辦公室，因為據傳另一位高階主管揚言只要再看到盧諾出現在辦公室裡，就要揍他一頓。

盧諾的名聲已傳遍媒體，但在喬克蒂被炒之後，他得趕緊降低傷害。「我不想捲入這場紛爭。」盧諾告訴《聖路易快郵報》（*St. Louis Post-Dispatch*）的記者德瑞克·古德（Derrick Goold），「我覺得不管是什麼原因，我在過去一週成為了眾矢之的。之前我被貼上了不少標籤，我希望能在未來幾年內洗刷掉一些。」

無論是盧諾還是喬克蒂，他們都沒有機會全身而退。紅雀當時的一位職員指出，德威特後來說對了一件事，他知道內部正在分裂，但他的因應措施卻不夠周全。這樣的球團有計畫和準備好要改革嗎？

喬克蒂不清楚德威特對這些問題了解多少，他回憶起德威特曾經描述球團裡有一股不和睦的調調。「他把錯都怪在我頭上，但我認為盧諾才是罪魁禍首。因為有很多人都站在我這邊，過去和現在都是如此。」喬克蒂說道。雖然感到遺憾，但他也不諱言盧諾就是在搞小動作，「我必須硬起來。假如你是負責主導的人，結果來了一個職位比你低的人在背後亂搞，任誰都會不爽。」

德威特表示，他的原意是要讓盧諾擔任喬克蒂的手下：「大家都知道我很看重這個職位，但很顯然喬克蒂跟我認知不同，所以盧諾比較常來跟我討論。我對這個計畫非常投入，因此需要有人持續不斷地給我回饋。」

在管理學中，變革管理（change management）是一門複雜且困難的學問，主要研究實行變革的計畫與方法。哈佛大學教授約翰・科特（John Kotter）於一九九五年在《哈佛商業評論》（*Harvard Business Review*）曾發表一篇名為〈領導變革：為何轉型未竟其功？〉（Leading Change: Why Transformation Efforts Fail）的論文，文中列出了八項常見的錯誤。[1]

「即使是規模相對較小、但已經存在一段時間的組織，要進行變革也是不小的挑戰。」科特教授在訪問中說道。不管是高等教育機構、報章新聞媒體還是製藥公司，在許多行業裡的大

1 譯注：這八項常見的錯誤分別是，⑴未建立夠強的變革急迫感、⑵未建立夠強的領導團隊、⑶缺乏願景、⑷未充分溝通願景、⑸未除去新願景的障礙、⑹欠缺短期戰果、⑺太早宣布勝利，以及⑻未將變革深植於公司文化中。

型組織，它們的原型都是十九世紀晚期和工業革命的產物，其目的是追求效率和穩定。「這些公司缺乏靈活度和彈性，一旦成立一段時間之後，企業會發展出自己的文化，而文化正是阻礙變革的大石。當今變革發生之時，是因為人們真的發起了改革運動，而不是經過一小群聰明人盤算，再下達變革的指令。」

當時主流的管理哲學並不認為，引進一個局外人來發揮他的專業，接著就能袖手旁觀期待奇蹟般的結果。科特教授表示：「你必須要想辦法贏得人心，把公司裡形形色色的人都匯聚在一起，不論他們擔任什麼角色或是公司屬於什麼產業。你要讓足夠多的人願意幫助你，而不是反抗你，而且願意捨棄以往在工作上的見解。只要花一點時間用新方式去嘗試新事物，並得到好結果之後，就會有更多人跟進用新方法去嘗試新事物，然後你就會得到更好的結果，還會得到全新的心態、習慣和做事方式。」

當德威特在二〇二一年被問及當時有沒有採取變革管理的最佳實踐方案，或者是否熟悉那些方案時，他表示不曾考慮過。盧諾也從中獲得深刻的教訓，那就是他需要有更多志同道合的夥伴，跟他並肩工作。

席格・梅達爾（Sig Mejdal）時不時會提醒你不要疲勞駕駛，因為疲勞對駕駛人所造成的危害不亞於酒精。他加入紅雀前，曾經在美國太空總署（NASA）負責分析多久不睡覺會削弱人的做事效率，以及需要多少睡眠才能補回來。對梅達爾來說，理解休息不僅是數學上的計算，也是他想深入探討的興趣。梅達爾大學主修工程學，碩士則是主修認知心理學和作業研究（用數學模型來解決現實世界問題的學科），還曾在航太公司洛克希德・馬丁（Lockheed Martin）工作過。

簡單來說，梅達爾非常出色，他和盧諾一樣是名棒球門外漢。在《魔球》問世之前，他從沒想過自己能夠在棒球界工作；《魔球》出版之後，他在沒有任何人脈資源的情況下，嘗試進入棒球圈。他閒暇時會研究棒球，並且知曉人類對於改變的反應很糟糕。他和盧諾一樣有賭場相關的經驗，只是擔任的角色不同。梅達爾是玩二十一點的荷官，喜歡拿賭場的例子來向人表達自己的想法。

梅達爾說：「當你的手牌拿到十六點，而莊家亮出的牌是七點時，你理智上知道再叫一張牌才是恰當的打法，可是這不代表感覺是對的。當下注的金額愈高時，感覺起來愈不對勁，你的身體很清楚這點。就我的經驗而言，任何行業裡的變革都是困難的，要支持讓人感覺怪的變革尤其困難。我會說所有變革都會讓人感覺怪怪的，無一例外，因為如果感覺沒有怪怪的，他們早就改變了。」

梅達爾原本不認識盧諾，但他其中一封要寄給紅雀球團的電子郵件跑到了盧諾的信箱，於是他們在二〇〇四年的冬季會議上碰面。盧諾想把梅達爾介紹給喬克蒂和莫澤拉克，所以梅達爾把回程的班機改成在聖路易轉機，並故意錯失第二段航班，最後成功拿到工作。

梅達爾是個科學家，但比盧諾更外向和平易近人。二〇一〇年，有一篇《聖路易快郵報》的報導提到梅達爾竟然曾參加過八十三場婚禮。當梅達爾在二〇〇五年正式成為盧諾的副手時，盧諾在球團內部的人緣並不好，不過對兩人來說，最好的表現機會就是他們最能掌控的選秀。「盧諾不遺餘力地檢視他查到的所有資訊，不管那些聽起來有多牽強。」老闆德威特說道。

紅雀和其他球團一樣都會預測球員的表現，但紅雀沒有自己的數據資料庫，也沒有足夠專業的統計人員來幫他們建立資料庫。梅達爾雖不是受過專業訓練的電腦工程師，但這對他來說還算初階，於是他開始創建一套可以預測球員未來表現的選秀順位模型，不過他當時僅參考了球員的大學出賽成績，然後跟球探報告結合起來。梅達爾是負責推廣數據資料的人，每年都在逼迫盧諾加快進度。但他們發現應該要一步一步慢慢來，即便外面的人看不出他們自以為表現出的節制。

莫澤拉克升為總管後，算是結束紅雀高層的動盪期。自此盧諾更能觸及球團的其他部門，而莫澤拉克則更明確地掌權。德威特表示：「盧諾還是跟我保持聯繫，只是沒那麼頻繁了。球團內部的緊張關係明顯緩和了不少。」莫澤拉克是個溫和派，比喬克蒂更支持盧諾和梅達爾。莫澤拉克也不像兩人以為的那麼強勢，他們兩個想要自由地做自己。「我想當時我和盧諾的關係還算挺健康的。」莫澤拉克說道。

盧諾一來到聖路易就顯得野心勃勃。他並不打算放棄之前管理顧問的老本行，也沒有把它當作是加入棒球圈的跳板。他聯絡了前道奇老闆麥考特（McCourts）家族的成員（跟他之前致信的那個老闆不同人），且私底下跟一位朋友表示希望能夠去洛杉磯任職。不管用什麼方法，他就是想要升職，但他卻常常惹惱別人。

身為主管的盧諾會給下屬自由發揮的空間，因此獲得好評。一份報導指出：「就算他身處於混亂中，他還是非常樂於給人機會去體驗和學習新事物。」只要盧諾想，他也很能展現個人魅力。但在某些方面，盧諾的管理模式太過於放任，以至於難以追蹤下屬的工作進度。一位下屬過去會寄信跟他彙報進度，但到後來信裡就只會說：「除非你說不行，不然我接下來要做這些事。」

然而，那些與盧諾不同調的人卻看到截然不同的一面。盧諾給了職位異動的職員每人一本《誰搬走了我的乳酪？》（*Who Moved My Cheese?*），這本商業寓言故事講述了小老鼠和小矮人在迷宮裡尋找乳酪的過程，書中隱喻找不到乳酪的人終將迎來失敗。雖然不知道紅雀球團裡有多少人真的讀過，但應該沒幾個人會因為收到這本書而感到興奮。好幾個同事都表示，盧諾會盡可能在媒體和報導上曝光，只要有知名棒球記者來球場，他就一定會出現。一名主管表示：「他總是在自抬身價，如果有人要寫文章吹捧他，那他可樂得很；如果不是，他避之唯恐不及。」

當盧諾還在麥肯錫和新創公司時，他就熱中於招聘跨領域專家。在紅雀時，他聘請了畫作曾登上《紐約客》雜誌（*The New Yorker*）的插畫家麥克・威特（Mike Witte）作為投手顧問，因為威特會利用閒暇時間看影片來研究投手的投球機制。萬萬沒想到，此舉讓盧諾在二〇〇五年登上鮮少報導運動新聞的《紐約客》：「紅雀球員事務部副主席盧諾承認，威特起初看起來很不可靠，但最後還是選擇聘用他。」

威特向盧諾引薦布蘭特．史卓姆（Brent Strom），後來盧諾將其指派到小聯盟擔任投手教練。史卓姆曾打過大聯盟，也有很棒的想法，可是旁人會覺得他們很討厭。但紅雀的同事也多少佩服盧諾的商業頭腦，以及向球團內部和媒體推廣想法的能力，不難想像那些不看好盧諾的人很可能只是眼紅而已。

雖然盧諾和梅達爾聰明絕頂，但他們對於想要改變的棒球圈還是非常陌生。二〇〇六年，梅達爾參訪了位於聖路易的華盛頓大學心理學實驗室，想要找學生來協助他的研究，於是梅達爾聯絡了蓋瑞特．布羅修斯（Garrett Broshuis）。布羅修斯是個小聯盟投手，會在休賽季期間到大學擔任研究助理，後來轉行擔任律師，大力爭取小聯盟球員的權利。他們一起到球場看紅雀比賽，並和恰好也在現場看球的球探坐在同一區。

布羅修斯說：「我簡直把棒球比賽的細節全都教梅達爾一遍。他了解關於數據的一切，至於其他比較基本的東西，他沒有去問那些球探或是其他同事，我想是因為面子問題吧。不過他是真心想知道更多，我們坐下來後，他向我請教所有球場上發生的大小事。」除了速球之外，投手還會投很多不同的球種，比如說會讓打者誤以為是速球、但其實是球速較慢的變速球。梅達爾想知道要怎樣靠肉眼即時判斷投手投的是變速球，而這種問題大概會被其他球探笑掉大牙。

在選秀方面，盧諾還滿享受親自到各地尋找人才的球探工作。他在二〇〇六年接管農場體系後，砸了大錢和同事飛到拉丁美洲各國探訪，同時不忘飲酒作樂。身為農場總監，盧諾要負責球員在小聯盟各層級的升降調動。一般來說，球隊會依據球員的表現把他們升降至不同聯盟，因為小聯盟存在的目的就是把球員培養成大聯盟球員。不過小聯盟也有季後賽制度和總冠軍，有些同事覺得盧諾為了眼前的勝利，反而過度偏重球員名單的規劃，還覺得他這樣做是為了私利。在小聯盟贏球一方面對球員來說是很好的經驗，另一方面也替盧諾增添功績。向上管理是盧諾的強項，他知道如何讓上面的人滿意，也知道如何讓自己更加亮眼。

莫澤拉克表示：「他的想法是只要找到可以計算的東西，就能證明在這方面是否成功。在所有運動中，計算勝負是最簡單的記錄工具。最理想的球員發展模式應該是培育出能夠為大聯盟球隊做出貢獻的球員，然後才是贏球，但盧諾卻很執著於小聯盟的勝敗場數。這點我同意，某種程度上我也認同，我絕對是會那樣做的人。你不可能一直輸球，然後有一天突然覺得自己可以帶領球隊贏球，我認為在球員發展體系中創造一個贏球環境是相當重要的。」

從各方面來看，能被量化計算的事物愈多，盧諾就愈喜歡。他關注每項事務的投資報酬率，會把數字套用在所有人事物上，並汰除那些沒有產生正向效益的東西。紅雀採用了「現值」（present value，可簡稱PV）作為其中一項參考數據。

一位同事也說：「這個概念就是替每個球員評分，以確保我們把資源投入到最有價值的資產身上。數據分析某方面給了盧諾多一層保護，即使有時他不完全了解這個分數所代表的意義，還是可以宣稱這是該球員的價值，因為分數是不爭的事實，他可以依據分數做出相應的決策。這種保護就像一些球探會重視測速槍上的數字，因為它鐵錚錚地擺在那不容爭論，上面寫多少球速就是多少。」

盧諾掌權時，麥特・卡本特（Matt Carpenter）算是紅雀選得不錯的球員，二〇〇九年選秀會上，他以一壘手的身分在第十三輪被挑中。不管是現在還是過去，球隊老是會說他們「挑了該輪最好的球員」，而不考慮其他因素，但當時盧諾卻是為了特別打造一支農場球隊而挑選卡本特。一位同事回憶道：「他說我們球隊缺乏打擊火力。」所以盧諾叫梅達爾去找個棒子回來。「這樣選很奇怪，而且一天到晚出現，結果常常不如預期，不過這次卻意外的很成功。」

卡本特當年即將要滿二十四歲，年紀比多數大學生還要大，代表他的新秀潛力不是最好的，但紅雀很看好他能立即在小聯盟帶來實質的幫助。後來卡本特長期站穩大聯盟，雖然當時選秀沒考慮那麼多，但事實證明他們的選秀策略很成功。[2]（球隊並非每次都會選擇該輪最好的球員，舉例來說，球隊必須確保每個守備位置都選進足夠的球員。）

盧諾在農場體系的作為逐漸引起爭議，反彈聲浪也愈來愈大。他嘗試採用雙先發的方式來調度投手，讓兩名先發投手一前一後接力撐完全場。此舉讓投手原本先發的工作變成後援，也引發一些人不滿。莫澤拉克在二〇一〇年收回農場體系的主導權，讓盧諾全力專注於選秀工作。他一次要忙太多事，而這些事在其他球團大多會由不同人負責。

莫澤拉克說：「你很難同時擔任球探部門和農場體系的總監，要身兼兩職太困難了。既然我們在選秀方面很成功，就應該要確保球員發展可以得到更多重視，我認為他沒有足夠精力去同時處理這兩件事。」

然而，莫澤拉克會這麼做不只是出於實際考量，他其實想要指派一個更熟悉比賽實務和準備工作的人去管理農場。「我認為我們應該把重點放在如何好好訓練這批球員上。」

盧諾仍是球隊裡不可或缺的人物，但被拔掉農場主導權也算得上是對他的一種責難。一位同事回憶道：「當然，我不認為他在職權被削弱後會多開心，但他很喜歡選秀和球探工作，也會到處去看球員。他那麼愛這些事，也還在繼續做，我們正在將數據分析的版圖一點一滴擴張到選秀之外的地方。」盧諾在球團裡的支持度並沒有完全消失，但他與梅達爾若是沒有得到更多的主導權，他們還是無法全力推動自己想做的事。「盧諾已經爬到他所能企及的最高點了。」某位同事說道。

二〇一一年，紅雀再度奪下世界大賽冠軍，這是他們六年內第二度封王，盧諾和梅達爾的

2 編按：根據Baseball Reference網站，截至二〇二四年賽季為止，卡本特總共在紅雀隊效力十二個賽季，貢獻了二十六點七的WAR值（勝場貢獻值）。

選秀有了巨大回報。「現在回頭看，我們發現如果用了這套選秀模式，就可以獲得雙倍的效益。」一位紅雀高層表示。對莫澤拉克來說，盧諾最大的貢獻在於改造了球員評比系統，他歷經各方的毒舌批評，成功改變了紅雀高層處理主要業務的方式。

盧諾從來都不算真正的成功。《聖路易快郵報》指出，在二〇〇五到二〇一一年間，紅雀靠著選秀選進來並且成功升上大聯盟的球員是所有球隊中最多的，更多球員還在前進大聯盟的路上。棒球專欄記者古德評論道：「這樣的統計資料無法完整顯示紅雀選秀的情況，不要因為數量多就忽略掉優秀的球員，而紅雀過去幾年以穩健保守的選秀策略著稱。」

就連紅雀隊裡一名被盧諾聘用的進步派成員也覺得，他們的方法過於偏向數據分析。當然，盧諾所做的不只是改變紅雀的選秀模式，他一路上還得到許多幫助。先鋒和有遠見的人總是會受到最多讚揚，但要打造出完整的數據資料庫（紅雀稱之為「紅獵鳥犬」〔Red Bird Dog〕），以及獨有的選秀模型，是不可能僅靠一己之力就完成。傑瑞米・科恩（Jeremy Cohen）、克里斯・寇瑞亞（Chris Correa）、麥克・葛許（Mike Girsch）以及丹・肯卓維茲（Dan Kantrovitz）都是當時的重要人物。每個人都很有才華，但莫澤拉克特別推崇寇瑞亞：「他是我身邊不打球的人中最了解比賽的。他能夠很自然地跟球員或教練交談，就像在跟其他制服組的主管談話一樣。他就是有這種不可思議的能力，而且對任何人都非常有耐心。這很重要，因為他是個老成練達的人。」

盧諾和梅達爾理所當然地成為萬眾矚目的焦點，但他們某方面來說也是在尋求關注。一位同事說：「他們不介意被說是全能的。梅達爾塑造了很好的形象，對一個沒管理過球隊的人來說，他做得非常好。一來，他很平易近人和外向，二來，我覺得他也有意思要塑造個人形象。」

他們的形象也發展得很好。紅雀奪冠後，太空人的新老闆克蘭正好在尋找一位新總管。克蘭出生於密蘇里州，靠著物流業致富，他先是面試了時任坦帕灣光芒隊（Tampa Bay Rays）的總管安德魯．佛里曼（Andrew Friedman）。佛里曼是休士頓人，成功用極低的團隊薪資將光芒這支小市場球隊打造成勁旅。不過最終克蘭未能說服佛里曼，他後來選擇加入有輝煌歷史的道奇隊。克蘭是個商人，從未經營過任何職棒球隊，僅有過一支冰上曲棍球的小聯盟球隊而已。他最後選擇了尚未有明顯成就的幕後專家盧諾，做為太空人的新任總管。當時正值冬季會議，相比於八年前盧諾第一次彆扭的經驗，這下他不用再看別人臉色，反而是其他人要聽命於他。

「我們比較了多位候選人，盧諾在各方面都名列前茅，包括他過去的商業頭腦、交際手腕，以及著手處理問題的能力等等。」克蘭告訴《休士頓紀事報》。

德威特並不訝異盧諾轉投太空人，但有些紅雀職員對他能否在新球隊處得好感到懷疑，還點出球隊因盧諾而產生不信任感。一位同事說：「他從未真正融入過，我想他那種人會成為難搞的上司。」

隨著聖誕節到來，大家開始各奔東西。紅雀高層認為梅達爾遲早也會跟著盧諾離開，只是時間還沒到而已。當時有些人擔心他們倆會不會帶走些什麼，畢竟紅雀的數據分析部門和研發出來的智慧結晶都是他們所創建的。

一位紅雀高層表示：「我們知道梅達爾大概也要走了，只是還沒而已。而且他電腦裡有一堆屬於我們的資料，以及其他資料的存取權。所以這下尷尬了，我們接下來要怎麼辦？我們該怎麼處理？」

棒球界在各項實務操作上都還矮人一截，包括智慧財產權和技術的保障。據說，部分紅雀高層人士彼此共用同一組密碼，連帳戶也是共享的。其中，年輕好手寇瑞亞尤為擔心。「不是全部的資料都儲存在電腦伺服器中，所以有很多資料到處流通。」莫澤拉克說道，「當然，我們會有點擔心，但我根本不知道究竟發生了什麼事。」

第三章　血流成河

正常來說，新總管上任後，本就會在預算這種比較基本的項目上面臨一些限制，而其他方面也多少會綁手綁腳。首次擔任總管的盧諾和首次擔任老闆的克蘭在頭幾次會面中，盧諾就很直接地詢問克蘭，有哪些事情他不能做？他預期會聽到「這不能做」、「那也不能做」、「這些人不要留」等等的言論，不過老闆卻給出一個非比尋常的答案，克蘭給了盧諾一張白紙，意味他可以盡情地揮灑才能。

盧諾多年後說：「那張紙我還留著，到現在還是全白的。克蘭用這種方式來表達他真的很想做好這件事，一切從頭開始。」

盧諾認為他在有原則引導的工作環境下會表現得比較好，因為這樣他可以確保他做的決定與目標和原則相符。他為克蘭準備了一份二十五頁的提案，那是一份涵蓋各項棒球事務的整體策略計畫書。太空人在二〇一二年將成立滿六十年，但他們從未拿過世界大賽冠軍。克蘭和盧諾不只渴望一座冠軍，還想要持續保有競爭力，因此他們要從球隊的根基開始打起。

即使盧諾對商業界再熟悉不過，他還是想在上呈給克蘭前，先讓其他人過目他的計畫書。盧諾的準岳父基普．賀戈潘（Kip Hagopian）是個風險投資人，研究過非常多的投資計畫，並叫盧諾把計畫書修改得更嚴謹一點。賀戈潘的事業挺成功，早期投資蘋果公司，也曾任職於雷根總統（Ronald Reagan）的產業競爭力委員會（Commission on Industrial Competitiveness）。（比較近期的話，他發表了一篇名為〈累進所得稅率之不平等〉〔The Inequity of the Progressive Income Tax〕的文章，開頭以虛構的人物哈利作為例子，描述他被課以不成比例的重稅，只因為他的家庭比這個社會的其他人更努力工作。）

因此，盧諾刪減了兩頁草稿，總頁數變成二十三頁。他不打算在未來五年內將計畫書透露給克蘭以外的人。「等我哪天離開棒球界，我大概就會公布了吧。」計畫書裡並沒有訂立明確的時間表，但在很多地方都有提到「要在五年內重返季後賽的競爭行列」，這就是盧諾要讓球隊谷底翻身而訂下的時限和心態。[1]

與在紅雀時不同，盧諾現在有一票忠實的聽眾，也主導球團全部的棒球事務。過去在紅雀的經驗印證了盧諾的猜想，推動改革是可行且值得追求的，但他知道這份計畫書與目前棒球界的現況非常不同，他想要做的事更加大膽。同時，盧諾也知道自己在某些方面受人厭惡，而這個計畫不會讓他搖身變成紅人，至少不會在一夕之間。盧諾加入太空人不久，便向職棒裡的朋友們傳達一個消息：「如果我在休士頓失敗了，那下場大概會很慘。」

盧諾的朋友說：「他知道自己在職棒圈的名聲不是很好，而克蘭還是給他機會，所以他秉持著『不成功便成仁』的態度。但你看過去有那麼多總管在一隊失敗後，還是能任職於其他球隊，或是失敗後跑去擔任另一位總管的特別助理，繼續留在高層。盧諾了解這點，可是他很清楚自己不是這種人。對盧諾來說只存在兩種可能，要麼做得很成功，要麼轉職去當個教授或什麼的。盧諾是這樣告訴我的：『既然如此，我用自己的方法來做又有何不可呢？我幹麼在乎其他人怎麼想？我要想著之後沒有任何退路，也不會有其他棒球工作了。我要照著我的意願行事。』」

太空人上次打進季後賽是二〇〇五年的事，當年他們在世界大賽被芝加哥白襪隊（Chicago White Sox）橫掃。隔年賽季，雖然太空人主場的進場人數突破三百萬人次，但之後逐年下降。太空人農場深度不足，球員薪資偏高，且球隊數據分析的能力偏低。更要命的是，球隊在經營方面一直賠錢，虧損金額高達上千萬美元。

1 編按：太空人隊在二十世紀末、二十一世紀初曾有一段輝煌時期，四度拿到分區冠軍、六度進入季後賽。但自二〇〇五年打進世界大賽後（隊史首度，但最終輸給白襪隊），太空人已多年進不了季後賽。

針對太空人二〇一〇年的帳目，安永聯合會計師事務所（Ernst & Young）在法庭訴訟中所提交的審計報告指出，扣除一項與當地體育網的大型交易後，球隊收入大約是一億六千五百萬美元，而支出約是一億七千七百萬美元，虧損一千二百萬美元。但有內行人指出，單憑支出款項或是審計帳目並不足以呈現球團完整的財務樣貌（其中一方面是因為這些項目沒有將球團價值的增長納入考量）。不過，太空人在更早幾年是有盈餘的。根據艾倫投資銀行公司（Allen & Company）於二〇一〇年十月在法庭上提供的公開說明，過去三年太空人「扣除利息、稅收、折舊和攤消前的收益」（EBITDA）分別是五百六十萬美元（二〇〇九年）、二千三百七十萬美元（二〇〇八年），以及三千七百三十萬美元（二〇〇七年）。

在職業運動中，球隊重建通常是針對球員，送走老將並培育年輕好手。但對太空人來說，整個球團都需要改造，克蘭想要重新整頓一番。一位當時曾跟克蘭談過話的大聯盟高層，描述整個過程就像是「拿著鐮刀揮舞，逢人就砍」。

喬治・波斯特洛斯（George Postolos）是美國職籃同城球隊休士頓火箭隊的前執行長，他協助克蘭收購太空人，並被任命為球團總裁。波斯特洛斯是哈佛大學畢業的律師，有點書呆子樣，這方面與盧諾沒有太大的不同，但和克蘭是不同類型的人。不過對重視財務收益的克蘭來說，他是個可用之才。太空人前任總裁是塔爾・史密斯（Tal Smith），長年都待在高層，是球團的重要班底。美粒果球場過去最為獨特的地方就是中外野全壘打牆前有一座突起的小土丘，上面還插著一支旗杆。當打者把球擊到超過四百英尺遠的中外野深處，土丘和旗杆都會大大地增加守備難度。這座土丘被稱為「塔爾之丘」（Tal's Hill），但克蘭入主幾年後，於二〇一六年季末將「塔爾之丘」給夷平。

波斯特洛斯主導了更為急迫的重建計畫，他很快就被稱為太空人的死亡天使。「整個球團血流成河，他幾乎把所有人給裁了。他一來就徹底把球團改頭換面，尤其是行政部門，很多已經待了超過二十、三十年的人也被解雇。」伊諾斯．卡貝爾（Enos Cabell）說道。卡貝爾在一九七〇到八〇年代效力於太空人，出賽超過一千場，後來被克蘭留任為特別助理。

克蘭和波斯特洛斯的想法很單純，他們正在經營一支虧損的球隊，因此現在必須做出改變。大家都知道太空人還會再爛一陣子，若是他們能愈快讓球隊賺錢，就愈有機會扭轉頹勢。他們也認為較資深的職員不太可能馬上適應新老闆的管理風格，雇用年輕的新員工比較省事，而且通常還更省錢。

「克蘭做了這麼多改變有點不尋常。」食品雜貨業大亨兼太空人前老闆德雷頓．麥克連（Drayton McLane）說道。

球團營運的改造來得非常快速，在棒球事務方面，盧諾也裁掉一部分的人，但在二〇一二年留用一些較資深的職員，包含總教練布萊德．米爾斯（Brad Mills）。有些職員很明確地被指定會在一年內被汰換，而盧諾則會觀察其他人能不能夠調適並支持新政策，再決定是否繼續留用他們。

招募經理的工作是把不適任的人踢掉，並大刀闊斧地裁員。有一次盧諾的下屬表示，雖然他想讓一些球探走人，但他不想要在短短的休賽季內把所有職缺補起來，可是波斯特洛斯的立場很明確：現在就要搞定一切。盧諾的一位手下說：「我會稱讚克蘭很懂得社會的道理，我們不會為了避免溝通不良就浪費錢在他們身上。如果你對球隊沒有價值，或是不在未來的計畫內，盧諾會毫不留情地把你掃地出門，而且很快就會看到成效。」

崔西．狄琳（Traci Dearing）從一九九五年開始就在太空人，她從球探部門一路做到總管的行政助理，盧諾是第五位與她共事的總管，而狄琳的父親退休後也在球場擔任接待員。她說盧諾上任第一天就要大家「把皮繃緊一點，因為你永遠不知道改變什麼時候會找上你。」盧諾也叫每個職員去讀《誰搬走我的乳酪》，就像在紅雀時一樣。狄琳認為盧諾的計畫很棒，但每到了發薪日，所有員工都在等著看下一個捲鋪蓋走人的是誰。狄琳的名字終究出現在開除名單上，成了殘酷裁員潮下的犧牲者，其他人都不解為何是她要走。狄琳在新總管的任內待不到一年，但是她一點也不怨恨。

狄琳說：「被開除的當下我當然很激動，我在這裡服務了將近十八年，那麼長的時間，我還犧牲很多跟家人相處的機會。但同時我也覺得這是我們前朝人士早該預料到的，就跟其他公司一樣，每當舊公司被收購，所有人都可能會遭遇改變。」

裁員狂潮使得團隊士氣大受打擊，有些員工在解雇前還簽署「禁止貶低條款」。總教練米爾斯一方面為部分被裁的人感到痛心，另一方面也能同理波斯特洛斯「身負如此艱鉅的任務」。「我不管你怎麼想，但這非常難受，對任何人都是。」

哈佛變革管理學家科特認為，在變革管理的計畫中，人事改組可能是個警訊。解雇有時是必要的措施，但有時反而會讓過程變得更加困難。過去二十年來的研究顯示，解雇會激起倖存員工固有的強大求生機制。「這套機制不斷地在尋找威脅，當它看到失去工作以及後續對家庭和生涯等等的影響，便很容易讓人進入一種亢奮狀態。人一旦進入這種狀態，求生機制會讓你做不出有助於生存的短期、理性決定，還會讓你完全失去廣泛思考、尋求機會和正向思考的能力。在這樣的狀態下，所有人都為了自保而戰戰兢兢，無法用常人的觀點來看待事物，因此也就不會有任何創新的可能。」

在前任老闆麥克連的帶領下，太空人雖然從沒拿過世界大賽冠軍，但他還是獲得許多人的愛戴。「他很有魅力，而且非常和善。他禮拜天都會回到主日學校教書，而且每次來球場也都會跟大家握手聊天。」狄琳說道。球隊易主後，太空人很難再被稱得上是一個「大家庭」。用家庭來形容會讓人聯想到爸媽溫馨的形象，從而讓人忽略企業的實際規模有多大。但是對於麥克連時期的員工來說，很多人都還是會用「大家庭」來形容他們在太空人的感受。

現今，除了因為疫情縮減的二〇二〇年賽季之外，大聯盟每年的收入都超過一百億美元，全國和地方媒體的轉播權利金是大宗。球員的薪資也直沖天價，明星球員的複數年合約動輒超過兩三億美元。但對於職棒圈的其他員工來說，多數球隊的經營模式一直以來都營造出「大家庭」的氛圍。老闆普遍不會過度苛求員工，將球隊視為珍寶。

「麥克連會獎勵忠心耿耿和表現良好的員工。」巴比・黑客（Bobby Heck）說道。黑客是球隊經營權交替時期的業餘球探總監。「很多人都待超過二十年了，有些人年年續約所以很忠誠，但更多人是因為他們能力好，而麥克連在薪資方面很大方。麥克連擔任老闆以及艾德・韋德（Ed Wade）擔任總管時，球團會把員工視為家庭的一分子，並且重視人情。但後來的人覺得這些人的薪水比他們應得的高太多，團隊變成個人利益導向，人情味也消失了。」

整個職棒環境正轉向企業化經營，總管開始將《魔球》的原則套用在球員名單上，這是老闆支出最多的地方，而他們也樂於買單。但在其他方面，追求效率和節省成本的風氣還未遍布到各個角落，至少還沒有像克蘭推行得那麼過火。棒球圈之外，《財富》雜誌的世界五百強企業早就在採取更積極的作為。這不令人意外，因為企業的環境和大聯盟很不一樣。一來，球隊價值只會持續提升，這一部分是因為大聯盟是由三十支球隊組成的封閉聯盟，並享有最高法院在一九二二年給予的反托拉斯法豁免權。此豁免權讓球隊老闆可以不用和其他行業一樣受到競爭法的約束。

假如你是一家床墊行老闆，每當別人新開一家床墊行，原本床墊行的價值勢必會下滑，但大聯盟的老闆不用擔心這點。約翰・海勒（John Helyar）的《諸王爭霸》（*Lords of the Realm*）對於職棒勞資關係有著深遠的影響，書中記載前亞特蘭大勇士隊老闆泰德・透納（Ted Turner）

對其他老闆所說的一句名言：「各位，我們是全國唯一可以合法壟斷一切的人，但我們卻搞砸了。」

確實如此，球隊老闆往往是自己最大的敵人，尤其是在勞資糾紛上。但與其他業界老闆不同的是，球隊老闆不會因為沒有去閱讀和採用某些商界大老的最新著作而面臨倒閉的風險。就算沒有去仿效那些商界的新潮流，球隊營收仍然可以大幅增長。

前大聯盟主席費伊．文森（Fay Vincent）表示：「一開始，球隊老闆都來自家族或是小型企業，因為企業本身都不算太龐大，現在多少還是如此。」文森在一九八〇年代擔任可口可樂公司的主管，他曾考慮要讓公司入主國家美式足球聯盟（NFL）的球隊。時任美式足球聯盟主席彼特．羅澤爾（Pete Rozelle）告訴他，可口可樂有一個大問題。

「羅澤爾跟我說，聯盟一直以來不希望由企業經營球隊的原因很簡單，就是他們擔心會有黑幫插手。」文森說道。雖然現在沒有這些疑慮了，但大企業多半還是不會想要經營球隊，因為最主要的營利來源在於轉售球隊，而非每季營收。「這種靠著上市股票、公開交易和獲取利潤的公司型態，與表現會有高低起伏的運動球隊之間有衝突。」

假如可口可樂當時買下某支球隊，大概也不會後悔。麥克連花了一億一千七百萬美元買下太空人隊，轉手時以六億一千五百萬美元賣給克蘭，他從沒想過球隊的價值可以飆到那麼高。

現在，有些球隊老闆就是企業公司，像是勇士隊的母公司是自由媒體集團（Liberty Media）。當透納還是老闆時，勇士在棒球的經濟發展上扮演重要推手，讓它愈趨為現行的商業模式。現任大聯盟主席曼佛瑞稱此商業模式可以被視作兩種行業，分別是現場觀賽體驗，以及電視媒體轉播。身為電視業巨頭的透納，他讓自己的TBS電視台播放勇士隊賽事，而只要擁有這個頻道的有線電視都可以收看，使得勇士球迷遍布全國。麥克連說：「其他球隊都只在城市的方圓約一百五十英里內轉播，但勇士的轉播在一九八〇年代中後期帶來改變。大家都想要仿效勇士，有線電視因此普及到每支球隊。」

隨著電視轉播增加，球隊收益有了爆炸性成長。太空人一九九二年的團隊薪資大約落在一千四百萬美元，後來光是單一頂尖球員的年薪就超過這個數字。麥克連又說：「我付給傑夫・巴格威爾（Jeff Bagwell）的年薪就超過這數字了。那時候還沒有很多大企業，太空人大概位在中間而已。隨著有線電視和其他贊助商的資金流入，球員薪資大幅提升。」

當克蘭出價競標太空人時，他對於球隊的計畫很坦率，因為他正處於募資階段。現今，要收購一支球隊的成本已經太過高昂，導致能夠獨自出資的個人數量大幅降低。克蘭召集了一大群投資者，並且組成一個董事會。據二〇一二年《休士頓紀事報》所述，董事會是由十三個有投票權的席次組成，每個席次代表要投資至少二千五百萬美元。但許多小股東投資的金額較少，因此只擁有單一席次的部分投票權，而克蘭擁有三個完整席次，外加另一個席次的小部分權利。

克蘭表示，他的工作是要讓所有階層保持和睦。「我們一切公開透明，大家都可以看到所有帳目，也知道球隊會發生什麼事、我們做了什麼，以及花這些錢的理由。」

職棒員工的待遇比起其他行業更能吸引關注，而這有幾個原因。一方面是因為職棒球隊通常能吸引大量的媒體版面；另一方面，在職棒圈工作很令人嚮往，也比在其他公司來得有理想，基本上在球界工作的人都知道職棒是個非常吸金的產業。雖然高階職員可能會有輕鬆、高薪的工作，但絕大多數的待遇都很差，特別是跟其他行業的同職位相比。不過好處是你可以跟大家說你在職棒產業工作，這聽起來非常酷，而且只要你好好做就不必擔心失業。

「這裡不是自由的就業市場，而且會有很多限制，所有資源都掌握在老闆手裡。因此，員工都是熱愛他們所做的事，也甘願犧牲奉獻。」別隊主管說道。

麥克連說：「在我所經營過的事業裡，球隊算是規模比較小的。隊上也就二十五個球員，小聯盟大概一百九十人，再加上教練、防護員和職員等二百多人。這稱不上是一個大企業，但卻非常出名。我之前在遍及全美的食品雜貨業裡就有大約九千名員工，他們甚至不知道我是老闆。」

當初麥克連接手太空人時，並沒有開除很多人。麥克連跟很多新老闆一樣，不認為自己是個棒球專家，因此選擇尊重專業。現在，他雖然對下屬要求很多，但最後還是深受眾人喜愛。「他真的很在乎每個人。」總教練米爾斯說道。

被開除的滋味從來都不好受，而克蘭和盧諾也絲毫不留情面。二〇一二年，當時在任的農場總監佛瑞德．尼爾森（Fred Nelson）正準備要開記者會。從一九八六年起就在太空人的傑伊．艾明斯頓（Jay Edmiston）說：「盧諾才剛開除一票人，他走上前去站在尼爾森旁邊，並對他說：『看來只剩你了！』他真的對他這麼說。」結果尼爾森隔年就打包走人。

當艾明斯頓還是個青少年時，就加入太空人擔任球僮。他一路往上爬，最後成為球隊佛羅里達事務部門的總監，麥克連還以球隊訓練基地的所在城市，稱呼他為「基西米市長」（Mayor of Kissimmee）。從二〇一二年起，艾明斯頓眼睜睜地看著多位好友陸續離開球隊。

艾明斯頓說：「我親眼見證尼爾森的離開，我告訴他這就是我們要面對的，盧諾根本不在乎你的感受和付出，他什麼都不在乎。對盧諾來說，他只在乎你能為他做些什麼，以獲得他想要的勝利和知識。」

基恩・柯爾曼（Gene Coleman）是前太空人首席體能教練，有一天他正在陪盧諾訓練，結果訓練結束後，盧諾一通電話就把他給裁了。

前太空人運動防護員奈特・盧塞洛（Nate Lucero）回憶道：「柯爾曼打給我說：『你絕對不會相信的。』我問他，相信什麼？」

「我剛被開除了。」

「屁啦，怎麼可能！」

「我發誓，我真的被炒了。」

「什麼時候的事？你們剛剛不是還一起訓練？」

「他在我回家的路上打電話跟我說的。」

當太空人財務管理部的資深副主席賈姬・崔葳克（Jackie Traywick）被開除時，她打給在另一支球隊擔任高層的朋友。那位朋友記得：「他們就跟崔葳克說，因為妳表現不佳，我們要依正當理由解雇妳，因此不用履行完合約。『依正當理由解雇』根本是瞎掰的，這就是克蘭的樣子。」

二〇一二年選秀是盧諾和梅達爾在太空人第一次大展身手的舞台，而盧諾之前在紅雀的同事麥克・艾利亞斯（Mike Elias）則是關鍵人物。艾利亞斯過去在耶魯大學當過投手，後來加入紅雀的球探部門，並被盧諾指派負責球隊的日常業務。他就像紅雀的航管人員，觀察和管理業餘球員的動向，而這樣的經驗使他能勝任太空人的球探總監。盧諾一到太空人就馬上挖角艾利亞斯，但因為距離選秀日不遠了，且原本球探工作也已進展多時，臨陣換將並不是個明智選擇。所以艾利亞斯先擔任特別助理，不過多數人都覺得他很快就會取代時任球探總監的黑客。

每年的選秀都很重要，但二〇一二年的選秀對放眼未來的太空人來說是個重大考驗。他們擁有第一指名的狀元籤，壓力自然落在盧諾和球隊身上。此外，整個選秀模式也在新的勞資協議中有了改變。在過去選秀中，雖然聯盟會針對每個選秀順位給予一個建議簽約金額，但球隊仍然可以自由出價簽約。從二〇一二年開始，聯盟會預先指定各隊在選秀前十輪中可用的總簽約金額度，球隊若是超過總額太多將會面臨嚴厲的罰則。這項新制度對老闆來說是件好事，因為跟過去相比，他們更能確定在簽約方面所需的支出是多少。每個選秀順位都會被標上價格，二〇一二年太空人的狀元籤是七百二十萬美元，明尼蘇達雙城隊的榜眼籤則是六百二十萬美元。隨著順位往後，金額會逐漸遞減。把球隊前十順位的簽約金額加總起來，就是該隊的總簽約金額度。[2]太空人當年的總額比一千一百萬美元多一些。

不過有個特別的地方，就是球隊不需要把指定的金額全部用在同一順位上。舉例來說，如果太空人第一輪能以四百萬美元簽約，他們就可以把剩餘的三百二十萬美元留給後面的順位，免得有些球員可能因簽約金太低而拒絕簽約。這樣一來，球隊如果能夠選到簽約金低於指定金額的好手，他們將會大大得利。這是最新的選秀制度，過去從來沒人嘗試過這種策略。但太空人非常大膽，艾利亞斯、梅達爾和盧諾的計畫是要尋找他們喜歡、且同時願意接受較低簽約金的選秀狀元。當然，球員本身還是要夠厲害才行。

一位太空人高層表示：「把球員自降身價後所省下的錢花在其他人身上，然後藉此獲得更大的價值，這聽起來不是一個明智的策略。如果他們沒有挑到我覺得最厲害的球員，我一定會發瘋大叫。」

一名身材高大、來自波多黎各的游擊手成了太空人的絕佳人選。名叫卡洛斯．柯瑞亞（Carlos Correa），年僅十七歲，充滿天賦並且沉著冷靜（他與紅雀高層克里斯．寇瑞亞沒有親戚關係）。因為柯瑞亞不是在美國本土打球，所以沒有像本地球員一樣受到那麼多的球探關注。但他也不至於沒沒無名，只是並非大家心目中的選秀狀元。這樣的不確定性反倒幫助了太空人，某種程度上也可以說是他們促成的。

艾利亞斯特別中意柯瑞亞。當其他球隊在媒體上或多或少透露他們的最佳人選時，他甚至沒有告訴自己的球探部門太空人要選誰，而是等到六月選秀日當天才公布。

太空人球探部門的二當家戴夫・波斯特（Dave Post）說：「太無情了，我們花了一整年投入在這上面，結果只比全世界早三十秒知道要選誰。但這就是策略的一部分，上面沒打算讓其他人知道他們要做什麼。艾利亞斯看上柯瑞亞很久了，他是對的。我的意思不是有誰討厭柯瑞亞，而是我比較喜歡拜倫・巴克斯頓（Byron Buxton）（他後來成為選秀榜眼）。我個人想要選他，每個人都想要不同人。他們對於柯瑞亞的守備能力、年紀和身價非常低調。有一次，盧諾和卡貝爾在基西米訓練基地測試柯瑞亞，而且是祕密進行。他們沒有透露任何消息，我們全都不知情。」

後來柯瑞亞以四百八十萬美元和太空人簽約，遠低於指定金額七百二十萬。前一年，最後一次舊制下的選秀狀元是匹茲堡海盜隊（Pittsburgh Pirates）的蓋瑞特・柯爾（Gerrit Cole），他的簽約金是八百萬美元，而且光是當年就有五位選手的簽約金超越柯瑞亞。

太空人省下這筆錢後，便有辦法簽下他們下一名球員，也就是第一輪第四十一順位的蘭斯・麥卡勒（Lance McCullers Jr.）。麥卡勒是個高中投手，擅長搭配速球和曲球，如果沒有拿

2 譯注：第十輪之後，每個選秀順位的簽約金額都是十萬美元。

到理想的簽約金，他也有本錢繼續去讀大學。

一位太空人高層表示：「我們立即想到原來可以操弄資金。我們真心覺得柯瑞亞極可能就是整個選秀中最棒的球員，所以我們決定賭一把，同時也分散風險。我記得克蘭覺得分散風險的想法很棒，但這都是計畫好的。」

柯瑞亞願意接受較低的簽約金大概也有自己的理由，好強的他可能想當選秀狀元，要是他放棄太空人開的價，那他的順位就會往後掉出許多。

總歸來說，在艾利亞斯正式接管球探部門前，他所指導的整個選秀過程都反映出太空人球團對細節的重視，以及會盡可能利用聯盟規章和勞資協議來獲取最大利益。不過，當時還主導球探部門的黑客也很關鍵。

波斯特說：「我真心認為黑客那年很會領導。他在團隊裡獲得百分之百的肯定，這在任何行業都很難達成，更何況團隊裡都是些難搞的人。」

黑客的職涯之路走得非常曲折，他曾經是個守備和傳球都還不錯的小聯盟捕手，但卻遲遲打不出好成績。當意識到自己的球員生涯要結束時，他選擇回到學校繼續進修。黑客最後投身球探工作，而過去的球員經歷使他與盧諾和梅達爾有著截然不同的樣貌。黑客必須處理原有球探和新任管理階層的衝突，知道球團內部對盧諾的敵意有部分是不合理的。

黑客說：「這是一場我們和他們的衝突，職棒圈只因為盧諾的背景不同就對他不友善和不尊重。我的屬下很多都是傳統派球探，他們都認為那些人沒打過球，我則會藉機教育他們，做事情不是只有一種方法。我曾在一月初做過一個實驗，讓他們知道其實他們沒有自以為的那麼厲害。」

長久以來，棒球界廣泛都存在一個現象，就是每當被選進的球員打出好成績後，原先關注他的球探往往會在事後誇耀自己獨具慧眼。黑客則會反問他們：「那順位比他前面的人是誰？這個人打得很好沒錯，但你也在他前面選進一些雜魚。」

太空人也發生過很多類似的情況，所以比起盧諾，黑客和梅達爾的交情更好。黑客說：「我們有過很棒的對話，梅達爾會挑戰我、幫助我成長。他很好奇為什麼我們過去總是把第二支選秀籤用在一位高中右投身上，他覺得這樣的決定很糟。」諷刺的是，黑客和艾利亞斯當年就拿太空人第二支選秀籤去選一名高中右投手，也就是前面提到的麥卡勒。

選秀結束後，盧諾在八月傳訊息說要跟黑客見面。黑客只想到兩種可能，若不是要跟他續約，那就是要炒他魷魚，但盧諾口風很緊，沒有預先透露任何消息。結果是後者，艾利亞斯將會接手一切，而那天是星期六。

黑客說：「結果星期一又有六、七個區域球探被炒，這讓我更火大。我知道我有可能被開除，可是我一定找得到下份工作。」但黑客沒辦法確定其他人能否像他一樣，那麼快就找到新工作。「我當然想待到最後去見證我們打造的球隊，但我也不想再和這種人共事了。」

二〇一二年，克蘭打算運用他與多家休士頓企業執行長的關係，來拉攏他們投資一個名為「社區領袖」的贊助計畫。企業只要贊助幾百萬美元，就能拿到美粒果球場左外野照明燈柱上的巨型廣告看板。這個計畫也有公益性質，會拿一部分的錢去蓋青少年棒球場。然而，那些看板非常醜，而且擺放的位置很糟糕，這是第一個錯誤。再來，克蘭想要在知名體育雜誌《運動商業期刊》（*Sports Business Journal*）上大力宣傳他的功勞。有人警告他不要這麼做，因為潛藏的財務狀況對球隊不利，但他仍執意要刊出。報導提到十二塊廣告看板總共為太空人帶來四千萬美元的收益，結果只有一千八百萬美元回饋到社區發展，而當地媒體也注意到了。

「這表示要蓋社區球場的資金不到全部贊助款的一半，剩下巨大的廣告費收益都進了太空人隊的口袋。」《休士頓紀事報》專欄作家麗莎．葛蕾（Lisa Gray）以〈主隊搶呀搶〉（Loot, Loot, Loot by the Home Team）為標題，撰文批評太空人巧取豪奪。她指出就算太空人在球季表現令人失望，至少還能從左外野看到城市的天際線。「今年夏天糟透了，連這樣的視野都沒了，被一堆醜陋的廣告牌子擋住。」葛蕾還提到美粒果球場是納稅人出資蓋的，任何改變都需要經過地方體育單位同意。克蘭接手時已經離隊的前太空人明星球員蘭斯．柏克曼（Lance Berkman）曾說，他很討厭球場外野的新樣子。

一年半後，克蘭按照球迷的反映把看板移到其他地方，據說他對那篇專欄報導非常火大。一位主管回憶道：「克蘭說從來沒人敢稱呼他為小偷。」太空人職員對他的評論感到諷刺，因為他們記得克蘭的本業「飛鷹全球物流」（Eagle Global Logistics）曾經有員工被指控發戰爭財而入獄服刑。克蘭還很氣為什麼球團裡沒有人把那篇報導壓下來，有這樣的想法簡直荒謬至極，顯然不清楚媒體如何運作。在克蘭一次離婚被高調報導後，他對任何非正面的報導幾乎沒有多少耐心。

《休士頓通訊社》（*Houston Press*）在二〇〇〇年引用法庭紀錄，報導克蘭的前妻泰瑞莎（Theresa）告訴他，兒子傑拉德（Jared）「不想要繼續在他執教的少棒隊打球了」，可是克蘭卻不這麼認為。報導寫道：「在一封一九九二年的信中，克蘭以飛鷹公司的名義和抬頭讓泰瑞莎知道他有多生氣。如果小孩不留在隊上，『我將別無選擇，只能採取法律途徑來解決。』顯然訴訟的威脅讓小孩繼續留在球隊打球。法庭紀錄顯示，克蘭在一九九四年也以公司名義寫信，詳細描述他最近的憤怒。傑拉德在下午五點二十五分來電，請克蘭載他去六點的比賽，因為泰瑞莎太忙了無法接送。『此外，我提出要付計程車錢載他去比賽，但妳拒絕讓他參加，還說我不願意付車資。』」

克蘭的女兒克莉絲塔（Krystal）也捲入其中，報導引述她寫給父親的信：「我無法相信你，所有的一切都是，背叛媽媽、收買別人，還有當我需要你的時候不在我身邊。而且最爛的是，你操弄了每個人。」

克蘭的物流公司曾被平等就業機會委員會（EEOC）指控歧視非裔、拉丁美洲裔和婦女，因此成為媒體的焦點。這件醜聞發生在網路普及之前，也沒有因此讓大聯盟老闆們阻止他進入棒球圈。

太空人球團內部的氛圍出現微妙轉變。「公司文化有很多不同樣貌，你也可以用不同方式營造出公司文化。服儀規定就是一例，這看似沒什麼大不了，但其實影響很大。」一位高層說道。盧諾每天都穿西裝打領帶，總裁波斯特洛斯也是。其他球隊的穿著通常沒那麼正式，尤其是棒球事務部。此外，態度也轉變了，每個人都得謹慎思考他們所花費的資金，每筆支出都要錙銖必較。盧諾和克蘭都是以效率為重的人，而盧諾更是如此，因為他知道這是他最有價值的地方。

差旅經費是前期的焦點。過去員工在春訓時，球隊都會提供個人租車服務，但現在有一部分的人得跟別人共用。球隊通常會提供行李箱給大聯盟職員使用，但有段時間他們也不提供。休賽季期間，最重要的活動非冬季會議莫屬。按照慣例，每隊都會派出人數眾多的代表團出席，即便這樣耗資甚鉅。現在，盧諾要求每個人說明自己希望在會議裡達成什麼目標，以證明出席的合理性。大部分的人還是能夠出席，只是問答進行得不是很順利。

總管和總教練常常一起討論事情，而盧諾和米爾斯也是如此。春訓時，他們在分配球員餐費的方法上出現爭論。球隊的交通移動不是件容易的事，這通常會交由專任的差旅祕書處理。他們要負責確保球員有飯店住、有公關票可以送給親友，以及其他各種後勤雜事，包括發放合約上的每日津貼。二〇一二年，盧諾撤換了時任差旅祕書的貝瑞・沃特斯（Barry Waters），他從一九七九年就開始在球隊服務。

小聯盟球隊則沒有專屬的差旅祕書，餐費多是由第一時間處理球員受傷情形的運動防護員來發放。盧諾發現後，覺得可以把這種模式套用在大聯盟。「他們想把餐費記錄在小卡上，就像簽帳卡那樣。」米爾斯說道。他告訴盧諾這不可行。

「為什麼不行？」

「未來可能可行，但現在突然要改掉那麼多事情是不可能的，還是需要有人在客場出賽時發餐費。」

「為什麼？」

米爾斯指出，球員常常會升降於大小聯盟之間。「難道你還要叫他們去申請餐費小卡，或是跟他們收回來嗎？」

況且防護員也有其他更加迫切的責任。「防護員早早就得到球場，而你要叫他們抽空去忙這些事？」最後，太空人並沒有推行這項改變，但對米爾斯來說，每項討論似乎都在尋找特立獨行的方式。

當然，盧諾想改變的不只有差旅預算，他連球場上的事也想要改變。「感覺他們認為我們所做的一切都是錯的，不只是太空人，而是棒球圈，然後他們要重新修正。」但米爾斯也提到另一個面向：「你也可以把它想成是整個系統有問題，需要修補一番。」

對盧諾來說，球員調度是整個大局的一環，是太空人逐步取得不同優勢的方式之一，但米爾斯還有其他同僚覺得，棒球的常規和太空人做事的方法並沒有實質上的問題。輸多贏少的環境總是會帶給人壓力，太空人在二〇一二年吞下一百零七敗，比前一年還多一場敗仗。就算在一帆風順的情況下，總教練和總管也有愛恨交織的關係。他們的職責雖然壁壘分明，但又相互牽連。總管負責打造球員名單，而總教練負責調度。總管會坐在主場包廂裡看比賽，而且不常隨隊到客場征戰。與此同時，總教練正身處賽事的第一線，比賽時和球員一起待在休息區裡，賽前賽後則在球員休息室（或稱為更衣室）中忙碌。他們倆必須取得一定的合作關係，因為球員名單是立基於調度之上，而調度也必須建立在球員名單上。

二〇一二年，總管開始更加重視總教練所做的決策。進階數據可以被應用在實戰調度上，而不只限於交易和簽約。「盧諾的想法是透過電腦和數據計算一切。所以我們談了很久，他提出他的立場，我提出我的。我的立場是為了球迷和球員好，球員在場上全力拚搏，為了球隊團結一心，並為球迷而戰。」米爾斯說道。但權力終究還是掌握在總管手裡，總教練只是他的部下，挫折感迅速在太空人內部積累起來。

米爾斯記得盧諾有一次跟他說：「我希望未來能找到一個沒打過球的人來當總教練。」

「那看來我不在你未來的規劃中囉？」米爾斯回答道。

投手調度是他們在二〇一二年賽季很常爭執的部分。在比賽後段，總教練會派出後援投手來守住局面，同時還要兼顧他們的身體狀況。後援投手有時需要連續出賽，這會造成疲勞並且增加受傷的風險。就算他們沒有在比賽中登板，單純在牛棚熱身也是很大的負擔。盧諾希望米爾斯讓強的後援投手更頻繁地上場。

「萬一他手不舒服怎麼辦？我們不能一直叫他上場，這樣他會被我們操死。」

「什麼叫作被我們操死？」

「他又不能連投四五天。」

「可以啊，只要每次投一局之類的就好。」

米爾斯回嗆道：「當然不行，他需要熱身。我們又不能直接派他上場投球，他需要先把手臂熱開。」

他們的爭吵愈演愈烈，每當太空人結束客場之旅回到休士頓後，盧諾會在第一場主場賽事前把米爾斯叫來，然後檢討他最近的缺失。

盧諾想開始限制先發投手在場上投球的長度。先發投手的目標一直以來都是盡可能地拉長局數，以此減輕牛棚的負擔。然而，數據明確顯示當打線跑完一輪之後，投手會比上一輪遭受更強勁的攻勢。[3]不論局數、比分或投球數是多少，又以第三輪的砲火最為猛烈，因為打者已經找到突破方法。盧諾要他的總教練注意這點。

「盧諾直接下令先發投手不能續投第三輪。」不過米爾斯也有個要求。「是可以這樣，但我

---

3 編按：先發投手在遭遇打線的第二輪、第三輪時，投手對打者的壓制力會變差，打者對投手的適應力會變好，這時就是更換牛棚投手上場的時機。

們需要帶十三名投手。」

「不行，你只能帶十一個。」

「你這樣會操死他們，而且對他們不公平。」

「沒得商量，你可以的。」

二〇一二年八月十七日，太空人年輕投手達拉斯・凱寇（Dallas Keuchel）在主場掛帥先發。比賽進行到五局上半兩人出局，太空人只要再抓一個出局數就能度過危機。此時，亞利桑那響尾蛇隊（Arizona Diamondbacks）的開路先鋒第三度踏進打擊區，米爾斯不聽從盧諾的指令，讓凱寇續投。結果被擊出二壘安打，讓響尾蛇擴大領先。後來凱寇一路投到第七局，終場太空人一比三輸球。

隔天，另一位年輕投手喬丹・萊斯（Jordan Lyles）先發投完四局後只失一分，當時太空人三比一領先。下個半局的首名打者將會是響尾蛇第三輪的第一棒，而米爾斯讓萊斯續投。這下可不得了，萊斯那局連一個出局數都沒抓到，面對七名打者被敲出四支安打，投出兩個保送外加一顆暴投。響尾蛇單局狂灌九分，反倒以十比三領先。「因為昨天的關係，這是今天所能發生最慘的事了。」米爾斯在休息區向投手教練說道。

盧諾通常會在比賽結束後到總教練的休息室晃晃，同時米爾斯則會和他的板凳教練商討隔日的先發陣容。「我總感覺他就是想來對我下指導棋，告訴我明天該派誰上場。」有時候盧諾會問米爾斯，如果他派人把建議先發陣容放在桌上，這樣他會做何感想。米爾斯說：「我當然會看，然後思考一下，但我才不會盲目地遵循。有些事你不可能意識到，所以我想跟你談談。」

萊斯被打爆的那晚，盧諾沒有現身討論，而是打電話告訴米爾斯，他會在例行的賽後記者會結束後去找他聊聊。他們見面後，聊了非常久，然後盧諾就把他的總教練給開除了。但盧諾還有一項額外要求：雖然米爾斯已經被炒，但隔天能不能再執教一場？

「我知道他希望我能答應並留下來，這下你能理解我當時有多麼挫折了吧。」

盧諾在尋覓二〇一三年總教練人選時，看上了一位史丹佛大學畢業的前球員：A・J・辛區（A.J. Hinch）。辛區還有一個亮點，就是具備球團高層的經歷。事實上，他年紀輕輕就從高層空降總教練，在二〇〇九年接下響尾蛇隊的兵符。

總管通常會希望總教練過去曾有執教經驗，但辛區在毫無經驗的情況下就成為響尾蛇總教練。不過他是一位打過大聯盟的捕手，而這個守備位置總是能培養出思緒清晰的人，很多人後來都成為總教練。整個職棒，或至少對部分響尾蛇的球員來說，他們還沒適應如此年輕的新時代總教練，辛區沒撐完第二個賽季就在二〇一〇年回家吃自己了。

盧諾想要以辛區取代米爾斯，但辛區發現一個問題，當時的太空人太爛了，而且還會持續好一陣子，這樣所有的敗場數都會記在他頭上。辛區明白如果接下這份爛攤，卻沒辦法度過重建期並趕快贏球，那他的執教紀錄將會非常難堪，可能再也沒有機會翻盤，於是盧諾只好另覓人選。

最後，前大聯盟球員、時任華盛頓國民隊（Washington Nationals）的三壘指導教練博・波特（Bo Porter）接下了太空人二〇一三年的總教練。在波特執教的第一年，他將會見證太空人隊史最差的賽季。

第四章　白痴策略

在重建的路上，太空人將會遇到一個大麻煩，那就是輸球，不斷的輸球。在盧諾加盟的記者會上，他宣稱他的重建計畫是值得信任的，因為他不會為了讓戰績有些許起色，而挖未來的牆補現在的牆。

盧諾說：「我知道這將會是個挑戰，也需要好幾年。我保證我們會盡全力讓陣痛期愈短愈好。」

雖然盧諾過去有幫寵物店打廣告的經驗，但現在他在行銷上所遇到最艱鉅的任務，就是讓球迷買單他們內心最恐懼的事物：一場糟糕透頂的比賽。當時選秀的順位是依據戰績決定，前一年戰績愈差的球隊可以愈早挑選球員，也能夠選到好球員，所以理論上擁有選秀狀元籤，就代表可以挑到最好的球員。太空人以及任何有心的球隊便有動力靠著輸球來拉高選秀順位，而這樣的行為被外界稱為「擺爛」。二〇一二年開始，因為勞資協議調整，情況更是如此。不過太空人並非唯一這麼做的球隊，小熊在某方面也是如此。

一位小熊高層說：「我認為我們和太空人做的還是有所不同，尤其是在經營方面。我們還會投資人力……擴大了球團高層的規模，員工的薪資待遇也都很好。反觀盧諾大幅削減人力，而且只關心財務損益，根本不信任任何人，我認為這是完全不一樣的感覺和文化。我們雖然在追求效率上有部分相同的基本原則，但呈現方式不同。」

二〇一一到二〇一三年賽季，太空人的戰績連續三年在全聯盟墊底，且敗場數都破百，他們也因此連續三年都拿到選秀狀元籤。在職棒圈裡，農場培育出來的球員總是被認為特別有價值，很大程度是因為他們很便宜。不過支持他們也很有趣，球員有時會展現出母隊的球風，反之母隊也會因他們打造出球隊的特質。當他們打出好成績時，球迷也會感到特別驕傲。純粹以實用性的觀點來打造球員名單也是盧諾很好的賣點，暗示太空人將會以更聰明、更厲害的方式來組建球隊。太空人還販售印上「過程」（Process）一詞的T恤。[1]

盧諾和他的副手梅達爾不會因為過去感覺是對的，或是那些運動界的道德人士覺得不錯就去做。他們的核心目標是堅守紀律，一切以機率高低為導向。然而，有些細微之處他們並沒有明說。輸球絕對不是一個容易忍受的「過程」，如果打造一支常勝軍要考驗技術，那可以說盧諾和太空人選了一條最簡單、最不花錢的路。一位總管所能盡的最大努力是讓球迷在贏球前能免於多年的痛苦煎熬，而不是全心全意地擁抱一支爛隊。

在這最急躁的運動市場中，洋基多年來都被指責靠著大把鈔票買到冠軍。球隊說穿了就是球迷消費的產品，究竟老闆在球隊上花的錢該不該成為指責的依據，也是一個值得討論的問題。洋基長久以來都是聯盟最頂尖的球隊，身處紐約的鎂光燈下，收益也與之相配。不過，認為這樣工作就會比較輕鬆的想法，惹怒了長年擔任洋基總管的布萊恩・凱許曼（Brian Cashman）。

凱許曼說：「我們就像駕駛著一輛超跑。說上面那種幹話的人就像蟲子一樣，想要對抗擋風玻璃結果卻被撞得粉身碎骨，因為他們無法相信我們前進的速度有多快。你得處理和應付外界的期望，而這是一件大事。大家期望你每天都能贏球，這壓力非常大。所以總有人隨口說出：『我希望我也能用那種方式（靠花錢）來贏球』。」

對太空人來說，簽下一兩位自由球員還不足以扭轉球隊頹勢，但是可以考慮在季中用他們來交易其他新秀。即使是這種能幫助重建的方法，也得讓老闆克蘭做他不想做的事——花錢。與洋基相比，克蘭和盧諾所要面對的球迷溫順許多，而太空人球迷在很多方面也非常渴望勝利。他們從未經歷過冠軍遊行，因此更願意耐著性子接受徹底的重建，如果這代表球隊能克服難關的話。不過，這種曠日持久的重建也帶給主導的人一項額外好處，那就是過程需要時間，而時間意味工作有保障，要看到實質成效可能需要五年，甚至更久。

1　編按：無獨有偶，美國職籃的費城七六人隊在二〇一四年也提出「Trust The Process」，說服球迷、說服聯盟他們不是在「擺爛」搶狀元，而是在「重建」邁向更光明的未來。七六人在此後四年累積了二百五十三敗，平均一年輸六十三場球（美國職籃一季打八十二場比賽）。

還有一點太空人並沒有特別張揚，但更為顯而易見，就是選秀並不保證成功，甚至連邊都沾不上。太空人重建初期，「賽伯計量學之父」比爾．詹姆斯在一場座談會上發言，有人問他是否相信太空人能在五年內重返九十勝的行列。[2]

詹姆斯說：「其他人不想回答這個問題，但我回答說，五年的時間可以讓他們贏不只九十場比賽。」

克蘭聽聞這件事後，寫信給詹姆斯感謝他對球隊的支持。然而，讓詹姆斯對太空人抱持強烈信心的理由並不是他們的選秀策略，這已經被人們誇大成重建計畫裡的關鍵。

詹姆斯又說：「坦白說，擺爛是個白痴策略。從來沒人能靠這種做法讓球隊變強，因為高順位的選秀籤其實沒有帶來多大的效益，我覺得大家對此有很深的誤解。我之所以認為他們能拿超過九十勝，是因為有一群聰明人在管理球隊，而且他們很有錢。如果你去過休士頓的話，會發現那邊很繁華。把金錢和聰明人擺在一起，那你就會贏球。這才是我的意思，我並不是說靠擺爛就能贏球。」

金錢確實是個重點，太空人靠擺爛所獲得的最大好處就是財務部分。棒球界裡講的「永續」，代表球隊擁有健全的農場體系，得以源源不絕地培育出潛力好手。但這其實也是成本管控的另一種說法，因為年輕、低價的球員可以讓球隊騰出薪資空間，幫老闆減輕「負擔」（至於「負擔」的定義每個老闆都不同）。毫無疑問，審慎花錢也是贏得勝利的一種方法。

詹姆斯說：「我會說如果你不試著以最具成本效益的方式贏球，那你就不是真的要贏球。

每支球隊的預算都有上限，不會有人花二十億在球員薪資上。」

短期內，盧諾和克蘭可以花很少的錢在大聯盟球員身上，而且還有著與球員名單相關的理由。球員薪資幾乎低到不能再低了，因為他們對球迷說這是唯一的辦法。太空人認為如果他們只有進步一點點，收入並不會增加。這方面他們是對的，球迷不會想進場看一支只有些微起色的球隊比賽。

一位太空人高層也表示：「花錢簽自由球員其實沒什麼用處。財務部門的人幫我們算過，為了從單季七十勝提高到七十五勝而簽自由球員，這樣的投資報酬率幾乎為零。所以他們拜託我們，除非戰績排到分區前兩名，否則不要亂花錢。」

太空人究竟在二〇一三年花了多少錢，取決於你怎麼計算，但就開季球員名單來說，他們的團隊薪資大約落在二千六百萬美元左右。當年洋基的團隊薪資則是二億二千八百萬美元，其中球星艾力克斯．羅德里奎茲（Alex Rodriguez）的年薪是二千九百萬美元，一人的薪資就可以養太空人整隊。某位太空人高層稱那年的團隊薪資「少到不能再少」，而且考慮通膨以後，是大聯盟三十年來最低的一次。

據克蘭所述，太空人到了二〇一三年已經成功脫離赤字，並開始有盈餘。

克蘭說：「很多球隊都在虧損，對我來說他們都不是好企業。你們可以從我身上學到一

2　編按：大聯盟單一球隊一季打一百六十二場比賽，九十勝代表有五成五以上的勝率，有實力競逐季後賽的門票。

點，當我擬定計畫後就會認真以對，我不會誤導大家。」

然而，利潤的多寡卻成了爭論的焦點。當年《富比士》雜誌（*Forbes*）發表了〈職棒最爛球隊竟是史上最賺的球隊〉（Baseball's Worst Team Is the Most Profitable in History）一文，直接了當地指出太空人在二〇一三年操縱體制，還表示他們該年賽季估計的營收為九千九百萬美元。克蘭被這篇報導惹火了，並要求大聯盟插手處理，因為報導內容「大錯特錯」。《富比士》後來又刊登一篇文，稱此前一篇報導有誤，但仍然提到太空人還是有賺錢。

克蘭感到很失望：「這是我見過最荒唐的報導，我不懂怎麼會有人想要自己的球隊輸球。我不是為了賺錢才買下這支球隊，我是來贏球的。沒錯，就是贏球，但我的財務狀況也要夠健全才行。」

職棒球隊有一些不同的收入來源，像是門票、球場販賣的食物、地方和全國媒體的轉播權利金，還有來自其他球隊的錢。後者這種「收入共享機制」是為了平衡不同球隊市場之間的競爭力，豪門球隊要協助扶持其他球隊，這也讓豪門球隊非常苦惱。球隊的實際收入大都很難查證，除非出現在法庭文件上。大聯盟球隊無須公開他們的財務紀錄，但唯有勇士例外，因為他們的母企業是一間公開上市的公司。

當時克蘭簡單計算了一下，他認為每位來太空人主場看球的觀眾大約價值三十到五十美元之間，取平均值就是四十美元。二〇一三年，太空人公布的觀眾人數是一百六十五萬人次，算下來約有六千六百萬美元的收入，而且這還不包含其他收入，例如說電視轉播的權利金。相較之下，法庭文件顯示二〇一〇年太空人有七千三百七十萬美元的票房收入，而觀眾人數則是二百三十萬人次（不過官方公布的觀眾人數很可能會有誤差，因為通常那只代表球隊販售或分發出去的門票，並不代表實際入場的人數）。那年，太空人從全國轉播協議和授權中獲得三千六百萬美元，從地方電視台獲得二千七百九十萬美元。克蘭過去的經驗告訴他，假如球隊花費超過總收入的百分之五十在球員薪資上，那有很高的機率會虧錢，而他的太空人顯然沒有這種危險。

根據一位知情人士所述，當克蘭要接手太空人時，聯盟高層和美國職棒球員工會（Major League Baseball Players Association）的主席進行了一場非正式談話，他們要給克蘭一個資金寬限期來經營球隊。雖然球員工會並不能直接管控球隊的經營權，但工會在收入共享資金的使用上有發言權。這段寬限期在二〇一三年因為太空人的團隊薪資太低而告終（也可能是因為當年工會主席換人），球員工會公開表示他們正在監督太空人，以及一些省錢摳門的球隊。

像太空人一樣擺爛的球隊，公開地把球隊自外於自由球員市場之外，且這種缺乏競爭力的行為無助於球員薪資的增長。

棒球界最知名的經紀人史考特・波拉斯（Scott Boras）就表示：「確保自己球隊的戰績長黑來取得前幾順位的選秀權，這是個精心計算的手法。這會讓聯盟變成不到三十隊在打，如果有球隊持續這麼做，那他們就會因此受惠。這樣的消極競爭模式將會持續好幾年，如果真的發生了，我想我們不會想讓球迷知道。我認為我們需要不一樣的運作機制……我們當然希望球隊間戰力平衡，但也不想要一個會為長時間不斷輸球的球隊帶來實質利益的機制。」[3]

撇開選秀不談，太空人不怎麼花錢的其他理由是他們將資金投入在基礎建設和改善其他項目。「當我們可以把這些錢投資在另一支農場球隊，或是簽下更多新秀、國際球員、更好的職員等等時，為了多擠出三、四勝而多花一兩千萬似乎不是個合理的選擇。」盧諾說道。

太空人深信一旦陣中的年輕球員熬出頭，他們就會把錢花在球員身上。盧諾也知道他一定得從球員市場中補強，因為不可能全隊都從自家農場養出來。克蘭說：「重建球隊必須要按部就班，我們不想為了花錢而花錢，要確保這一切符合我們的方針，不僅是為了明年打算，還有後年。明年之後不會看到我們簽任何長約，因為很多人要從農場上來了。」藉由多年來大量積累的農場深度，盧諾也盡可能避免在未來要用市場價格簽球員，除非真的有其必要。

太空人還宣稱另一個他們無法花錢的原因，而這個原因至今仍在訴訟中。

康卡斯特休士頓運動網（Comcast SportsNet Houston，以下簡稱休士頓運動網）是一家於二〇一二年十月推出的地方電視網，由太空人隊、火箭隊和電視業者康卡斯特公司（Comcast）共同持有，而這個創辦計畫早在克蘭來到休士頓前就已醞釀多年。太空人總裁波斯特洛斯過去在擔任火箭執行長時是此計畫的推手，而電視網原本應該要閃亮登場。

史蒂夫·班寧（Steve Bunin）是前ESPN主播，他辭去原本的工作加入這個新電視網。「我們國家的大部分地區都沒有這種電視網。ESPN播太少太空人、火箭還有休士頓德州人隊[4]的賽事了，不夠過癮，而且連地方電視也只播一下下，所以這是把休士頓的棒球、籃球和美式足球聚焦在一起的大好機會。」

然而，電視網的商業結構卻很繁雜。太空人擁有休士頓運動網百分之四十六點五的股份，火箭有百分之三十一，康卡斯特則有百分之二十二點五。休士頓運動網上線得很是時候，剛好趕上火箭的賽事，太空人的賽事也即將在二〇一三年春季登場。此外，康卡斯特才剛跟NBC環球公司（NBCUniversal）合併，成為休士頓地區最大的有線電視業者。這代表只要有訂購康卡斯特電信的家庭，都能收看休士頓運動網的體育節目，這讓該電視網取得非常大的優勢。

然而，即使有這樣的配置，在休士頓地區二百二十萬的收視戶中，只有百分之四十的人是康卡斯特的訂戶，也就是說超過半數的收視戶無法觀看太空人和火箭的賽事，除非休士頓運動網能和其他主流的電視業者達成協議。所以現在就只剩下價錢問題，也就是克蘭和休士頓運動網的其他擁有者要從電視業者那邊收取多少錢，而克蘭要求向每個訂閱戶收取四點五美元。

3 編按：戰績差的球隊有好的選秀權，讓鹹魚可以翻身，避免強者恆強、弱者恆弱，因此波拉斯會說選秀機制有助於球隊間戰力平衡，但刻意擺爛卻是在濫用選秀機制。

4 譯注：休士頓德州人隊（Houston Texans）是美國美式足球聯盟的隊伍。

美國職籃開季後，沒有訂購康卡斯特電信的火箭球迷沒有轉播畫面可以看，這引起球迷和媒體的不滿，但他們並非唯一的受害者。此外，克蘭也指望從休士頓運動網收取大筆權利金，包括二〇一三年要支付給太空人的五千六百六十萬美元。地方電視的權利金對球隊來說很重要，但前提是該電視網有獲得其他業者的分潤。

電視業者DirecTV是最大的反對者，執行長麥克・懷特（Mike White）告訴《休士頓紀事報》：「他們把同樣的內容包裝起來，然後以每場比賽高於全國平均三倍的價格，試圖回售給地方電視台。我認為這很不應該，等於說我們正在向不願為這些內容付費的客戶收取費用。」

情況在職棒即將開季時也沒有好轉，而克蘭在開幕戰前再三向球迷保證：「DirecTV說他們目前只損失了一些客戶，當他們失去好幾千個客戶之後就會趕緊掏錢，一切都會運作得很順利。」

班寧記得火箭隊和康卡斯特同樣都想要降低報價，但克蘭反對。

班寧說：「這件事有點棘手，我們都知道克蘭是造成我們沒辦法廣泛播出的主因。我們做得那麼好，也付出許多努力，結果只讓市場上三分之一的人看到我們，這著實讓人氣餒。我們意識到這種基本的合約架構是很難克服的，我不知道他們為什麼要這樣做，但他們三個共同擁有者（太空人、火箭、康卡斯特）都有否決權，所有決定都要全票通過才行。」

最後，休士頓的市長出面要各方坐下來談判，試圖調停紛爭，但克蘭可不是那種會按照別人要求做事的人。

班寧又說：「有兩次康卡斯特和火箭都同意了，但克蘭不同意。第一次的時候，我們都覺得慘了，這件事不會有好結果。一些比較有經驗的人都看到了不祥之兆，並開始打電話詢問經紀人自己的合約還剩多久，還有如果公司倒閉了會怎樣。」

在各種大大小小的層面上，克蘭都是個厚顏無恥的人。收購太空人是個商業手段，好提升他原事業的銷售額和聲望。他常常會帶客戶到球場，這是預料之內的事。但在比賽過程中，休息區是球員專屬的地盤，克蘭並沒有意識到這點，或者說他根本不在乎，比賽時竟然讓他的客戶穿過球員通道，一路走到休息區的盡頭。所有事情都要順著克蘭的意，他在春訓時習慣把直升機降落在佛羅里達的訓練球場上，而這件事引起了騷動，並促成一篇克蘭不喜歡的新聞報導。

「那則新聞大意就是叫克蘭不要把直升機停在球場上，而他非常火大。」一位太空人同仁說道。

克蘭還曾說過他擁有球場裡每一扇門的鑰匙。但對一位高階主管而言，他的傲慢會讓他產生錯覺，尤其在與他長期做生意的內部保守圈子裡。只要有人指責克蘭錯了，他會立刻翻臉。一位太空人高層表示：「你不能跟克蘭唱反調，假如他指著鹿說那是馬，大家也都得摸摸鼻子同意，所以有一種我們活在自己世界的感覺。」

在電視網的事件中也是，一位高階主管聽到休士頓運動網和共同持有的太空人要向其他電視業者收取的費用後笑了出來。他認為這事絕對不可行，因為克蘭早已向棒球圈傳達太空人會有好一陣子都是支爛隊的消息，他所力推的球隊策略和電視台分潤的策略不相符。

該名主管說：「他們就是無法理解。他們才放話說球隊會輸得很慘，但現在卻要大家付錢來看太空人輸球。」

波斯特洛斯是個聰明人，但同事都能從他變得很有壓力看出這件事情進展得非常糟糕。他會半開玩笑地說：「如果電視網的事沒有處理好，那肯定是別人的問題。」但這可不是鬧著玩的。二〇一三年五月，克蘭還入主不到兩年，他就把球團總裁給炒了。

另一位主管則說：「這就是克蘭的行事風格。如果他認為你不是該職位的最佳人選，不管之前發生什麼事，他都會找到他認為最合適的人。」

二〇一三年，休士頓運動網還欠太空人五千六百六十萬美元的費用，而克蘭告訴《休士頓紀事報》的大衛．貝倫（David Barron），太空人將五、六月費用的百分之四十六還給了休士頓運動網，好讓他們維持償還能力。他們七月、八月和九月要付給太空人的費用也沒有準時付清，而這場災難更加深太空人不想花錢在球員名單上的決心。正如一位太空人主管所說：「電視台的問題存在於各個層面之中。因為我們是支爛隊，所以沒有電視收益，也沒有人要買票來看比賽，因此我們就不會有收入。我認為這擴大與加速了我們原先針對未來的策略，也讓球隊被逼得不擇手段。」

二〇一三年九月，太空人在連續第三個百敗球季結束後又遭遇新的恥辱：他們有某場比賽的尼爾森收視率（Nielsen rating）掛零。貝倫指出這是太空人史上、也可能是大聯盟史上第一次在當地沒有測得任何觀看數的賽事。幾天後，康卡斯特的附屬公司申請了破產保護，這讓太空人相當震驚。年底，克蘭控告太空人前老闆麥克連，聲稱麥克連把「他們當時已知是溢價和有缺陷的資產」賣給他。克蘭聲稱他總共花了超過六億美元在收購太空人及其電視網股份上，而後者的價值是三億三千二百萬美元。

太空人、火箭和康卡斯特同意讓法官林恩・休斯（Lynn Hughes）監督調解，儘管後來談判無果。最終，休士頓運動網將以重組的方式免於破產，他們會有新的名字，重新調整所有權，並且大量減少節目播送和職員數量。除了電視觀眾之外，還有一大票人會受到影響。根據貝倫的報導，一百四十一名員工中，有九十六人將會在二〇一四年被解雇。

「這裡充斥著失序和痛苦。」班寧說道。

員工們都知道離開的日子要來了，管理層把一百多位員工叫到新聞編輯室。在等待期間，大家一聲不吭地坐著，自嘲開玩笑的時機也已經過了。老闆開始進行大約十人的團體面談，先是製作人，再來是主播，然後是導播等等。

班寧說：「他們發給每人一個信封，裡面寫著究竟是留下還是走人。所以當你走進去，就會看到他們手裡拿著十個信封。我滿確定他們說：『如果信封裡的紙有兩頁就代表你會被留用；如果只有一頁那你就得走人。』結果他們字體沒設定好（這根本是公司一貫的作風），所有人打開信封後都發現有兩頁，因此有一瞬間我們全都以為自己是幸運兒。接著他們就在一陣咒罵聲和驚呼聲中向我們解釋，等我們讀到最後一行才發現，上頭寫著：『感謝您對公司的付出』，然後你還得走回編輯室跟那些還沒面談的人大眼瞪小眼。」

所有職員一起聚在休士頓市中心的酒吧相互道別。

班寧又說：「這很難受，新聞上都有報……當這發生在你身上時，收入就這樣沒了，也沒有其他電視網可去。你可以在很多其他行業中找到另一份工作，那也許不是一份好差事，也許不是你想要的。你可能要搬家，也可能在同一座城市，也許是食品雜貨店、醫院、汽車行等，不管怎樣都很殘酷，但總是有別的機會。在這裡，你沒有任何機會，其他四間附屬公司不會只因為你待過ＥＳＰＮ就雇用你，在休士頓沒有適合你的工作。」

現在，班寧在西雅圖擔任主播。「這些錢對克蘭來說微不足道。你沒有行銷能力卻假裝有，對你來說只是虧點錢而已，但對我們來說，我們卻失去了生計。」

麥克連在二〇一九年反過來控告克蘭，宣稱太空人的新老闆「持續且有意地摧毀電視轉播網，一部分是透過『擺爛』來達成。」克蘭在法庭上提交的聲明宣稱：「電視網最終的失敗不能完全歸咎於太空人或火箭的糟糕表現，或是二〇一〇年底到二〇一四年期間任何市場狀況的變化。」克蘭還說，太空人在這場混亂中損失超過八千五百萬美元的權利金。

太空人在二〇一三年賽季跌入谷底。當年，太空人年輕游擊手喬納森・維拉爾（Jonathan

Villar）在撲向二壘時，整張臉直接撞在防守球員的屁股上，成為一幅經典的畫面。還有一張令人難忘的照片是有人在美粒果球場拍到賣彩虹刨冰的攤販，將放有甜筒的托盤擺在有人使用的廁所地板上。這名攤主後來被開除了。

在新任總教練波特首年的帶領下，太空人的戰績比前兩年還要糟，甚至在季末以十五連敗收場。盧諾因此將車牌號碼改成「GM-111」，以此謹記該年輸球的總場數，並視作警惕和前進的動力。太空人也成為棒球史上第一支連續三年吞下一百敗的球隊。

當年休賽季，一個有關太空人的新問題出現在電視上。益智問答節目《危險邊緣》[5]的主持人崔貝克（Alex Trebek）唸出題目線索：「這個預防裝置是鑽油平台上用來控制井內油液的大型閥門；太空人本來可以拿來使用的。」

正確答案是：「什麼是防噴器？」

這題的線索非常奇怪，因為在棒球界裡不會有人用「防噴器」（blowout preventer）這個詞，不過真正的重點在於太空人已經淪為大家的笑柄。[6]

---

5 編按：《危險邊緣》（*Jeopardy!*）是美國著名的益智問答競賽節目，於一九六四年首次播出。有別於傳統的問答形式，節目參賽者必須根據以答案形式出現的題目線索，並以問題的形式做出正確回答。

6 編按：防噴器是鑽油作業中用來預防事故的裝置，這裡是要暗諷太空人如果有用防噴器，就不會搞到敗場「噴」到一百場。

第五章 錯位玩具島[1]

凱文・高斯汀（Kevin Goldstein）穿著牛仔褲與盧諾進行了一場正式的會面，因為他不覺得自己會被錄取。況且，他也沒打算要隱藏自己是個畢業於常春藤名校的紈褲子弟，以及沉浸於芝加哥龐克音樂的棒球狂。高斯汀過去在《棒球美國》（Baseball America）和《棒球指南》等媒體上撰寫文章，他專精於三十支球隊的農場體系，也對負責檢視大小聯盟球員表現的職業球探部有新的建構想法。對盧諾來說，有這樣的底子比穿什麼褲子更重要。對跨領域專家的偏好是他在麥肯錫期間培養出來的，至今沒有絲毫減少。

現在，高斯汀加入太空人的職業球探部，雖然有點打破常規，但仍給了傳統球探一臂之

1 譯注：錯位玩具島（The Island of Misfit Toys）出自與「紅鼻子馴鹿魯道夫」（Rudolph the Red-Nosed Reindeer）相關的音樂電視劇，這座島上聚集了很多有著奇怪特質、不尋常的聖誕玩具。

力，他們還是得用眼睛觀察球員。不過，盧諾知道能讓太空人脫穎而出的根本原因在於數據分析和研發能力。盧諾和梅達爾剛離開紅雀時，太空人的進度還落於人後，所以在球團重建的大計中，最重要的就是要加快數據分析的腳步。這個部門由梅達爾負責，而且他還有個花哨的頭銜：「決策科學總監」，因為重點在於做出更佳的決策。

然而，他們的任務不單只是獲取最進階的資訊而已。《魔球》煽動了球探和數據之爭，甚至可以說是它促成的。就算時至今日，對職棒高層人士而言，到底球探和數據哪一個更有價值，他們多半還是會回答：「兩者都很重要。」太空人當然也不例外，但問題是該如何做到呢？

在梅達爾的帶領下，太空人投入了大部分的心力去創建一種能結合所有資訊的客觀方法，也就是更客觀地把主觀球探報告和客觀數據結合在一起。

盧諾說：「我們很難找到最理想的方法去衡量這兩者，因為我們思考是有限度的。如果有辦法找到一個可以讓資訊平衡的框架，那將值得我們追尋。到時候你還是可以選擇要不要接受，也可以在某些情境下選擇更相信主觀判斷，然後不採用這個框架，我們現在仍會這麼做。我們不斷嘗試，但真的非常困難。這個框架不會永遠是對的，不過至少開始建立在邏輯上，而不是憑感覺，這就是我們想要的。」

進階數據和指標的術語令人應接不暇，而負責管理和統計數據的人物也是五花八門。分析師和開發者是棒球研發部門裡兩個最基本的職位，而兩者之間也有部分相似處。如果要創建一個儀表板，或要自動化、同步和清除資料，那通常是屬於開發者的工作，他們主要是具有資料庫專長的資訊科學家。另一方面，分析師則要建立數學模型來闡釋資料裡的洞見，他們可能同樣是資訊科學家，也可能是應用數學、統計學或作業研究的專家。

太空人的數據專家被稱為活在「數據宅洞穴」（The Nerd Cave）裡，他們對此引以為傲，但有時會被其他同事當成玩笑的對象。麥克・費斯特（Mike Fast）是其中一位領導者，可以說是過去十年在太空人高層中默默付出最多的人。費斯特過去有物理學相關背景，後來進入分析的領域，當了十七年的半導體工程師。費斯特從小在奧克拉荷馬州長大，有著一口溫和的口音。他是堪薩斯市皇家隊（Kansas City Royals）的球迷，可是並非每晚都有電視轉播可以看，於是他會收聽廣播。費斯特跟很多同期的人一樣都是比爾・詹姆斯的讀者，但他從沒想過能在棒球界裡有一席之地。

大聯盟約在二〇〇七年啟用一套可以追蹤每顆球路的投球追蹤系統，名叫PITCHf/x，並將測得數據公諸於世。當主播在比賽中播報投手投出的球路時，費斯特就得以透過追蹤系統來加以研究，並檢視主審的好壞球判決。PITCHf/x的出現表示他可以將物理學專業應用在他所熱愛的棒球上，他也為此著迷不已。

費斯特開始為不同的棒球刊物撰寫文章，包含《棒球指南》和《硬球時報》（*The Hardball Times*），他寫了一篇探討捕手接球的重要性和「偷好球」（framing）的分析文章，因而引起棒球界的關注。真正厲害的捕手能夠把好球帶邊緣的壞球，用接捕手法讓主審認定是好球，比方說順勢向上接起偏低的球。相反地，一位不合格的捕手可能會不自覺地把好球接成壞球，讓球隊蒙受損失。

海盜隊曾找費斯特面談過，但後來沒有錄取他。二〇一一年底，費斯特獲得與紅雀的面試機會，對象是梅達爾和寇瑞亞，當時盧諾正在爭取成為太空人總管。幾週後，費斯特再度和梅達爾面談，只不過這次是在休士頓，而他後來也成功加入太空人。剛進入太空人一年多，費斯特在梅達爾底下的工作是要建立一套可以評估職業球員的全新預測系統，用來預判他們未來的發展表現。這個模型和他們頭幾年器重的那套不同，之前的是梅達爾打造來發掘潛力好手的選秀模型。

研發部門需要更多的人力。一位名叫柯林・懷爾斯（Colin Wyers）的分析師正在求職，他同樣在《棒球指南》上寫過文章，還負責管理備受推崇的公開預測系統ＰＥＣＯＴＡ。[2]懷爾斯告訴費斯特，他打算應徵克里夫蘭印第安人隊（Cleveland Indians）（現為克里夫蘭守護者隊〔Cleveland Guardians〕）的職缺，希望費斯特能幫他寫封推薦信。費斯特很樂意，但他建議懷爾斯先去和太空人聊聊。結果二〇一三年底，懷爾斯就空降休士頓，負責協助將費斯特開發的系統臻於完善。剛開始，盧諾所領導的高層核心人數太少了，以至於幾乎每個人都會接觸到所有事務。舉例來說，懷爾斯有時會參與球員健康史的評估，研究有相似傷勢的球員他們過去的經歷。

太空人所整合的一切，包括模型和資料，都需要以易於存取、甚至使用者友善的方式來儲存。不論是合約資訊、球探報告，還是公開與自有的統計數據，太空人打算把所有跟決策相關的資訊，都集中存放在由單一密碼保護的網站裡。當盧諾向克蘭發表那篇長達二十三頁的計畫書時，他有提到此資料庫的綱要。盧諾在紅雀時主責「紅獵鳥犬」的創建，現在太空人也需要一套專屬的系統，於是他們招聘了資訊科學家萊恩・哈勒漢（Ryan Hallahan）來打造，並將它取名為「地面管制」（Ground Control），以致敬休士頓與美國太空總署的淵源。

如同商業的世界，職棒正在邁入大數據時代。梅達爾說：「就算不考慮分析，決策者在做決策時還是會想參考大量的資訊，職棒所面臨的情況其實跟其他行業沒有太大的差異。可用於決策的資料量正在以指數成長，它們大幅增加，但人的能力卻不然。為人類提供決策的輔助工具在任何領域中都是非常重要的，尤其是在可以稱得上是大數據的領域。」

在盧諾的指導下，哈勒漢快速且有效率地完成任務。二〇一四年，高斯汀要求新增一項功能，並預期需要好幾週的時間，結果哈勒漢只花五天就完成。

一位同事說：「看看哈勒漢的歷程，他二〇一二年進來，當時太空人什麼都沒有。他快速地開發出很多我們後來在工作上非常依賴的東西，一切從無到有只花不到兩年。」

考慮到太空人球團「簡樸打球」的做法，讓哈勒漢自行創建資料庫也省下巨大成本。

那位同事又說：「很多人因此敬愛他，但問題來了，他是如何在兩年內辦到這一切的？原

2　譯注：PECOTA是Player Empirical Comparison and Optimization Test Algorithm的簡稱，意即「球員實證比較與最佳化測試演算法」，是由《棒球指南》開發的一套預測推算系統。

因是偷吃了很多步。」

梅達爾和艾利亞斯並非唯二跟著盧諾從紅雀跳槽到太空人的人，盧諾不只從《棒球指南》挖角了高斯汀和費斯特等人，還把算盤打到他之前在紅雀所招聘的進步派人士頭上，而這也使他和前東家的關係變得緊張。當紅雀同意讓太空人任用盧諾時，他們犯了一個代價慘重的疏失：他們並沒有限制盧諾可以帶走多少紅雀職員。於是便出現了一小波轉隊潮，有些紅雀職員讓合約自動到期，如此便可以加入太空人。他們完全有權這麼做，只是在職棒很少見，而且還可能讓人懷疑是盧諾慫恿他們離隊。其他人則是由盧諾直接向紅雀請求許可後聘用。要挖角別隊的職員從來都不用先經過許可，除非該員的合約上有明文規定，但這種狀況極為罕見。一般來說，如果是很明顯的升遷機會，且隊內沒有同等的職缺時，球隊都會同意讓他們去面試和轉隊。（要不是職棒有反托拉斯法豁免權，不然這些具有限制性的合約都可能在法庭上遭到質疑。）

紅雀一方面不願阻礙任何人晉升的機會，但另一方面也不願眼睜睜看著他們打造的球團就這樣瓦解。紅雀主席莫澤拉克說：「我們顯然很滿意自己的成果。結果突然間，有一票員工可能都要離職，管理起來就很困難。」

梅達爾和艾利亞斯成為盧諾在太空人的內部核心，盧諾也把來自紅雀的新血轉移到球團的其他地方。傑夫．艾伯特（Jeff Albert）和道格．懷特（Doug White）這兩位具有前瞻思想的小聯盟教練追隨盧諾到太空人，只不過他們的工作大部分都不是在美粒果球場進行。艾伯特只短暫打過獨立聯盟，當盧諾找上他時，他還在攻讀運動科學碩士，會透過影片來分析打者的揮棒動作，並在網路上撰文。

艾伯特說：「盧諾看到後便覺得很有趣，因為他們沒有人在做這個，於是便問我要不要一起合作。我心想太好了，就這麼辦吧！」

盧諾離開紅雀後也對他的下屬造成影響。根據一位離隊的前同事，艾伯特「和盧諾一起時有很大的權力和影響力」，但隨著盧諾離開，艾伯特的影響力大不如前，但紅雀還是不樂見艾伯特離隊。那名前同事說：「雖然我不認為艾伯特有『做什麼事』，可是紅雀對他的離開很不滿。」

據說盧諾主動向那些沒有立即出走的人釋出善意，但並非所有紅雀職員都那麼尊崇或是信任他。不過，仍有不少人離開紅雀轉投太空人，而紅雀最終受夠了，老闆德威特跳出來制止。兩隊後來達成口頭協議，盧諾不會再挖紅雀的牆腳，他也確實遵守。有此前車之鑑，紅雀八成不會再犯下同樣的錯誤。假如盧諾現在才要離隊，紅雀就會明文規定盧諾兩年內不能帶走任何紅雀的職員。

一名原本就在太空人的職員表示：「紅雀在一個休賽季就放走那麼多人到同一隊，這真是太不可思議了。我聽說紅雀原本不認為盧諾會去太空人，所以他們沒有預期會出現這種狀況，不然紅雀就會要他承諾不招聘老東家的人。因此，盧諾就開始各種洗劫和挖角。」

史黛芬尼・葳卡（Stephanie Wilka）、梅達爾和其他盧諾的內部核心人士可以聊一整天的棒球，這幾乎成了他們在太空人的日常。就算盧諾不在，他們還是會在午餐時間隨意討論一些假設情況，像是情蒐在整個賽季中有什麼實質作用。盧諾原本是職棒外行人，他的人脈並非最廣，但在棒球圈打滾多年，也累積不少人脈。葳卡是哈佛大學畢業的年輕律師，夢想是成為球隊總管。葳卡在聖路易長大，多少聽過盧諾的名聲。她曾任職於紅襪，多年來一直和盧諾保持聯繫。當葳卡來到太空人時，她要身兼多職，除了擔任幕僚長，還要幫忙準備六月的業餘選秀。選秀一結束，葳卡就要馬上投身七月的球員交易大限，[3]還有寫在行事曆上的各項事務。

儘管梅達爾是球隊裡負責創新的靈魂人物，盧諾仍然需要一位助理總管，也就是名義上的二當家。二〇一二年大部分的時間，盧諾都留任原本的助理總管，之後才另覓人選，而當時在印第安人的年輕主管大衛・史登斯（David Stearns）受到大力推薦。史登斯來自紐約，同樣也是哈佛畢業，曾任職於聯盟高層的勞資部門，並大力促成新版的勞資協議，讓聯盟頂尖的協商者對他刮目相看。史登斯對聯盟的規範瞭若指掌，也精通太空人特別注重的項目：選秀。再加上史登斯與聯盟高層和其他球隊的友好關係，他的經歷是盧諾所沒有的。

雖然盧諾公開表現出十足的信心，但其實太空人上下都在不斷地摸索。有時候，史登斯和其他高層都忙得焦頭爛額，而盧諾甚至會向他的紅雀舊識尋求意見。一位紅雀高層認為盧諾這麼做越界了，尤其當他詢問有關卡洛斯・柯瑞亞跟二〇一二年選秀的事，但有些主管認為這是合情合理的。

一位太空人高層表示：「我們總管的背景非比尋常，他缺乏聯盟大多數總管所受過的訓練。某方面來說，這是他之所以吸引克蘭的原因。跟其他候選人相比，盧諾有著很不一樣的經歷，也很與眾不同。」然而，這也因此為其他人增添不少重擔。

葳卡和史登斯過去在其他球隊都有相關經歷，能夠看到盧諾的盲點，他們更知道職棒慣例的價值所在。盧諾多少都知道自己有所不足，而他早期的屬下也為他提供引導。

「我認為他需要這種平衡，而當他有的時候，事情就會進展得很順利。」一位太空人高層說道。

盧諾開始為他的高層做好準備，屆時太空人將會脫胎換骨，他們從選秀中累積的潛力好手也漸漸升上大聯盟。

儘管太空人在二〇一三年的戰績慘不忍睹，但是他們坐擁不少頂尖新秀，甚至有些已經登

3 編按：每年的七月底是大聯盟的球員交易大限日，此後各球隊間就不能有球員交易。

上大聯盟。其中一位新星有著非比尋常的打擊能力，是守二壘的打擊奇才。來自委內瑞拉的荷西．奧圖維（Jose Altuve）比盧諾還早加入太空人，以一萬美元和球隊簽約，這幾乎沒有花到他們任何錢。奧圖維年輕時被戲稱為「矮子」（enano），但他揮棒速度非常快，有著不可思議的擊球能力，加上飛快的腳程，能夠在壘間發揮破壞力。人們常因奧圖維的身材而質疑他的能力，但即便只有一百六十六公分，他仍不斷有好表現。當奧圖維還在小聯盟時，有一次敵隊的總教練要求外野手趨前防守，只因他覺得奧圖維太矮，不可能把球打那麼遠。結果奧圖維把球擊成深遠安打，並且從此不斷輸出火力。

二〇一三年是奧圖維在大聯盟第二個完整賽季，他剛滿二十三歲，且薪資非常低。對於大聯盟資歷未滿三年的球員來說，只要符合聯盟規範的薪資下限（當年是四十九萬美元），球隊可以自行決定要支付他們多少薪水。球員在第三年之後，有些情況是兩年，[4]才有取得薪資仲裁的資格。球員取得薪資仲裁資格後，就有權利向球隊爭取更好的報價，有機會上看七位數的優渥薪資。通常球員要進入自由市場後才會出現真正大筆的合約，但前提是必須服務滿六年，[5]這對球員來說並不容易。

換言之，身為不久後會取得仲裁資格的優秀球員，奧圖維的身價將會水漲船高，這對球員和精打細算的太空人球團來說都是重大的轉捩點。薪資仲裁的協商很大程度要比較該球員跟其他同守位球員的數據，以及經歷仲裁協商的次數。首次擁有仲裁資格的二壘手，將會跟其他同樣首次取得資格的二壘手做比較，而薪資通常會隨著球員每次進行仲裁協商而逐年增加，直到球員在第六年後取得自由球員身分。

盧諾和其他高層從年輕球員身上看到了大好機會，太空人可以用合約來綁住球員以節省開支，同時也讓球員在步入自由市場前更有保障。奧圖維就是一例，盧諾便開始尋找棒球界的經濟學家，以幫助太空人處理長期續約事宜，還有協助進行估價和簽訂任何形式的合約。

一位太空人高層說：「我們想要找個具有投資銀行背景或是企管碩士的人。當時太空人有一套由梅達爾和費斯特打造的基礎預測系統，它可以推算出球員未來每年能為球隊加多少分，但卻沒有任何經濟學模型可以說明，根據數據預測有哪些球員的薪資過高或過低，或是單一球員的整體價值是多少。」

布蘭登·陶曼（Brandon Taubman）個子不高，臉上掛著笑容，有一頭茂密的黑髮。陶曼成長於長島地區的塞奧西特（Syosset）小村，該地擁有完善的教育體系，居民多半屬於高社

4 編按：服務年資滿兩年但未達三年的球員，只要最近一個球季在大聯盟登錄滿八十六天，並且總年資在所有有同樣資格的球員中，年資排名前百分之二十二，就可以提早取得薪資仲裁資格，此為「超級二年級生」（Super Two）。

5 編按：球員要在大聯盟名單待滿一百七十二天，才算作有一年的年資。

經地位。陶曼的父親是系統工程師，母親是企業家，兩位哥哥都是律師，他空閒時常會到紐約大都會隊（New York Mets）的舊主場謝亞球場（Shea Stadium）看球。陶曼極具抱負且善於說理，他對模擬聯合國和數學相當在行，而出色的數學能力和未來想要致富的心態，驅使他進入康乃爾大學商學院就讀。陶曼後來成為投資銀行家，從事衍生性金融商品的交易。當盧諾在尋找人才時，陶曼正在巴克萊銀行（Barclays）工作。簡單來說，衍生性金融商品是一種交易契約，其價值來自於其他基礎資產。陶曼的工作本質上就是要找出哪些東西有價值，並靠這些來替銀行賺錢。

雖然陶曼事業有成，但卻漸漸醒悟。他大學畢業時正值次級房貸危機，第一份工作是在四大會計師事務所之一的安永會計師事務所，因此得以近距離見識金融世界的崩毀。安永曾替美國國際集團（American International Group）做過顧問服務，該集團在二〇〇八年的金融風暴中瀕臨破產。陶曼後來被巴克萊挖角，他在巴克萊經手的一項專案是替雷曼兄弟銀行（Lehman Brothers）的擔保債權憑證（collateralized debt obligations, CDOs）標價，而雷曼兄弟也在此次危機中破產倒閉。不久後，巴克萊的一間分行又爆出操控利率的醜聞，並面臨約四億五千萬美元的裁罰，銀行執行長亦在二〇一二年七月下台。

在金融業的醜聞連環爆後，陶曼認清了現實，這份工作已不再是他所嚮往的，於是陶曼決定轉換跑道。他喜歡和朋友玩夢幻棒球，他們所屬聯盟的入場金每年都愈來愈高。另一款夢幻棒球的衍生遊戲也相當吸引人，其中加入了賭注金額，並且每日更新，特別為那些善於衡量價值的人製造賺錢機會。

雖說數學是陶曼的強項，但他其實很全面，並以策略為導向。他不算是個資訊科學家，費斯特的資工能力就比他出色許多，但陶曼自學了很多種專業程式語言。為了在遊戲中取得勝利，陶曼開始打造一個棒球數據的資料庫，從中預測球員每場比賽的表現。他從第三方網站取得球員價格的資料，舉例來說，太空人的奧圖維今天值十元遊戲幣，玩家要在有限的資金中購買球員，而網站上還會寫出球員的建議價值。

然後，陶曼會將每天的條件資料分門別類，像是不同球員間的對決紀錄。他研究了天氣條件，發現除了溼度之外，環境對預測球員表現並沒有多大的影響。溼度較高時，得分數會比較少。風力只有在特別強勁的情況下會產生影響，當風從外野逆吹回內野時，會降低擊球的飛行距離。這些研究都很符合直覺，但溼度帶來的影響力比他想的還要大。如果有球員受傷，陶曼就會天天調整名單，到後來系統會給出一份理應產出最好表現的推薦名單。他大多時候都選擇一對一模式，與另一位玩家捉對廝殺。[6]陶曼的勝率逼近六成，讓他擁有一個可以年賺二萬美元以上的副業。

陶曼踏入職棒後的第一場面試並不是跟太空人，而是紅襪，紅襪正在尋求一位將來可以轉正的實習生。對紅襪來說，陶曼很明顯是個華爾街人士，雖然面試表現出色，但他們比較想要

6 編按：夢幻棒球有head-to-head跟ROTO兩種玩法，前者是玩家每週一對一廝殺，後者是採累積成績方式決定整季勝負。

傳統背景出身的分析師。當陶曼在進行天氣研究時，他聯絡了一些已經在職棒工作的分析師。紅雀的寇瑞亞找上他，並告訴陶曼一旦紅雀開缺便會將他納入考慮。寇瑞亞還告訴陶曼所不知道的事：太空人正在招人。

於是，在投資銀行年薪超過六位數的陶曼便前往他從沒去過的德州面試，他仔細鑽研盧諾、梅達爾和艾利亞斯的想法，並深受啟發。太空人要打造一個源源不絕的球員體系，當這些球員不再是符合成本效益的資產後，就讓他們成為自由球員走人。陶曼在二〇一三年以年薪四萬九千美元加入太空人，向助理總管史登斯報到。

一位高層說：「當時的太空人球團根本就是他媽的『錯位玩具島』。我們大部分的人都不太可能在別隊找到工作，不會有人找高斯汀去管理職業球探部門，也不會有人找陶曼或比爾·傅考斯（Bill Firkus）。我並不是說他們不好，我認為結果不言而喻，他們就不是棒球的料，他們不屬於職棒的圈子。其他球隊也有這樣的人，但我們的高層全都是這樣的人。這不僅前所未聞，也對我們在職棒的名聲造成許多問題。」

陶曼接手的第一個專案是創建一套承保模型，用來理解複數年延長合約的預期價值。這個領域已經有人在網路上做過了，但職棒的標準還是依賴速記的經驗法則。與陶曼在金融界類似，棒球員的合約裡也會有選擇權，諸如球隊選擇權、球員選擇權和共同選擇權，球員或球隊可以決定是否執行附加的年限和價碼。舉例來說，一張四年合約可能會附加一個價值五百萬美元的第五年球隊選擇權。[7]陶曼幫太空人建立一個替選擇權定價的模型，很像他過去在金融業常用的「布萊克—休斯模型」（Black-Scholes model）。比起球員選擇權或共同選擇權（意指球員和球隊雙方都需要同意才能執行），大家都知道球隊選擇權對球隊更有利。陶曼從他的專案裡發現，如果球隊把球員年薪調高一點點，以此外加球隊選擇權，將會帶給球隊很大的好處。

陶曼的另一項任務是處理奧圖維的延長合約，這位當家二壘手在二〇一三年同意以總價值一千二百五十萬美元的保障合約，和球隊續約至二〇一七年。如果奧圖維沒有接受這份合約，他將會在二〇一七年賽季結束後成為自由球員。新合約包含了兩個球隊選擇權，分別是二〇一八年的六百萬美元和二〇一九年的六百五十萬美元。這對太空人來說非常划算，因為如果奧圖維持續發揮水準，甚至表現更好，那他就會比原先晚兩年才進到自由市場，也代表屆時他將老了兩歲。[8]

奧圖維簽訂新合約前，才剛更換經紀人，離開了業界最負盛名的波拉斯。

波拉斯在隔年說：「如果奧圖維來問我說要不要簽那份合約，我會跟他說這不是明星球員該有的待遇，就像我之前告訴他的一樣。但球員簽合約或做任何事都有不同的理由，而球隊會

7 編按：球團在第五年可決定是否執行球隊選擇權，用五百萬美元續約球員一年，也可以選擇不執行，球員就成為自由球員。

8 編按：二〇一七年賽季結束時如果太空人覺得奧圖維沒有六百萬的價值，就可以放他成為自由球員。反之如果奧圖維有超過六百萬的價值，又可以用低於行情的價錢綁住奧圖維。二〇一九年奧圖維正式進入自由市場時他又長了兩歲，身價會貶值，屆時太空人有更大的籌碼可以跟奧圖維談新約。太空人穩賺不賠。

提出這樣的條件也有他們自己的理由。」

二〇一三年七月，奧圖維的合約就快敲定了，太空人剛好作客盧諾的前東家聖路易，而他們單獨約在一間餐館商討最後細節。

盧諾說：「我們約好一起吃早餐，然後討論還沒解決的事情。我們全程都用西語，有時會互有來往。我們剛好都在聖路易，所以就決定要見面，最後也都處理好了。這種情況就是球員自己有動力來找我洽談，我們開始把不同的想法整合起來。我不記得到底誰先講話，但他打從一開始就顯得興致勃勃。他曾經屬於波拉斯經紀公司，後來才換經紀人。」

當然，奧圖維的動機主要是因為能早日拿到現金薪資，馬上就能成為百萬富翁，無需等待和承擔受傷的風險。但球員要養家也很重要，他出生於委內瑞拉的中產家庭，二〇一三年時，委國正處於經濟崩潰的邊緣。奧圖維說：「現在我有能力幫助我的家庭，我可以給他們更好的生活。」

一位太空人高層事後表示：「當時我們知道這將會是一張很划算的合約，結果後來比我們預期的還要好太多了。我們原本以為這筆合約的『剩餘價值』差不多會是一千到一千五百萬美元，但最後卻有七千、八千萬美元，是我們原先設想的五、六倍之多。」

第六章　激進手段

將要帶領太空人走出深淵的球員們開始陸續熬出頭，不過在最早的一批球員裡，卻有一人讓球團傷透腦筋。喬治・史賓格（George Springer）出身運動世家，母親是競技體操選手，他有時會在場上後空翻，並且有著一雙炯炯有神的眼睛。他在二〇一一年選秀第十一輪被太空人選中，那是盧諾入主前的最後一次選秀。二〇一三年，史賓格在2A和3A合計繳出打擊率三成〇三、三十七支全壘打和四十五次盜壘的優異成績，差一點就能躋身「四十／四十俱樂部」，意味著單季完成四十轟和四十盜，這是鮮少有人能達成的里程碑。史賓格還沒登上大聯盟，但他已向大家證明自己準備好了。

有鑑於太空人當年糟糕的表現，史賓格顯然比二十五人名單裡的多數球員優秀。單就表現而言，他值得直升大聯盟。二十三歲也不算太年輕，他其實比二〇一一年就登上大聯盟的奧圖維大幾個月。太空人的戰績已經慘不忍睹，讓史賓格上來可能會讓人好過些。然而，太空人高層基於兩大原因把史賓格留在小聯盟。第一，儘管有很多正面因素，太空人新生成的棒球事務部還是對史賓格的表現有疑慮，內部也產生分歧。

史賓格在二〇一三年吞下高達一百六十一次三振，代表他在面對更高層級的投手之前，還需要加強選球和出棒的判斷能力。對大聯盟打者來說，只要棒子夠粗且有選保送的能力，那三振就讓人還可以接受；但對小聯盟打者而言，這可能預示未來的生涯發展會很掙扎。由費斯特和梅達爾領軍打造的預測模型並不樂見高三振率的球員，也預測史賓格的前景黯淡，他頂多只會在大聯盟撐兩三年，而且對球隊的貢獻微乎其微。但是，預測模型會不會出錯呢？費斯特和梅達爾對此意見相左，這是他們第一次出現重大分歧，也不會是最後一次。擔任過二十一點荷官的梅達爾對模型深信不疑，因為它就代表機率。

一位高層表示：「球團內部激烈地爭辯史賓格該何去何從。高層裡出現許多派系，而每個派系都有不同的主張。有些人覺得史賓格應該繼續留在小聯盟，也有些人想直接把他升上去，因為他們受夠太空人不斷輸球，希望能派農場最好的外野手上場。有一派人認為史賓格將成為我們奪冠的大功臣，後來事實證明的確是如此；另一派人則認為，他連面對小聯盟等級的投手都有四分之一的打席會吃K，這樣的球員在未來不會有好表現，所以沒什麼價值，或許還可以趁現在交易他換些東西回來。」

史賓格在二〇一三年下半季主要待在2A，他每一個打席都會被拿來跟同層級的小聯盟球員比較。費斯特開始更深入地思考，所謂的「數據導向」其實都會被我們所挑選的資料以及設定的問題影響。他有點懷疑自己的模型，所以研究了一些更深層的數據，像是史賓格對好球帶的判斷、擊球力道和腳程。他發現史賓格和模型比對的那群人有很明顯的不同，並認為模型將他和不對的母體放在一起比較。就費斯特看來，史賓格其實有防守價值，並且非常會判斷球路，但模型卻不是這樣看待他。

作為一個團隊，太空人高層明白任何模型外部的新資料都有潛在的危險。尤其是梅達爾，他對於把新資料納入模型裡，甚或是當成模型外部的補充資料，都有非常嚴格的限制，他不認為費斯特或是團隊裡有誰足夠了解新資料的脈絡。他會說這個預測模型已有上千筆的資料比對，憑什麼要再去看模型外部的那幾筆呢？在費斯特和梅達爾分歧的情況下，盧諾像平常一樣要求陶曼彙整一份研究報告。最終，陶曼支持費斯特的觀點，他也得將他的研究呈報給老闆克蘭。研究報告裡還包含太空人想把史賓格留在小聯盟的另一個原因：服務年資。

當球員登上大聯盟後，走向薪資仲裁以及成為自由球員的計時器就開始倒數。這份呈報給克蘭的研究報告名為「史賓格升上大聯盟的成本分析」，裡頭涵蓋三個他可能升上大聯盟的時間點，分別是二〇一三年八月、二〇一四年四月底，以及二〇一四年六月。第一個時間點代表史賓格會在二〇一九年賽季後成為自由球員，而另外兩個都會讓史賓格多待一年，至少到二〇二〇年後。最後一個時間點可以確保史賓格不會太早具有仲裁資格，讓他繼續領較低的薪資，這是另外的加分效果。

太空人並不是第一個把「時間」列入考量的球隊，聯盟規章明顯給予球隊拖延的誘因，而球員工會也同意此規章。但球隊不會大肆宣揚因為他們要多花好幾百萬美元，所以基於年資而考慮不把球員升上大聯盟。據此，球員工會可以提出申訴，也曾經這麼做過，指控球隊惡意操弄球員的服務年資，但沒有確切證據的話，這種情況很難被證明。

假如太空人能像對奧圖維一樣用長約簽下史賓格，那他的薪資就會被綁死，時間的影響就沒那麼大。但這麼做非常奇怪，因為球隊很少會跟還沒上過大聯盟的球員簽長約。二〇一三年九月，太空人向史賓格提出一份保障七百六十萬美元的報價，且合約總值最高上看七年二千三百萬美元。合約資訊如下：

簽約金：一百萬美元。
二〇一四年：四百萬美元。
二〇一五年：一百萬美元。
二〇一六年：一百萬美元。
二〇一七年：六十萬美元，最高加薪至三百萬美元。
二〇一八年：三百萬美元（球隊選擇權）。
二〇一九年：四百萬美元（球隊選擇權）。
二〇二〇年：六百萬美元（球隊選擇權）。

這份報價很大程度受到預測模型的影響，薪資並沒有反映出太空人已知史賓格能打出的潛在明星身價。一位智囊團的成員表示：「我們太依賴梅達爾的數據，結果提供一份很鳥的報價。」史賓格和他的經紀人葛瑞・根斯基（Greg Genske）不想以如此低價賤賣自己的潛力，所以盧諾決定和史賓格來場更親近的對談。據說，盧諾把史賓格帶到休士頓，並向他還有一些職員解釋他是要來做視力檢查。盧諾趁經紀人不在場時，試圖說服史賓格接受他的報價。年輕又有活力的史賓格的反應也很屁孩，一位在場人士回憶他曾開玩笑地問太空人職員：「你們是要給我一大筆錢嗎？」

史賓格陣營的人對於所謂的視力檢查非常憤怒，相對地，部分太空人高層也意識到這麼做並不恰當。把球員和經紀人隔開是大忌，但有些較資淺的人並不清楚這樣的規矩。一位高層說：「我們想確保有良好的談話環境，所以請史賓格來辦公室。經紀人根斯基並不在場，這是讓根斯基不爽的原因。我現在知道事情的發展後，我不怪他。」盧諾應該要了解這點，但也可能是為了幫太空人省下幾百萬美元而精心計算過風險。

史賓格拒絕了報價。隔年開季，盧諾把他留在小聯盟，他要是接受合約就能站上大聯盟。球員工會曾考慮要對太空人提出「操縱服務年資」的申訴，但後來沒有。

「史賓格本該是我們的一員，這點無庸置疑。」太空人二〇一四年的板凳教練戴夫・崔布利（Dave Trembley）說道，他是僅次於總教練的二把手。

盧諾在開季兩週後才把史賓格叫上大聯盟，也就是報告裡第二個時間點。兩週的延宕讓他確定要到二〇二〇年季後才能脫離太空人，而不是二〇一九年季後。為了未來的球隊陣容，太空人的做法無疑是精明的，但也搞砸了與球員間的關係，而這也會影響到未來的球員陣容。經過那場「視力檢查」事件後，太空人就讓他們最有天賦的新星埋下不信任球隊的種子，而這位球員甚至都還沒有站上大聯盟舞台。

春訓期間，商家會到球場向球員兜售高檔服飾和西裝。有一天，當史賓格正在試穿衣服時，崔布利找上了他。

崔布利說：「當時已經晚上六點鐘，我完成我的訓練工作準備離開時，看到史賓格正在走道上試穿衣服。史賓格看著我，然後問我覺得怎麼樣。我回說：『你都知道了吧？』他說：『我沒有上大聯盟，但是只要讓我逮到機會，我一定會牢牢抓住。』他的意思是在講錢。他說：『只要讓我逮到機會，我一定會牢牢抓住，好好幹一票大的。』球員其實都知道，他們都想盡力做到最好。但要小心你所說的話，小心禍從口出，因為傳到媒體那就不好了，盧諾會在媒體上帶風向。我總感覺檯面下暗潮洶湧，有些事他們並沒有說出來，他們沒有據實以告。」

想要用低價簽下史賓格只是他們計謀中的一小部分，成功和奧圖維續約讓盧諾的膽子變大了，他指示陶曼給予陣中年輕球員一系列相似的報價，包括傑森·卡斯楚（Jason Castro）、麥特·多明戈茲（Matt Dominguez）、羅比·葛斯曼（Robbie Grossman）、喬恩·辛格登（Jon Singleton），甚至還有凱寇和柯瑞亞。球隊於三月九日向卡斯楚提報一份保障一千二百萬、最高三千萬美元的合約，然後於三月十日向葛斯曼提報一份保障七百萬、最高二千三百五十萬美元的合約，結果兩人都拒絕了。

看似亂槍打鳥的方法其實帶有目的性和針對性，太空人知道如果有些人接受報價的話，成效也不會太好。一位高層表示：「這個策略的概念是就算有三到四成的損失也沒關係，這數字聽起來高得嚇人，但因為成功案例的剩餘價值足以彌補損失。這是一種風險投資的方法，只下少數幾個大賭注，而不是下很多小賭注或打安全牌。」

單就成本考量，這是個嶄新且極富巧思的策略。然而，在二〇一四年季初，還沒有任何球員中招。球員和經紀人開始覺得惱火，因為這些合約都帶給球員無形的壓力。你得接受對球隊有利的合約，這樣才會被升上大聯盟。如果你已經在大聯盟了，最好還是吞下去吧，這樣才能續留在名單中。如果拒絕的話，難保未來會發生什麼事。

最終，還是有一位球員上鉤了。辛格登是一位還在小聯盟的強打少年，當他在季中簽完約後立刻直升大聯盟。合約保障五年總值一千萬美元，外加三個球隊選擇權，將他可能進入自由市場的時間延後兩年。辛格登和他的經紀公司因為這份合約而受到嚴厲批評，認為這會削減他未來可能的身價。不過經紀公司比球隊和外人更了解辛格登，知道他的前景其實非常渺茫。球員始終存在受傷與表現不佳的風險，但辛格登除此之外還得面對更多風險。太空人隱約知道他有些私人問題，但還是選擇相信數據，願意在他身上賭一把。一位太空人職員表示，球隊高層並沒有向那些跟辛格登親近的人，徵詢意見，不然就會知道最好離他遠一點。

二〇一四年春天，辛格登在接受合約前，向《美聯社》（Associated Press）記者克莉絲蒂．芮肯（Kristie Rieken）承認自己是個癮君子：「我知道我喜歡抽大麻，喜歡那種快感，我沒辦法阻止自己，所以我必須努力對抗它。」他還告訴芮肯他酒精成癮。

職棒並沒有提供最完善的環境給有成癮問題的球員治療，有時還以極嚴厲的手法來對付藥物使用，在當年更是如此。吸食大麻的球員在小聯盟就會遭到禁賽，即使情節比辛格登還輕微也一樣，這項規定直到近幾年才解除。然而，球員一旦進入大聯盟，就會被一個更有利於球員的體系保護著，這是由球員工會為他們談判爭取而來的。不過，當時的工會並不會為多數的小聯盟球員發聲。

辛格登同意報價後，就飛往休士頓準備體檢。在簽約前一小時，盧諾打給他的經紀公司，通知他們辛格登在四氫大麻酚（ＴＨＣ）的檢測上呈陽性反應。

「我想我們有更大的問題。」一位代表辛格登的經紀人回嗆道。盧諾問他為什麼。「你剛才沒有正當理由就對四十人名單裡的球員實施藥檢！」

任何大聯盟球員都必須在四十人名單內，不過當時辛格登的狀況比較特別，他名列四十人名單，卻又還在小聯盟出賽。因此，辛格登是小聯盟中極少數有在大聯盟工會中的球員，適用對球員較友善的藥檢規定，而該規定禁止球團無故向球員施行藥檢。由於違反勞資協議所賦予球員的權利是件很嚴重的事，所以經紀人認為盧諾是想用藥檢結果來施壓，好簽下更划算的約。他給盧諾二十分鐘決定，看是要繼續完成簽約，還是全盤取消。如果盧諾藉口藥檢沒過而取消簽約，工會很可能會提出申訴。盧諾只花五分鐘就做出決定，一切照原計畫進行。

後來的辛格登持續用藥，並沒有走完他的五年合約。幾年後，他被移出四十人名單，下放至小聯盟，成為完全的小聯盟球員，然後接受小聯盟的藥檢和紀律處分。他再度於一項未公開的藥物檢測上呈陽性反應，並在二〇一八年被禁賽一百場。大概是因為「投資失敗」的緣故，據說盧諾試著用這次藥檢結果來拒絕支付辛格登的剩餘款項。最後雙方達成和解，辛格登也被太空人釋出。直到二〇二二年，辛格登才重回美職體系，加盟密爾瓦基釀酒人隊（Milwaukee Brewers），那邊也有一些從太空人轉過去的高層主管。[1]

二〇一四年是盧諾邁入重建的第三個年頭，合約並不是太空人唯一著手改變的部分。對智囊團裡的一些人來說，他們變革的速度不夠快，但若是跟其他球隊相比，其實已經算是非常快速了。盧諾曾描述變革的兩種途徑：「第一種是身先士卒的前鋒。舉個商業例子來說，要在中國建立零售分銷就得身先士卒，因為在那邊產品配送給消費者的方法與美國不同。所以當某家公司要進軍中國市場時，他們就得一路披荊斬棘，自己摸索出一套方法。這就是前鋒要做的

1　編按：有趣的是，辛格登在二〇二三年又回鍋太空人，二〇二四年留下出賽一百一十九場，WAR僅有零點三的慘淡紀錄。

事，也是真正的創新。在大聯盟，我會說光芒是這種前鋒，運動家也可以算是一例。他們所做的事情與眾不同，但並非毫無風險，可是回報就在另一頭。第二種是緊跟其後的追隨者。當你看見成功的跡象就要趕緊跟上，記取前鋒所犯的錯誤、仿效正確的步伐，然後緊跟在後。」

我在二〇一三年夏季加入《休士頓紀事報》，負責撰寫太空人的報導。我在到職前，跟一位經紀人說明我的新職務，他手上的球員在隊上算是比較小咖。他的回應既直接又讓我難忘，他告訴我，這裡發生了一些很奇怪的事，球團似乎愈走愈偏。從那年冬天到二〇一四年，我不斷聽到同樣的感慨。我很快就發現，儘管球團裡都是聰明人，但他們卻沒有得到各方人士的支持或信任。

並非所有爭議都出現在場下。太空人很頻繁地使用守備布陣，這個策略從數據上看極為合理，後來也被聯盟廣泛使用，但當時的投手非常不相信布陣。守備布陣就是依照數據顯示打者通常會把球擊向哪裡，然後把野手移防到該位置上。但布陣的成果並非立竿見影，往往需要一段時間才能驗證。正常站位下會出局的球，有時候卻因布陣變成安打，這會影響投手的情緒。

「二壘軟弱滾地球有時會穿越形成安打，投手回休息室時臉都非常臭。」崔布利說道。

總教練波特和其他教練必須緩解對立。太空人不是第一支使用布陣的球隊，但他們使用的次數一年比一年還凶，盧諾指出這就是太空人身為追隨者的地方。他們也在小聯盟進行一些變革，有傳言指出，太空人要求打者少揮棒、選保送，這個建議有點本末倒置，不過真實情況有些不同。

一位太空人高層表示：「我們要球員在兩好三壞或兩好兩壞時，縮小好球帶攻擊，設定甜一點的球來打。好球來就打，但如果是好球帶邊緣的球就選掉，因為長期數據告訴我們主審此時判壞球的次數會比判好球多。我們是這個意思，大家可能稍微有點誤解。」

盧諾也把他在紅雀推行的雙先發模式搬來太空人，讓先發投手一場先發、一場後援的丟，跟大部分球隊使用先發的方式不同。這對擁有固定出賽頻率的投手來說是個挑戰，他們會擔心手臂的健康。年輕投手麥克．佛提奈維奇（Mike Foltynewicz）說：「我一直以來都是投一休四，要我去後援或是多休息一天，我無法告訴你問題出在哪裡，但我真的有點不太高興。」

佛提奈維奇並不是唯一感到困擾的投手。繼二〇一二年簽下選秀狀元柯瑞亞後，太空人在二〇一三年選秀會上，再度以第一指名選中史丹佛大學的右投手馬克．艾培爾（Mark Appel），他是大家公認的績優新秀。然而，當太空人以六百三十五萬的簽約金簽下艾培爾後，他的職業生涯幾乎立即開始走下坡。二〇一四年之前，艾培爾曾動過緊急闌尾切除手術，他當時並沒有多想，直到多年後醫生發現他無法控制或啟動下腹肌。到了二〇一四年，他已經不用再進行術後復健，有人跟他說那會自己好起來。沒有人知道這場手術是否是造成後續連鎖反應的元凶，但更多麻煩找上了艾培爾，特別是雙先發的模式讓他進入惡性循環。

艾培爾說：「雙先發真的對我太艱難了，我沒有在批評誰，或是批評下這個決定的人，只是這對我來說很不好受。我不知道是不是因為雙先發的關係，但我的投球動作開始出現代償，讓我的手肘不適。手肘不適後，我改變了我的投球動作，結果肩膀也開始出現問題。」

此外，太空人在二〇一四年，把艾培爾送去一支主場位處沙漠、空氣乾燥而成為打者天堂的小聯盟球隊。事後，一位高層承認這是個錯誤，艾培爾原有機會自己克服挑戰，但這麼做卻讓他投得更為掙扎。艾培爾的經紀人波拉斯認為雙先發的模式，「讓艾培爾的身心靈都感到嚴重紊亂。」波拉斯也是另一名太空人投手麥卡勒的經紀人，他找上盧諾要求替他的客戶做出調整，他認為太空人對待麥卡勒比艾培爾還要通融。

這個年代想當太空人的超級新秀並沒有那麼容易。高選秀順位的球員本來就備受期待，加上盧諾大肆宣傳他主打選秀和展望未來，再加上艾培爾是休士頓本地人，無不使得鎂光燈大大聚焦在他身上。

艾培爾說：「大家期待我能在年底或是二〇一五年初就加入太空人的輪值，所以我告訴自己沒時間受傷了，必須趕快拉高投球局數和訓練，總不可能我今年只投八十局，然後指望明年可以投二百五十局吧？這是我沒有預料到的情況，我大學時健康得很，每場先發動不動就投一百二十球以上，也從來沒出現問題。接下來，就是在太空人這裡投球了。」

因此，太空人的新計畫就是要治好艾培爾。不過，球團高層後來確信他的問題並不是他們所造成的。

就算雙先發或是守備布陣都是心理上可以靠重新學習來克服的問題，但球員們還是很仰賴習慣。眾所周知，棒球是一項「失敗」的運動，每個球員都有其情緒敏感度和特殊癖好。教練和管理階層的工作並不是單純叫他們做這個或做那個，然後他們就會變厲害，尤其是在過去。盧諾所做的一切，不論是場下或場上的操作，都伴隨著輸球而來，這對於他的威信沒什麼幫助。大量裁員也惹怒球團內外的人士，接連上演的難堪場面，使得部分球員、經紀人和職員（包含那些本來就討厭盧諾的傳統派）怨聲載道。

追求長約是他們首重的任務，但也讓人心生不滿。一位球員經紀人說：「球員也是人，但太空人只把他們視為可以透過電腦程式或嚴格標準計算出價值的資產。太空人把球員丟進系統裡，然後從未來發展或簽訂合約的角度來看有沒有價值，這不會讓太空人在球員或經紀人的圈子裡有好評。他們操弄服務年資，要球員接受他們眼中的價值，不然就得滾蛋。」

「沒人強迫球員簽約啊！」盧諾如是說。

球員同樣也很不滿。

「他們現在肯定被聯盟邊緣，大家還被迫要看這場鬧劇，實在令人沮喪。當你和經紀人、其他球員，以及聯盟裡的任何人交談時，大家對此都會有意見，不見得每個意見都是好聽的。」投手巴德．諾里斯（Bud Norris）說道。他在二〇一三年是太空人的一員，但後來被交易到巴爾的摩金鶯隊（Baltimore Orioles）。

當中有些牢騷會遭到合理的反駁，像布陣長期下來是有用的，球團外的多數人都知道這點。但探討每一句怨言是否是理性的並非整件事的核心，整體的團隊氛圍才是問題所在，球員不喜歡太空人對待他們的方式。高層在各方面重視數據的程度讓大家反胃，職棒圈裡很多人都認為太空人把球賽和球員變得沒有人性。

退一步而言，就算盧諾和他的高層是最精明、最厲害的，但他們沒能力讓球員和經紀人信服，有這些好點子有什麼用呢？

一位太空人球員就表示：「我想沒有人會高興，我就不會。他們抽走了棒球中人性的部分，要我替一個只把球員視為數字而不是人的總管打球很難，盧諾把我們當成實驗品。」

太空人不是唯一擁抱數據分析的球隊，但他們做得非常高調、也最極端，部分原因是他們相信儘早採用才會帶來優勢。傑德・勞瑞（Jed Lowrie）曾在太空人待過兩個不同時期，他說：「這股趨勢正走向純然的數據分析，棒球正經歷巨大的轉變。有人會拍桌嚷嚷著這不是球賽或評估球員該有的樣子，但從商業的角度來看，我能理解。這完全就是數據分析，我認為沒辦法既採用這種方法、又指望要建立良好的人際關係。當你只用數字來評判一個人而不考慮其他因素時，就很難去達成平衡，而且我不是在說他的表現而已。有些東西是難以衡量的，現在感覺他們想用數字來蓋過那些無法被衡量的東西。」

盧諾和梅達爾在紅雀時也經歷過反對聲浪，但在太空人還多了領導重任，當年成功面對紅雀傳統派的阻撓更加深他們此刻的決心。他們深知反對聲浪還會出現，但多數可以忽略。梅達爾的立場始終如一，他認為改變是艱難的。

在職棒圈裡，不論是什麼情況，領導階層要進行溝通都不容易。小聯盟職員都在其他城市工作，球探也一樣，只有少數例外。即便如此，盧諾最大的缺點是跳脫核心圈外的溝通能力。「我不認為盧諾會思考要如何獲取大家的信任，他想的是要怎麼建立最好的管理結構，以及如何打造能贏得世界大賽冠軍的球團體系。」一位太空人高層說道。

盧諾和克蘭都曾被媒體批判，但每一次都安全下莊。當我於二〇一四年向他們提出球隊的觀感問題時，他們對於別人批評的忍受度非常的低。「我在這行的時間比你還久，也有身為記者的家人，他們待的時間更久。」盧諾指的家人是在《華爾街日報》（*Wall Street Journal*）工作的弟弟，還有曾擔任電視台記者的前妻。「你自己看著辦吧。」他對我這樣說。

另一頭，老闆克蘭對我的採訪語帶威脅地說：「我會在這待很久，我是不會走的。任何負面消息都會影響到我們的球隊、球員、職員、球迷和城市，而且還會影響到我。我不想每次看到你都是聽到球隊的負面消息，這對我們一點好處都沒有。」克蘭說他和盧諾都待人不錯，還轉而提到他的其他事業：「去看看我過去的紀錄，都非常良好，而且每次都能轉虧為盈。」

當我們首次談論這些批評時，盧諾堅決否認球隊所採取的不同策略有任何相關之處，像是守備布陣、商議合約，以及在小聯盟推行雙先發。在後續討論中，他變得冷靜許多。盧諾說：「毫無疑問你會聽到大家的回饋。但你得知道，我們不是在選舉，不是要討好選民來獲取選票。職棒是個弱肉強食的環境，只有強者才能生存。總有人會被釋出，不是每個人都能有出賽、升遷的機會，或擔任自己想要的職務，理所當然就會有很多的抱怨。這我們了解，你必須釐清這點才能找出能幫助你實現目標的核心。我們想在大聯盟贏球，也想從小聯盟培育出大聯盟選手，這兩者是我們最在乎的成果。當然，每當有人受到牽連時，不管是教練、球員、防護員、球迷或任何人，你都希望了解他們是如何被我們的努力給影響。

同年五月，《休士頓紀事報》刊登了我的報導，標題是〈激進手段使太空人邊緣化〉。文章圍繞著一個問題：**太空人重建的過程會引來多少批評，且要出現多少才代表有麻煩？**

盧諾的回答是：「當批評足以影響到我們時，像是造成我們無法簽下球員、球員離隊，或是他們沒有拿出最好的表現，我們就必須要解決。但到現在為止，這些都沒有發生。」

如果盧諾相信他是對的，那他就會繼續前進。

一位太空人高層說：「盧諾有一項好的領導特質，就是他不太在乎別人怎麼評價他，但也可能因此讓他身陷麻煩。盧諾的臉皮很厚，根本不在乎別人怎麼看他。」

那這樣的話，盧諾要如何知道他錯了，或是他走太遠了呢？諷刺的是，太習慣批判他人的人，往往很難聽進別人對自己的擔憂。另一位副手表示，盧諾總是認為「那些問題不是真正的問題。」在盧諾心中，處理這些怨言的方法其實很簡單，就是讓太空人贏球，他相信贏球可以讓人們閉嘴，**贏球可以治百病**。

盧諾說：「大家的認知會隨著我們贏球而改變。當我們拿下分區冠軍時，那些唱衰我們的人就會支持我們，這就是現實。你覺得如果當時運動家隊沒有成功會怎樣，有多少人會討厭魔球思維？就是因為他們靠著創意和創新不斷成功，所以他們才成為受人稱頌的英雄。」

⚾

各種意義上，太空人在二〇一四年上了一整年的危機管理速成班。剛開始，盧諾還以為其中一場災難是源自於《休士頓紀事報》上的一張照片。春訓期間，我寫了一篇解釋太空人資料庫「地面管制」的專題報導，文中提到將所有資訊以數位化的形式存放在網頁裡會有風險。盧諾說：「我們已經盡可能做到防止資料外洩。有人離職時，他們可以帶走任何記在腦中的智慧財產，其他一概不准。我們會確保只有做決策的人才能存取那些資訊，以此保護自己。」

該篇報導在三月八日晚間登上《休士頓紀事報》的網站，隔天一早，盧諾語帶焦急且慌張地打給我。他們同意讓《休士頓紀事報》的攝影師進去太空人辦公室，並在建造資料庫的哈勒漢與他的電腦螢幕旁拍照。如果將照片放大，可以看到一串很基本的網頁連結：groundcontrol.astros.com。盧諾表示，大家都在試著登入系統，而我的編輯決定從網頁上刪除那張照片。太空人趕緊更改網頁連結並加強防護，他們早就該採取這些措施了。

盧諾不知道的是，他們的系統早已被入侵。早於二〇一三年三月，一名紅雀高層就開始登入「地面管制」和太空人的電子郵件。寇瑞亞，就是那位建議陶曼前去太空人的寇瑞亞，成功獲取了太空人專有的資訊。寇瑞亞當時是紅雀高層的後起之秀，他擁有認知科學的學士和心理學的碩士學位。

紅雀主席莫澤拉克表示：「當然，我很看重寇瑞亞，我把他升任為球探總監。他不斷進步和成長，也是球隊如此成功的關鍵人物之一。」

寇瑞亞和紅雀的交集是從梅達爾開始，他幫梅達爾準備選秀要用的大學球員資料和分析數據。他與盧諾和梅達爾有密切合作，認為當他們倆離開紅雀時，有可能會把專屬於紅雀的資料帶走。寇瑞亞極為猜忌和多疑，紅雀花了好幾年才打造出的分析能力，全靠他和其他人的付出，憑什麼讓太空人就這樣整碗捧走？寇瑞亞知道梅達爾在紅雀使用的密碼，據說他從來不換密碼，這是非常嚴重的資安漏洞。知悉此事後，寇瑞亞便登入「地面管制」和電子郵件等系統，開始尋找太空人從紅雀那邊偷走些什麼。

介紹「地面管制」的報導刊出後隔日，太空人重設了系統的所有密碼。再隔日，也就是三月十日，寇瑞亞登入了梅達爾的信箱，並發現有一封郵件包含所有使用者的新預設密碼，以及「地面管制」的新連結。此時，太空人還不知道是誰偷偷潛入他們的系統。

「地面管制」系統裡也儲存了太空人的交易注記，包含別隊想用什麼籌碼來交易球員，以及他們討論交涉的內容。某位記者拿到大量太空人的交易注記，並將此事告知他們。根據一位太空人高層回憶，那名記者把資料寄給盧諾並說：「我只是要讓你知道我手裡有這份資料，我不會拿去報導，因為這是不對的。這些東西不應該出現在我手上，可是出於禮貌，我想讓你知道它外流出來了。」

那位高層說：「記者並不知道是誰寄給他的，因為資料來自一個匿名帳號。資料肯定是被偷走的，我們並不希望它被外洩。所以我們馬上聯絡了聯盟的資安部門，他們也立刻展開調查。我們以為只是《休士頓紀事報》發了一篇有關『地面管制』的報導，我們不知道為何內部對話紀錄會被公開，也不知道是怎麼發生的，我們一直以為系統很安全。」

然而，不是每家媒體都會順著太空人的意。大約一個月後，這份資料出現在體育網站《死亡之旋》（Deadspin）上，標題是〈外洩：太空人十個月的內部交易討論〉（Leaked: 10 Months of the Houston Astros' Internal Trade Talks），這是大眾第一次聽聞太空人被駭的事。該報導在多層意義上讓太空人顏面盡失，太空人總是說對自己的方法很有自信，結果連機密的交易談話都保護不好。

「我感到很抱歉，一直打電話向其他球隊道歉，並讓他們知道發生了什麼事。現階段我所能做的也只有這些。」盧諾說道。

看到太空人如何評價自己的細節也讓球員不好受。球員在職業生涯中，經常會聽到關於自己的交易傳聞，但要轉換城市和球隊的潛在可能還是會造成球員額外的心理負擔。其中一些真實的交易對話也很可笑，太空人還向其他球隊提出不合比例的要求。盧諾說有些對話並不屬實，但也沒拿出具體或進一步的證據。此外，有一筆要換取科羅拉多洛磯隊（Colorado Rockies）外野手德克斯特・佛勒（Dexter Fowler）的交易也已經發生。

根據《死亡之旋》，這份交易注記原是刊登在Anonbin.com，那是一個專門給匿名使用者分享竊取或外洩資料的網站，但太空人對於誰會入侵他們的系統還是一頭霧水。當盧諾被問及為什麼太空人會被針對時，他說：「可能跟我們過去幾年在交易市場比較活躍有關，但我實在沒有想法。」此案後來交由聯邦調查局（FBI）著手調查。

二〇一四年六月，就在《死亡之旋》發布交易注記的前一週，《運動畫刊》（*Sports Illustrated*）透露它將會把太空人刊登在其封面上。即便《運動畫刊》的規模後來因裁員和易主而縮小，但它仍然是體育界首屈一指的雜誌。盧諾特別准許記者班・賴特（Ben Reiter）到高層辦公室採訪，包含在六月的選秀期間。這份報導讚頌了高層的發展方向，而封面也獲得大量關注。封面照片是正在揮棒的史賓格，旁邊還寫著一行預測：「二〇一七年世界大賽冠軍。」

雖然盧諾展現了不甩外人意見的姿態，但他也極盡所能讓外界的看法變得對自己有利，就這個意義來說，盧握還是會在意別人怎麼看他。跟在紅雀時期一樣，他常選擇性地接近媒體，且總是追求自利。

「盧諾會去找《華爾街日報》或是《紐約時報》的記者，但他們嚴格來說都不算棒球記者，他想要有更廣的受眾。」一位太空人的副手說道。

板凳教練崔布利則直言不諱地說：「盧諾就是討厭媒體。」

對太空人來說，精挑細選且正向的宣傳不見得都會是正面的。雖然休士頓球迷很吃《運動畫刊》的報導，但該報導在棒球圈並不受歡迎，包含太空人球團裡的人，因為當前太空人還沒有任何實質表現，結果卻在沾沾自喜和自我吹捧。同時，這也與他們為了保持高層隱私而做出激烈、甚至有時過了頭的努力背道而馳。

「這讓很多人非常不爽。」艾力克斯・雅各斯（Alex Jacobs）說道。二〇一四年時，他是太空人職業球探的二年級生。「我記得曾和高斯汀討論過這件事，為什麼我們要把祕密跟大家說？這有必要嗎？幹麼讓賴特來採訪我們的選秀過程？這都是因為上頭想要博取關注，根本是多此一舉。」

盧諾還同意讓另一家主流媒體《彭博商業週刊》（*Bloomberg Businessweek*）採訪，知名政治記者約書亞・格林（Joshua Green）寫了一篇更為字斟句酌的專題，結果沒有受到太多關注，這段時間差不多就這樣。克蘭對盧諾下達了軟性禁言令，限制他公開發表言論。一位太空人的同事說：「《運動畫刊》的報導在很多方面並沒有讓梅達爾、盧諾或艾利亞斯得到棒球界的喜愛。」

談及盧諾授權讓他採訪，賴特這樣告訴時任《紐約每日新聞》（*New York Daily News*）的記者布萊佛德・戴維斯（Bradford Davis）：「當時太空人因為戰績很爛而被嘲弄為『太慘人隊』（Dis-Astros）或『笑死人隊』（Laugh-stros），長達兩年半的時間成為眾人恥笑的對象。人們認為太空人都在擺爛和丟人現眼，但我認為他們已經準備好要向全世界展現他們所做的努力，而最好的方式就是透過我和《運動畫刊》。」

⚾

拜輸球所賜，太空人連續三年手握狀元籤，而二〇一四年六月的選秀則是最後一支，他們前兩位選秀狀元分別是二〇一二年的柯瑞亞和二〇一三年的艾培爾。高中球員在選秀中普遍不被認為是最可靠的選擇，但今年太空人將選進一名高中左投手。

布萊迪・艾肯（Brady Aiken）在聖地牙哥長大，到了高中時期，他已經變成了一台棒球機器。在競爭日益激烈、成本漸增的青少棒環境中，艾肯展現出對棒球的執著，這也是成為優秀球員的必要條件，早上五點起床、上健身房、花時間和金錢參加旅行棒球[2]都是常態。年輕球員的發展和青少年棒球已自成一個產業，而艾肯在其中大殺四方。艾肯一家對於任何說他太早進行專項訓練的評論很反感，他的確很早就進健身房，但艾肯的訓練員說他直到十五歲才開始進行重量訓練。艾肯的父親吉姆（Jim Aiken）說：「我們主要是訓練他的敏捷度，足球練的是速度和靈活度，這就是我們所做的事。我聽到有人說他十歲就有訓練員了，但我兒子其實到高中才開始接觸重訓。」

艾肯的心理素質（通常拿來指涉堅毅、穩定和敬業的態度）被認為特別優秀。綜合來說，他盡了一切努力才成為選秀狀元。艾肯的球速落在每小時九十到九十五英里之間，並有著絕佳的控球能力，能隨心所欲地控制進壘點。盧諾在選秀當天說：「艾肯是我看過最頂尖的高中投手，我沒看過誰的控球比他還厲害。」

多數時候，特別是第一指名的人選，球隊會先就簽約金的金額與球員達成口頭共識。當年選秀狀元的建議簽約金額是七百九十二萬二千一百美元，太空人預計要以六百五十萬美元和艾肯簽約，足足省了一百四十多萬。大物球員都有自己的經紀人，但當時美國大學體育協會（NCAA）有一項愚蠢規定，禁止球員正式聘請經紀人，避免危及球員在協會裡的資格。因此，球員經紀人會被稱為「顧問」，但兩者其實沒有差別。頂尖經紀人凱西・克洛斯（Casey Close）是艾肯的合作夥伴，他最有名的球員客戶是德瑞克・基特（Derek Jeter）。克洛斯同時還有另一位客戶雅各・尼克斯（Jacob Nix），這名高中右投手也在同年選秀第五輪被太空人選進。太空人從艾肯省下的一百四十萬美元，實際上被分配到了尼克斯身上。該選秀順位的價值是三十七萬五百美元，但尼克斯與太空人的協議卻是一百五十萬美元，比建議金額高出一大截。

然而，球隊要等球員通過體檢後才會確定簽約。在職棒裡，選秀球員被球隊選中後才需要給隊醫檢查。艾肯已為職棒做足了準備，但卻沒辦法掌控他手肘的生理構造。太空人發現艾肯的左手有個「明顯的問題」，因此有異常高的風險。投手連接上臂肱骨和前臂尺骨的手肘尺側

2　譯注：旅行棒球（travel baseball）有點類似社區球隊的概念，提供給美國各地的青少年球員參加。比賽通常會辦在週末，以盃賽的形式舉行。更有甚者，部分旅行棒球是在為有志前往大學或職棒的球員鋪路。

副韌帶（UCL）在投球時會承受極大的負擔，通常投手的韌帶多少都會有些受損，但艾肯的手肘卻有著生理結構上的不同。該名知情人士表示，他可能有部分的韌帶，但不多。

不過，艾肯可能要進行的韌帶置換手術並非問題癥結所在。韌帶置換手術又被稱作「湯米．約翰手術」（Tommy John Surgery），在棒球圈是很常見的手術，雖然聽起來讓人頭皮發麻，但球員通常能在一年左右復原。然而，太空人擔心艾肯會因為手肘結構的關係，即使動完手術後也沒辦法恢復原有水準。

一位知情人士這樣描述韌帶置換手術的過程：「他們會在骨頭上鑽洞，然後把新的韌帶繫在那些洞上。但艾肯的手肘內沒有空間，要動手術得要非常精巧。」

一位太空人高層記得，當時他們預估艾肯的手肘有高達八成的機率在一年內爆掉。兩邊人馬都蒐集了第二意見，但對一位太空人職員來說，球隊做得有點太賣力了。盧諾於二〇一三年聘雇了擁有金融背景的傅考斯，讓他來擔任醫療風險經理和分析師，但傅考斯畢竟不是醫生。時任太空人首席防護員盧塞洛說：「他們想讓別的醫生檢視艾肯的資料，而且要儘快完成。我不知道他們打算怎麼用，可能郵寄之類的，但我說最好要讓艾肯簽署《健康保險流通與責任法案》（HIPAA）的文件。艾肯沒有主動尋求其他醫生的意見，是球隊要求的，所以得讓他簽那些文件。」

盧塞洛想保護艾肯的醫療隱私，但傅考斯想安排其他醫生給出第二意見。「為什麼不跟醫生視訊就好？艾肯可以用你的電腦來視訊。」盧塞洛記得傅考斯是這麼說的。

「我告訴傳考斯不准在我的電腦上搞這種事。我沒有讓他們用我的電腦，醫生也還沒到，傳考斯就想這麼做。我說我沒有讓他在我的電腦上視訊，然後隨便找個醫生來看艾肯的檔案，這樣我會失去我所努力的一切。我想傳考斯根本就不懂《健康法案》。」

大部分球員的體檢都不會有嚴重問題，或是讓球隊想調整合約內容，像尼克斯就通過了。太空人在二〇一二年選進柯瑞亞和麥卡勒時，已經巧妙運用過新的選秀總簽約金制度。可是這下問題來了，若太空人想要同時簽下尼克斯，又不會因為超過總簽約金額度而被處罰，那他們必須得「先」簽下艾肯。在還沒正式簽下艾肯前就讓尼克斯去體檢，這是個重大的程序錯誤。談及體檢的時程，一位太空人高層表示：「他們讓兩人一起進行。我們應該一個一個來，只是我們從沒想過會上演這麼誇張的戲碼。尼克斯來體檢，他的家人也在，也確實完成體檢，結果我們後來卻沒跟尼克斯簽約。」

時間到了七月，選秀球員的簽約必須在七月中以前完成，而《健康法案》也限制太空人無法對外透露太多。太空人很清楚聯盟的規範允許他們做什麼，所以接下來就只需要分析成本效益。如果他們提供至少百分之四十的建議簽約金額給艾肯，但他還是拒絕簽約的話，太空人將可以在隔年選秀獲得後一順位的補償籤，也就是第二順位籤。太空人試著評估艾肯成功復原的機率，以及是否會對他的表現造成影響。太空人認為這個選秀順位價值約一億美元，因為這不是用他的簽約金來衡量，而是用選秀狀元的機會成本來衡量。然而，有鑑於對艾肯的診斷，球團高層評估他的價值僅有四百萬美元，不會是太空人想以如此高順位選進的球員。

「我記得有一天早上七點盧諾傳訊息給大家，說什麼今天早點進公司，我們要討論有關艾肯的事，還有一些狗屁倒灶的事要處理。」一名高層回憶道。艾利亞斯、梅達爾、陶曼和傅考斯都出席，他們聚在會議室提出各自的意見。陶曼和梅達爾認為，太空人應該提出足以讓他們隔年獲得選秀補償籤的最低價碼即可，不用再多了。艾利亞斯和傅考斯則支持降低原本的報價，但還是要高於最低價碼。

「傅考斯的想法是，我們應該要有誠信地讓艾肯盡量得到接近原先的報價，但我覺得盧諾認為那樣太心軟。」一位同事說道。最後，太空人向艾肯報了最低價碼：三百一十六萬八千八百四十美元。現在，如果艾肯同意了，事情就會有新轉折，因為太空人將會有更多資金可以運用，剩下的簽約金額可以分配給其他球員。換句話說，他們可以簽下艾肯和尼克斯，然後手裡還有剩餘的錢。於是，太空人聯絡了第二十一輪選進的投手麥克・馬歇爾（Mac Marshall），太空人原本以為無法跟他簽約。一位太空人高層說：「我們心想艾肯最後有可能接受那三百萬的合約，那接下來該怎麼辦？所以我們找了第二十一輪選到的人，跟他說可能會有多出來的錢。」

然而，這些操作對艾肯陣營和球員工會來說，都顯示太空人盡其所能地壓榨艾肯，試圖從他的苦難中爭取到一位額外球員。太空人可以靠著艾肯的傷勢，再多簽下一位他們本來沒有錢可以簽的球員。艾肯陣營的人則看到一位健康無虞的投手，因為艾肯還能投球。在聽取第二意見期間，太空人對於艾肯手肘存在巨大風險的看法不曾動搖過，但他們的名聲和盧諾待人處事的態度都陷自己和球團於不義。

艾肯的經紀人克洛斯鮮少在公開場合發表談話，在簽約截止日的前幾天，他卻猛力批評了太空人一頓。他告訴當時在《福斯體育》（*Fox Sports*）的記者羅森索：「我們對於大聯盟容許太空人以這種方式經營球隊感到極度失望，他們完全無視選秀規章，也不尊重其他二十九支遵守同樣規章的球隊。」球員工會主席東尼・克拉克（Tony Clark）也跳出來說：「我們誠心希望我們以為發生的事情沒有發生。」還稱此為「操弄」。

在此事之前，克蘭很大程度讓盧諾自行管理棒球事務，但這場持續延燒的災難讓克蘭也注意到了。「克蘭漸漸感到失望，他認為盧諾應該更認真簽下艾肯。」一位太空人高層說道。克蘭和當時任職於太空人高層的名人堂投手諾蘭・萊恩（Nolan Ryan）其實有親自飛去和艾肯一家會談，當時幾乎無人知曉這件事。「艾肯家很堅持，認為艾肯沒有任何問題，而克蘭和諾蘭覺得非常奇怪。」一位高層說道。據說艾肯家只想要最初的完整報價。

七月十八日是簽約截止期限，太空人正作客芝加哥。當時盧諾人在墨西哥，而艾利亞斯則在其他地方進行球探工作，所以陶曼和傅考斯是主要留守的人員。若是經紀人打電話來，陶曼要負責應答。

「傅考斯在一旁待命，因為他是所有醫療相關資訊的代理人，而盧諾人不在這邊，他正在飛機上。」一位同事說道。另一位高層說：「盧諾在他媽的墨西哥，我心想，我們到底對這個小子投入多少？」

儘管盧諾事先就排定要前往墨西哥，但多數高層還是覺得很困擾。傅考斯和陶曼兩人都覺得情況很糟糕，他們在太空人工作的年資合起來才一年多，還要面對大量媒體的關注，的確不該被單獨留下。一位核心圈裡的人士表示：「這種時候如果大難臨頭了，你就不應該去。對盧諾來說，這又不是什麼五年一次的紀念旅行，他一年就去了三趟墨西哥。」

最後，克洛斯沒有上鉤，太空人既沒簽下艾肯，也沒拿到尼克斯。簽約截止期限後，傅考斯和陶曼到附近的牛排館喝了一杯。盧諾在下午截止期限過後的幾分鐘打給我，在此之前，我從未聽過他如此慌亂。盧諾還特別表示我是他第一個打電話的人，先於其他媒體。

盧諾說：「我們今天三度嘗試聯絡克洛斯那邊，但從沒收到半點回覆，真的，他們就是已讀不回，管他什麼原因，他們一點興趣都沒有，也看不到想簽約的意思。我們沒有做出任何不道德的事，也沒有不坦誠，我們試著以合宜的價碼來簽下優秀球員，這就是我們在選秀中所做的一切。」

其實這過程中還有一個小插曲，在簽約截止當天，克蘭指示太空人高層將艾肯的報價從最低金額提高到五百萬美元。

「盧諾絕不會這麼做，是克蘭插手的，我想克蘭對於外界的抨擊感到沮喪。他也被捲入其中，並想要趕快解決。」一位太空人高層說道。盧諾很惱火，因為這是他第一次感到克蘭在他背後下指導棋。據稱克蘭同意提高價碼主要是因為公關問題，結果卻造成反效果。如果太空人相信艾肯的身價值五百萬美元，為何還把最低價碼擺在談判桌上那麼久，而不早點把這份合約端出來呢？此舉只會讓人覺得太空人想利用醫療程序來占便宜，試圖在兩位年輕球員職涯前途未卜時耍手段。

工會主席克拉克在簽約截止當天表示：「今天，有兩位年輕人本該離成為大聯盟球員的夢想更近一步。但是因為太空人的作為，他們沒有辦法實現。」不到一星期，球員工會代表尼克斯提出申訴，後來他和太空人以六位數的金額達成和解。隔年，尼克斯被聖地牙哥教士隊（San Diego Padres）選中，並在二〇一八年登上大聯盟。

事件裡的每個人都不滿意，但也很難去判斷究竟哪一方對艾肯手肘的評估更為妥當，因為整件事都圍繞著風險。要是艾肯往後表現極佳，並且一直都很健康，也不代表太空人是錯的，這可能代表艾肯克服了所有太空人看見的困難。反之亦然，要是艾肯後續真的受傷，也可能是因為新的傷勢所致，不見得是因為太空人足夠了解他的手肘狀況（像尼克斯就在二〇二一年動了韌帶置換手術）。

不過，後續所發生的一些事件，也可能印證了太空人的猜想。「最接近我們所知太空人對艾肯的擔憂的情境，就是他在術後復原不良。」我在二〇一五年於《休士頓紀事報》發表了篇文章，而這也是後來發生的事。艾肯在印第安人展開職業生涯，隨即於二〇一五年動了韌帶置換手術，他的身手也不如以往。艾肯最高只爬到小聯盟1A，就黯然退出職棒舞台。

艾肯在二〇一五年選秀第十七順位被印第安人選中，簽約金是二百五十萬美元，遠低於太空人開出的價碼。事後看來，艾肯和他們家人是否太過偏執，所以不相信醫學上的檢測結果呢？究竟，克洛斯是支持艾肯接受太空人最後一天開出的五百萬合約，結果被他家人否決，還是克洛斯實際上也建議他不要簽呢？

「外界稱盧諾待艾肯不公的說法根本是純屬虛構，真實情況是他的父親和經紀人太自以為是了。」一位太空人高層說道。

另一位高層也說：「在艾肯這場鬧劇中，他的身體因素是顆不定時炸彈。可是我們還是一直受到抨擊，感覺就被針對。」

艾肯和他家人可能是出於原則而拒絕太空人。無論如何，太空人在整個過程的處理上始終存在問題。就算他們在醫療評估上很成功，事實也是如此，但他們是否妥善對待艾肯和尼克斯，以及處理好一整串微妙的事件呢？另一方面，也可以用懷疑的角度來解讀，克洛斯和艾肯可能試著利用職棒圈不信任太空人這點來操作。然而，更有可能的是，艾肯陣營對太空人的經營方式有疑慮，還有球員工會也是。太空人把自己搞到不再有人願意相信他們，即便在別人應該相信他們的情況下也一樣。

第七章　發動政變

崔布利加入太空人前，他的老友兼現任同事丹・拉迪森（Dan Radison）教練，先是給他打了預防針，透露新總管盧諾的一些事蹟。拉迪森也是從紅雀跳槽到太空人的一員。崔布利記得拉迪森是這麼說的：「我告訴你，這傢伙是我見過最無情的人。如果要他開除自己的老媽，他肯定會這麼做。」

盧諾在某次崔布利也有參加的會議中聲明，他想要改變球賽進行的樣子。崔布利很快就發現他不喜歡這個上司的行事風格，盧諾那夥人就像情報探員，身穿西裝，會從美粒果球場左外野的辦公室走出來，一路走到球場看他們練球。「當你看到那幾個人走出來時，就好像要來監視我們，所有人都很安靜。」崔布利說道。

崔布利的主管是總教練波特，他可不是隨隨便便就到太空人執教，他知道重建所代表的意義。但歷經二〇一四年的慘況後，波特和盧諾開始在溝通和公開透明上產生嫌隙，關係也急劇惡化。盧諾和高層常常會對波特的決定放馬後砲，就像他們對待前任總教練米爾斯一樣。高層會擬好一份建議的先發名單給波特參考，雖然沒有一定要他使用，但假若波特不照高層的意走，他們往往會以不愉快的談話收場。

一位太空人教練團的成員說：「上頭會拿投打預測單給我們，上面寫著我方牛棚投手與對方先發和板凳打者的對決紀錄。這是個很好的量表，因為它會告訴你哪個投手的對戰成績比較好或比較差。紅燈停，綠燈行，就跟紅綠燈一樣。我拿紅襪來舉例好了，我們有八位牛棚投手，但面對對手整排打線都呈現滿江紅，這就代表分析結果顯示，我們沒有任何一位投手具有對戰優勢。預測單就是拿來告訴我們該使用哪個投手。」

波特不是完美的總教練，有些球員覺得他沒辦法對球員敞開心門，不適合擔任領袖。春訓時，他會玩一些建立團隊意識的遊戲，像是分組比賽，然後輸的那隊要請贏的吃冰淇淋，但這會讓人想翻白眼，給少棒球員玩還比較適合。同樣地，他還會帶球員玩猜謎遊戲，題目可能是「渴望」和「投入」等字詞。然而，波特和盧諾在管理上漸行漸遠。

太空人透過擺爛換來的選秀成果雷聲大雨點小，艾肯的事件證明太空人的選秀之路頗為崎嶇，而艾培爾進來後的表現也令人失望。這位來自史丹佛的右投手在小聯盟投得很掙扎，太空人想盡辦法要讓艾培爾回歸正軌。於是他們在七月下旬，大聯盟例行賽仍在進行時，要艾培爾到休士頓主場投給太空人的高層看看。波特對此完全不知情，在駕車前往球場的路上接到電話要他趕快到場，因為球員們很生氣。傑瑞德．科薩（Jarred Cosart）是太空人的先發右投手，預計在那天早上進行投球訓練，但當時艾培爾同樣也在牛棚裡。一位職員說：「因為艾培爾遲到，所以他們要科薩等艾培爾投完。艾培爾本該在其他人出現前來的，但他遲到了。」

大聯盟球員不喜歡自己的行程被打亂，但更多的是學長學弟制在作祟，他們能享有如此待遇都是靠自己辛苦掙來的。一位當紅的小聯盟投手突然在賽季中跑來占用他們的牛棚，這讓一些大聯盟球員感到氣憤。包含科薩在內的四名球員跑去質問波特，但總教練的回答是，他完全不知道為何艾培爾會出現在這裡。盧諾則反過來告訴波特，他需要波特的支持。波特認為，要是一開始就跟他說有這場牛棚練投的話，波特是會支持盧諾的；如果他有受邀的話，他甚至會親自出席。盧諾下令波特管好球員，所以波特告訴那幾位當事人這種情況不應該發生，他也不希望有人公開談論此事，這件事看似就這樣平靜下來。

過了幾天，一位球員走進波特的辦公室，並關上了門。

「你知道我們的總管背地裡找人來編個故事，說艾培爾出現在這沒問題，球員們也沒意見嗎？然後還要求我們這樣跟記者說！」

波特氣炸了。再過幾天，科薩就被交易走，盧諾也沒跟波特討論這筆交易。到了八月，波特在賽前記者會上有大半時間都處於即興發揮的狀態，因為盧諾沒有持續告知他球隊的最新情況。這只是波特在太空人的第二個賽季而已，但看來已經來日無多。

崔布利說：「波特忍下來了。他只是想派出最好的球員上場，他總是和盧諾爭論上場比賽的不是我們的最佳陣容，而這造成很多的問題、非常多的問題。我覺得他做的事很有影響力，球員也看見了……波特打過美式足球，情緒會變得非常激動，然後做出一些之後會讓他後悔的事。」

波特經常和太空人新任總裁里德・萊恩（Reid Ryan）溝通聯絡，他是太空人傳奇投手諾蘭・萊恩的兒子。小萊恩在二〇一三年取代波斯特洛斯成為球團總裁，老萊恩同樣也在太空人高層任職。跟波斯特洛斯相比，萊恩的職權被弱化許多，他無權監管棒球事務部，那部分由盧諾全權負責。萊恩並不是頂尖的戰略家，也不是來出主意的。萊恩親和力十足，擅長與人打交道，在棒球圈的人脈相當廣。簡言之，要萊恩來代表太空人的門面再適合不過。克蘭想要在商業層面更柔軟一點，又能與業界互動，加上萊恩又生於棒球世家。

但這些特質讓萊恩和盧諾變得水火不容。萊恩說：「我二〇一三年來到這裡時，波特已經在了，盧諾也已上任，他們的計畫正在進行。我真正的目標是把太空人內部在做的事，好好講述給外面的人聽。我利用很多從過去積累起來的個人信用，告訴那些相信我和我家人的人，我們的計畫是什麼，以及為什麼我們相信一定會成功。身為一個新人，第一件事就是要與球團裡的每個人打好關係。」

這也包含與波特建立良好關係，他們倆都生性外向。不過在二〇一四下半年，波特、萊恩和盧諾三人之間究竟發生了什麼事仍是眾說紛紜。一大票盧諾的核心圈人士都表示，波特找上老闆想讓他開除盧諾，而萊恩也支持波特。艾肯事件在二〇一四年中爆發後，波特聞到了機會，準備發動一場政變。

「我確實知道波特想讓盧諾被炒，我認為萊恩也很有興趣成為總管，他可能在為此鋪路。」一位高層副手說道。好幾位棒球事務部的主管表示，盧諾有幾天都憂心忡忡，生怕自己真的會被開鍘。

一位同事回憶道：「波特和萊恩找上克蘭要他開除盧諾，萊恩還推舉自己當新任總管。然後克蘭找上盧諾，約他隔天一早六點鐘談話。盧諾以為自己要被開除了，嚇得半死。結果，克蘭叫盧諾進辦公室只是要跟他講前一天發生的事，也就是萊恩試著要他開除盧諾。」

波特在這場政變裡沒有半點勝算，克蘭力挺他的總管，那是替他打造計畫的人。盧諾在賽季結束前，把波特給炒了。波特和萊恩都否認試圖發動政變，萊恩還表示「這完全不是事實。」

萊恩說：「我是在二〇一三年五月進來的，等我逐漸適應後，我開始察覺我和波特在球隊計畫上有一股張力。到了二〇一四年，我認真覺得波特在洗腦我，他在場上的對錯觀念變得愈來愈分明，並試圖影響我的想法。於是我去跟克蘭說：『雖然這不是我的管轄範圍，但我覺得你跟波特之間有點問題，而且似乎解決不了。』事實上，我也同意該把他換掉。」

波特則說：「不，我並沒有要讓盧諾走人，我也沒有跑去叫克蘭開除盧諾。我跟克蘭的對話只關乎我們要怎麼處理好事情。我們需要改善溝通的管道，盧諾跟我在溝通上出了問題。我完全不知道萊恩去找克蘭講盧諾的事，我跟萊恩的對話都在討論要改善溝通的管道。我們都有工作要做，如果不了解球團的組織架構和正在發生的事情，我們就無法做事。如果沒有任何溝通，我很難當好一個總教練。我就直話直說了，那些說我試圖要讓盧諾被開除的人都在說謊。」

崔布利和其他教練也被開除了，這在教練團改組時很常見。崔布利被炒魷魚後，當他要回到辦公室時，在樓下遇見史登斯，崔布利和其他人一樣都很敬重史登斯。史登斯問他發生了什麼事，他說：「我告訴你出了什麼問題，這裡毫無互信可言。」萊恩和盧諾的關係亦如是，出現裂痕後就再也回不去了，盧諾後來還告誡萊恩。

「我覺得有克蘭在背後撐腰，讓盧諾敢當面叫萊恩滾去一邊。」一位核心圈人物說道。

崔布利也說：「萊恩這次踢到鐵板，盧諾叫他不要多管閒事。萊恩跟我說他得小心一點，因為我之後不會陪伴他了，他得注意自己的言行。盧諾恨透了他。」

之後，盧諾要他的核心圈在面對萊恩時能閃則閃。冬季會議上，太空人高層在飯店房間裡討論球員動向。當萊恩走進來時，他們會趕快把寫著討論事項的白板遮起來。當時在場的人說：「這有夠尷尬，但也顯示萊恩和盧諾之間的角力。萊恩不斷地想融入，而盧諾不斷地把他排除在外，這搞得其他人很尷尬。」

太空人在二〇一五年末有一筆交易，據說盧諾故意跟萊恩講錯要被交易的球員，因為他懷疑萊恩會走漏風聲，結果還真的有一位不在最終交易名單裡的球員被多家媒體報導。一位同事說：「我不禁會想，怎麼會發生這種事呢？多數時候可能是以訛傳訛，但這次是盧諾在搞小動作，他想藉機證明是萊恩洩的密，他已經在懷疑了，然後還給萊恩一個『大嘴巴』的稱號。」

（然而，休士頓和費城的媒體都表示這筆交易實際上有經過修改，而不是報導錯誤。）萊恩則否認他有洩漏任何資訊。「只要是人都會有情緒，人們會編造出對自己有利的故事，且多數時候是基於自我保護。」

在整件事中，盧諾招聘高層的做法也帶來一些附加的好處，其中一項是高度的忠誠。很多他聘用的人從來沒在職棒工作過，也可能不曾有過機會。他們沒在其他球隊打滾過，對職棒的了解也不夠深入，因此對盧諾唯命是從。

一位職員說：「盧諾要我做什麼我就做什麼。盧諾想把萊恩排除在外，那我就不會跟萊恩講任何事，我也不信任他。他們叫我不要相信萊恩，因為他覬覦盧諾的位子，而且會讓我們全部滾蛋。」

另外一項好處是公關方面的。《魔球》面世之後，太空人比起其他隊伍更賣力地揮舞數據分析的大旗。他們聘用了走在新時代尖端的媒體人士，這些人在業界也有不少朋友。球探派和數據派的爭論仍在上演，而且往往被過度簡化成非黑即白的設定。對一些媒體來說，任何批評太空人的報導就相當於在攻擊整個數據派和其實踐者。

基斯・洛爾（Keith Law）是個著名的記者，他曾在《棒球指南》工作過，也曾向盧諾的太空人應徵過。二〇一四年，他在ＥＳＰＮ上回應了觀眾來信。觀眾的問題是：「克蘭是否和媒體一樣對盧諾感到失望？」洛爾回答說：「甚至不能說是『媒體』，就只有《休士頓紀事報》而已。他們對艾培爾爭議事件的報導是我看過最奇怪的事，他們是負責報導當地球隊的媒體，但完全沒有其他人認同他們的觀點。我不認識有哪個球探或高層跟我說過太空人做錯了什麼。」

這篇艾培爾的報導正確無誤，是由我的同事荷西·歐提茲（Jose de Jesus Ortiz）所撰寫。一個小聯盟投手出現在大聯盟球場這件事看起來沒什麼好吵的，正如某位太空人高層所說，這是「最愚蠢的爭吵」。確實如此，不是每個球員都對這件事有微詞。後援投手查德·奎爾斯（Chad Qualls）就說：「我們大部分的人都還覺得比較好笑。這就只是首輪選秀球員的優待，我們都能理解，我不覺得這有什麼。」不過，這件事對太空人內部還是有重大影響，許多外人並不知道總教練和總管的關係有多糟，而艾培爾事件又加劇了根本的問題。一位太空人高層說：「我們在二〇一四年發生了很多鳥事。」

季末，盧諾開始尋找新任總教練，這是他第二次親自挑選。若是總管還有第三次機會，那通常代表他自己的飯碗也快不保了，所以盧諾的下一步很關鍵。

崔布利說：「仔細想想，波特大概是他們想要的人選。波特是非裔美國人，而且很積極。他們有意擺爛三年，讓波特來坦一下，等到贏球時機到了，就找新的人選來替換。」

太空人尋找新教練的同時，聯盟高層也在進行重大轉變。巴德・塞利格（Bud Selig）自從一九九〇年代初期就擔任聯盟主席，[1]塞利格早就說要退休了，而二〇一四年將是他的最後一年。繼任的主席曼佛瑞是資方的勞工律師，畢業於康乃爾大學工業與勞動關係學院以及哈佛大學法學院，過去曾是塞利格的副手。曼佛瑞非常聰明且積極進取，通曉棒球圈內的政治生態，多年來在塞利格身旁混得風生水起。曼佛瑞在一九九〇年代全職進入聯盟工作，並成為代表資方老闆的主要協商者，當時他有一項重大任務，要協助塞利格回應職棒的類固醇問題。

塞利格表示，他首次嚴肅看待「體能強化藥物」（PED）是在一九九八年中，當時《美聯社》記者史蒂夫・威斯坦（Steve Wilstein）在重砲手馬克・麥奎爾（Mark McGwire）的置物櫃中看到了一瓶雄二酮（androstenedione），並且撰文報導。雄二酮可以提升睪固酮含量，嚴格來說，它在美國法律和職棒中都合法，但早就被美式足球聯盟、美國大學體育協會和奧運禁用。二〇〇五年，麥奎爾在國會聽證會上拒絕回應疑雲，但在二〇一一年承認他有用藥。麥奎爾和薩米・索沙（Sammy Sosa）在一九九八年上演了知名的全壘打追逐戰，彼此競逐貝

1　譯注：一九九二年，時任聯盟主席文森宣布辭職，塞利格被推舉為大聯盟執行委員會主席，成為實務上掌管聯盟的人。他在一九九八年才正式被選為第九任的聯盟主席。

比・魯斯（Babe Ruth）的單季全壘打紀錄。[2]索沙後來被爆出藥檢呈陽性反應，但始終否認有施用藥物。

體能強化藥物對球員好表現的影響到底有多大仍有爭議，但不可否認的是，大眾對球員和老闆都施加沉重的壓力，要求他們乾淨比賽。這些藥物還提高成公共健康問題，孩童有可能在小小年紀就因為想仿效明星球員，而服用可能有害的物質。在一九九〇年代晚期，職棒還沒有針對體能強化藥物的標準藥物檢測程序。

「體能強化藥物是違法的，我們被國會施壓，球隊也被威脅說如果置之不理，將會失去反托拉斯豁免權。」基恩・歐薩（Gene Orza）回憶道，他是當時代表球員工會的律師之一。「我們受到威脅，假如我們不採取行動，我們會失去自由市場，因為國會就要修改《國家勞動關係法》（National Labor Relations Act），將自由球員列為非強制性的談判對象。國會給了我們很大的壓力。」

美國職棒的球員工會在體育界可是出了名的強悍，回顧棒球史上的勞資抗爭，歷來都十分慘烈。但無論職業球員的環境是如何促成一九九〇年代後期的藥物風波，工會都不會輕易允許聯盟施行全面性的藥檢或是嚴厲處分。二〇〇二年，工會跟聯盟達成藥檢政策的協議，並於隔年開始試測，要測得夠多的陽性反應才會進行全面性藥檢，而最後數量也夠多。

就算聯盟實施了藥檢並加重懲處，也難以平息眾怒。貝瑞・邦茲（Barry Bonds）在二〇〇一年賽季敲出七十三支全壘打，打破三年前麥奎爾的紀錄（七十支）。他因為收受名為

「The Clear」[3]的物質而遭到聯邦政府調查，該物質是由灣區實驗合作公司（BALCO）所特製的體能強化藥物。這篇新聞是由《舊金山紀事報》（*San Francisco Chronicle*）的記者馬克・費納魯瓦達（Mark Fainaru-Wada）和蘭斯・威廉斯（Lance Williams）所報導。

健康因素也讓人意識到藥物的嚴重性。二〇〇三年，金鶯投手史蒂夫・貝克勒（Steve Bechler）在春訓期間猝死。服用麻黃素（ephedra）被判定是導致他死亡的原因之一，而法醫最終將死因歸咎為中暑。

塞利格被抨擊得體無完膚後，他下令由前參議員喬治・米契爾（George Mitchell）執行獨立調查，並在二〇〇七年公布結果。

大聯盟的調查常常是為了公關利益。「米契爾的調查小組當然也是。」歐薩說道，「很多調查都不受歡迎，是迫於公眾的強烈抗議才出現，很少會有聯盟自發的調查。因為人們抱怨比賽時間太長，所以聯盟才設立一個委員會來商討比賽時間。如果不曾有人抱怨，反而還覺得比賽久一點比較好玩，那這樣聯盟就不會有比賽時間委員會。」

2 譯注：當時單季全壘打的紀錄保持人其實是前洋基隊的羅傑・馬里斯（Roger Maris），他在一九六一年賽季敲出六十一支全壘打，打破了先前魯斯在一九二七年的六十支紀錄。不過魯斯當年賽季只有一百五十四場比賽，而馬里斯則打了一百六十場比賽。

3 譯注：綽號The Clear的藥物是一種名為四氫孕三烯酮（THG）的合成代謝類固醇，其效果更強且難以被檢測出來。

在棒球圈裡，資方大概沒有人比曼佛瑞更加了解類固醇時代的演進。曼佛瑞向國會解釋，體能強化藥物很容易從網路上和美國境外取得，這個問題牽涉層面太廣，沒辦法交由球團老闆來解決。

歐薩又說：「曼佛瑞是最關鍵的人物，但我很確定他是聽命於執行委員會和塞利格。可是他還是處理體能強化藥物的頭號人物，幫忙寫了協議書並協助執行。」

曼佛瑞先是對問題根源有深入的理解：球員和競爭者的天性，以及可能造成他們作弊的原因。球員幾乎都是極為奮發向上，若沒有超越常人的幹勁和渴望精進的態度，他們是沒辦法達到頂尖的大聯盟水準。球員身處的競爭環境充斥著成就、名譽和金錢，這些都是體能強化藥物可能帶來的報酬。藥物不僅可以直接提升運動表現，也可以讓球員恢復得更快，並且更有活力。費納魯瓦達和威廉斯所著的《賽場陰影》（*Game of Shadows*）一書中，發現邦茲是因為嫉妒麥奎爾和索沙的成就才使用藥物。

已故的巨砲三壘手肯·卡米尼提（Ken Caminiti）生涯在大聯盟打了十五年，其中有十年恰好都在太空人，他還在一九九六年賽季獲選為國聯最有價值球員。二〇〇二年，他與《運動畫刊》記者湯姆·維杜奇（Tom Verducci）進行了一場著名的訪談，從而讓藥物話題變得一發不可收拾。

卡米尼提在訪談中表示：「大家都知道棒球圈裡發生了什麼事，至少有半數以上的人使用類固醇，他們會討論，也會互相開玩笑。那些為了形象而說謊自保的人有他們的理由。至於我呢，在我的生涯裡，我能做的壞事幾乎都做過了。我敢做敢當，沒必要遮遮掩掩。我不想傷害我的隊友和朋友，但我沒什麼好逃避的。如果有年輕球員問我該怎麼做，我不會說這是不好的。看看職棒，裡頭全是白花花的銀子，你有機會讓家境變好，讓小孩去讀更好的學校。所以我不會叫你別這麼做，尤其是當你的隊友壯得像頭牛，他會搶了你的位置然後賺大錢。」

體育界裡的違規行為有著些微差異，且與現實世界人們規避規則的情況相比，通常風險較低。然而，作弊行為和商業裡的貪腐有著一定程度的相同處。休士頓萊斯大學商學院的院長彼得．羅德里奎茲（Peter Rodriguez）常說，到處都有貪腐，只是樣子不盡相同。

「不管你到哪裡，有影響力就有市場。在民主剛萌芽的第三世界國家，有權有勢的上位者會收到很多錢，我們都聽過這種龐大、赤裸裸或不隱藏、由上而下的貪腐，這很常見。還有一種貪腐已經深植於社會而成為常態，並被視為是做某件事的成本……事實上，這在很多地方是合法的，像是印度，還有美國的《海外反貪腐行為法》（Foreign Corrupt Practices Act）。在可以支付所謂『加速費』（facilitating payment）的國家中，這些款項可以折抵稅額。加速費代表你需要付錢給一些人以得到你要的東西，但他們沒有明確的收取權，可是卻是合法且合理的。後來在其他國家就演變成可以選擇『快速通關』，或是慢慢等待繁文縟節的程序。」

羅德里奎茲主要研究發展中和獨裁專制國家的貪腐情形，他的研究顯示「快速通關」其實無傷大雅。拿申辦駕照來當例子，申請人已經達到法律規定的標準，但卻因為承辦的公務人員在耍大牌而遲遲拿不到駕照。假如他買通承辦人，他一樣可以拿到合格駕照，結果也不會因此變成無效的。

「這聽起來感覺不太對勁、是不對的事，但它有造成任何危害嗎？如果你付費單純是為了用更快、更省麻煩的方式拿到原本就應得的東西，那這樣結果並無不同，只是手段比較難看，或是在其他環境裡可能是不好的。」

「真正糟糕的情況在於，有人有辦法得到不該屬於他的結果，而這跟貪腐不一樣。」羅德里奎茲繼續說道。比如說，廠商靠著行賄來贏得政府的承包案，但實際上卻沒有給政府最好的服務。「這很明顯就是為了私利而濫用公權力，是標準意義上的貪腐。這不只是道德問題，這已經算是在濫用權力了。在這層意義上，運動也是如此。當那些不配贏得比賽的人贏了，你會覺得很不對勁。」

這也是為什麼類固醇會被廣泛使用的原因之一，球員認為身邊的人因為服藥而獲得他們原本不該有的成就。「我們最常聽到的論點是『大家都這麼做』，這個理由在不道德的體育行為中很常見。」哈佛大學商學院教授麥斯．貝澤曼（Max Bazerman）說道，他專門研究不道德行為的心理學。「這樣講很有可能是對的。」

若是要防止弊案在會引誘人違規的環境中發生，羅德里奎茲認為領導者必須公開且直白地講出他們企業所處的經營環境，也要訓練職員和管理者。「一般情況都是告訴他們規則後，叫他們要違規也不要被別人發現，或是叫他們不要違規，但這些訓練方式通常不太有效。高階主管需要做的是直白地認清實際情況，並給出明確的指導。很多管理者不知道原來還得特別教人不能犯法，但事實上就是需要。」

指導內容則會依據談話對象的階層或群體而有所不同。貝澤曼表示，對球員要著重在如何做出符合道德的事；而對球隊來說，則可以是改變誘因。貝澤曼說：「但還是得由最高層級做出規範，也就是聯盟主席辦公室。不過看來聯盟高層也沒有多好的倫理道德。這些類固醇醜聞其實已經持續很久了，球隊老闆多少感到開心並且樂見其成，直到媒體開始大肆報導，讓老闆不得不出面處理。結果老闆不但沒有站出來承擔責任，反而還質疑那些為了提升競爭力而用藥的球員，痛批邦茲或其他人，說他們很壞。老闆只看到老鼠屎，卻沒看到造成甚至助長問題的系統性結構。」

二〇一三年，也就是大聯盟開始實施藥檢的十年後、曼佛瑞正式上任聯盟主席的兩年前，聯盟又碰上另一樁藥物爭議，而曼佛瑞正身陷其中。「生源論醜聞案」是塞利格退休前，最後一次可以展現出他想要（或不想要）打擊禁藥的決心。生源論抗老化中心（Biogenesis of America）是間位在佛州的生醫診所，大聯盟極具爭議地向其購買交易明細，試圖懲治多位球員，其中包含洋基球星羅德里奎茲。前大聯盟調查部的成員艾迪・多明戈茲（Eddie Dominguez）後來出版了《棒球警察》（*Baseball Cop*），書中詳細揭露聯盟調查的祕辛和黑暗面。

多明戈茲在書中說，當曼佛瑞在和調查員談話時，他會稱呼塞利格為「密爾瓦基的老塞」（因為塞利格曾經是釀酒人的老闆）。根據多明戈茲的書，曼佛瑞說：「密爾瓦基的老塞對其他十七位球員沒興趣，他只想把他媽的羅德里奎茲弄到手。」曼佛瑞針對羅德里奎茲的追擊是個大場面，也是場災難，並被記載在《美國職棒禁藥疑雲》（*Screwball*）的紀錄片裡。事後，聯盟被指控調查手法不當，迫使曼佛瑞在二〇一四年開除了好幾位調查部成員，包含他們的首席調查長。重整後的調查部先是由前警官來執掌，而現在則是交由律師管理。

曼佛瑞在二〇一五年接任聯盟主席後，開始制定出不同於塞利格的方針。他重視效率，並將聯盟高層改組。塞利格過去允許各部門各自為政，結果造成有些地方冗員過多，曼佛瑞還找來麥肯錫顧問公司來協助整合。一位自願離職的聯盟高層說：「曼佛瑞裁掉一大堆人，有些過程很痛苦，很傷感情。」

曼佛瑞說：「每當組織的高層發生改變時，我們更有機會去審視組織的安排和運作方式，並做出可以精簡組織和提升效率的變革。我不認為那樣做是為了趕盡殺絕，而是確保我們能井然有序地為球隊做到最好，以及在與我們創造收入的人打交道時做到最好。我並不是在為我的職權努力，而是在為整個聯盟努力。」

不只太空人高層在執行變革，大聯盟也在求變。曼佛瑞的改革不只限於聯盟的組織架構，他還想把棒球這項運動整合起來，把各層級的球員、聯盟、廠商等等，全部都包含在大聯盟的名義下，這項計畫被稱為「棒球一家親」（One Baseball）。曼佛瑞在二〇一五年寫了一封給球迷的公開信，信中列出兩項目標：一是讓更多人接觸棒球，二是讓比賽更加現代化。

所謂的現代化即是融入科技。大聯盟在二〇〇八年開始實施重播輔助判決，但只限於全壘打相關的爭議情況，像是飛出牆外的球到底有沒有出界。相比於美式足球的裁判，他們可以透過影片重新檢視多種攻防，這樣看來大聯盟還落後許多。棒球迷都已經能在電視轉播上看到即時重播了，為何不讓裁判也有權使用這套系統呢？曼佛瑞主導了擴大重播輔助判決的工作，並自二〇一四年賽季開始實施。新的制度還包含球隊可以觀看聯盟批准的即時重播影像，以幫助他們決定是否要進行挑戰。

曼佛瑞在那封公開信中寫道：「上賽季擴大實施的重播輔助判決提升了球賽品質，也解決球迷和球員的顧慮。我們在沒有影響球賽本質的前提下，做出了重大變革，我期待繼續借助科技的力量來做出更多改善。」

但這位歷經禁藥爭議的新任主席，渾然不知他將要面臨什麼樣的未來。

第八章　確認成效

太空人總算擺脫全聯盟最爛球隊之名，洗刷了連三季墊底的恥辱。儘管二〇一四年混亂不堪，但他們在場上的表現有所進步，戰績來到七十勝九十二敗，甚至在美聯西區五隊中排名第四。奧圖維打出亮眼成績，以三成四一的打擊率傲視群雄。投手凱寇雖然不是火球男，但以帶有下沉尾勁的速球和滿臉鬍子聞名。他單季投了二百局，代表有著穩定出賽的續航力。雖然史賓格在菜鳥賽季僅出賽七十八場，但仍轟出二十發全壘打。然而，高層還是沒有全然信任他。球隊之間常常會提出不同交易報價，對象甚至包含不太可能轉隊的球員，只是大眾不知道罷了。史賓格登上大聯盟後，球團內部對他的討論從沒停歇過。一位太空人高層記得當時曾和西雅圖水手隊（Seattle Mariners）洽談交易，水手想要兜售前途看好的投手泰灣．沃克（Taijuan Walker），太空人討論之後並沒有答應。

二〇一三年季後，太空人高層在一筆交易中撿到寶，他們從洛磯的指定讓渡名單（職棒版的人力棄置堆）中，挑了相對無名的投手柯林．麥休（Collin McHugh），他只在大聯盟待過一小段時間。費斯特強烈想要選他，職業球探總監高斯汀也表示支持。費斯特從麥休的投球數據看出他有著極品的曲球，且其他球路也很棒，費斯特覺得麥休只是運氣不好，也認為他未來有能力變得更好。

麥休在春訓時表現不夠突出，沒入選開季名單。太空人在四月底把他叫上來，並找了新任投手教練史卓姆跟他討論新策略。史卓姆過去是名大聯盟投手，聰明、健談又開放，儘管多數六十幾歲的棒球人士都有根深柢固的價值信念，但他還是很投入盧諾的計畫。盧諾在紅雀時期靠著那位《紐約客》畫家的牽線，聘雇了史卓姆到小聯盟層級。

史卓姆說：「我在聖路易待得很開心，我指導年輕投手，球隊也打得很不錯，一切都很好。後來盧諾打電話給我，很直接問我要不要把我所會的運用在大聯盟層級？就是這點吸引了我。」

高層向史卓姆建議，不要讓麥休繼續投會對右打者產生下沉效果的二縫線速球。麥休過去在洛磯時，主場位在空氣稀薄的丹佛，環境對投手很不利，因此很需要讓打者擊出滾地球。但現在太空人相信，如果麥休能多用四縫線速球攻擊好球帶上緣，他會投得更好。麥休知性明理，當他初到太空人時，並不是以三振功力見長，他會在網路上寫部落格的事反而比較出名。更重要的是，在與史卓姆的討論中，麥休很願意接受球隊的指導，而他的調整也馬上見效，首場先發就賞了對手十二次三振。

「麥休跟春訓時判若兩人，我沒有很了解他，但當時他碰上很多麻煩。」史卓姆在四月說道。到了二〇一五年，麥休已然站穩太空人的先發輪值，原先的無名小卒經過微調後，搖身變成球隊的利器。這給高層的啟示不言而喻，球員不會只是固定不變的資產。麥休加入後，太空人更能弄清楚為何他的曲球那麼犀利，部分原因在於它的轉速。太空人高層愈發著重在技術創新上，用新方法去蒐集球員和棒球本身的細微動態。「魔球革命」很大程度奠基在重新思考現有資訊所代表的意義，現在就是看誰能先找出更好、更豐富的資訊，然後比其他人更快落實在應用和教學上。

梅達爾還在紅雀時，他是第一位從大聯盟投手丘上投球，並且被「追蹤者」（TrackMan）記錄下來的人。「追蹤者」是一套雷達系統，可以追蹤每一顆球的轉速（每分鐘幾轉）、球速、位移和出手點等資訊。當時所有球隊都可以取用PITCHf/x，它也提供部分資訊，但「追蹤者」可以追蹤轉速這點是全新的功能。「追蹤者」創設於二〇〇三年，當時是作為高爾夫球選手的雷達追蹤器。五年後，此系統才被應用在棒球上，盧諾和梅達爾便一股腦地投入其中。當他們在聖路易的布許球場（Busch Stadium）架設系統時，梅達爾是裡面運動神經最好的人，於是他就負責丟球測試。

太空人肯定能比當時的紅雀還善用系統裡的數據。「追蹤者」的應用成為團隊工作，由費斯特和陶曼著手進行。太空人將數據依照左右手進行分類，區分左右打和左右投。費斯特是團隊裡技術最強的人，因此扛下最多重任。

在「追蹤者」的加持下，新秀投手艾培爾很快又成了另一個引爆點。這位狀元投手的球速可達九十五英里，但他的速球對打者沒什麼威脅性。艾培爾的困境使得太空人高層發覺球員發展和球探部門需要改進，艾培爾在小聯盟被雙先發制度搞得很慘，傷勢也困擾著他，而高層還覺得他很頑固。他篤信宗教，導致球隊內外的一些人質疑他是否夠投入球賽，不過這些批評聽起來都不太合理。但一如既往，高層認為可以從數據中窺得艾培爾真正的實力，特別是當初選秀時還沒有的數據。艾培爾在選秀會上被太空人挑中時，「追蹤者」尚未廣泛存在於大學賽場上。等到他進入太空人農場體系後，他們才得以從艾培爾身上獲取更多資訊，最後發現他的速球不太會跑。

梅達爾已在「追蹤者」的數據上建立一個初步模型，綜合了每顆球的屬性，然後描述這球可能會怎麼跑。其中一項發現被稱為「舌型」（the tongue），因為呈現的U型圖表長得很像舌頭，上面會顯示橫向和縱向位移與球威的相關性。

一位太空人高層如此評論艾培爾：「他的速球就是典型的發球機水準，因為他的球不太會跑，縱向和橫向位移都一樣。我們從『追蹤者』的研究發現，愈會上竄或愈有尾勁的速球對打者來說就愈特別，愈特別則代表他們平常比較少見，這樣他們就不易掌握擊球點或擊出長打。我們的研究還有另一項重大發現，就是愈有尾勁的速球會有愈明顯的左右差距。」他指的左右差距是說，該球路的威力會根據打者是左打或右打而有不同程度的壓制效果。「下沉速球的左右差距比較大，上竄速球的左右差距則比較小。艾培爾的二縫線很普通，沒什麼竄升或橫移的效果，就算他球速在平均以上，但這種速球不是我們想要的，未來我們也會避免交易來或是培養出這種投手。」

「追蹤者」不只是用來檢視過去的工具，太空人希望藉此來讓艾培爾調整和精進他的速球。他們已逐漸把這項系統當成教練工具，並給予多位投手同樣的建議。然而，高層說的是一回事，小聯盟教練說的卻是另一套，這把艾培爾搞得很混亂，而這件事也讓高層注意到他們與小聯盟不同調的危險。艾培爾感覺被耍了，因此當陶曼親自去小聯盟找艾培爾時，艾培爾不想跟他講話，據說艾培爾甚至一度「訓斥」了陶曼。

一位高層表示：「如果我們早點知道這些資訊，我不覺得我們還會選艾培爾。他沒有想像中那麼厲害，不過訓練的過程也沒有幫助到他。他從2A投手教練那邊聽到的，和他在高階1A所聽到的完全不一樣。我們常會聽到有人批評太空人或現代球員發展限縮了教練的自主性，我認為這部分倒是真的。但同時我覺得很多人不明白，如果球員在培訓的路上沒有接收到一致的訊息，教練的自主性真的會毀掉球員。我想，我們的教練就是搞壞艾培爾的主要原因。」

不過，艾培爾始終認為他的問題出在健康因素，而不是速球。

艾培爾說：「如果你只看我在『追蹤者』上的數據，一定會想說我是怎麼有辦法在大學時投得那麼好。我告訴你，我從進來的第一年就知道我的身體感覺完全不同。從二〇一四到二〇一六年，有好幾天我一覺醒來，發現整個手肘腫起來、非常疼痛，無法伸超過九十度，要過兩天才能完全伸直。」

二〇一五年賽季結束後，太空人把艾培爾交易到費城費城人隊（Philadelphia Phillies），據說盧諾就是在這場交易中把不正確的球員告訴了萊恩。

總體來說，科技開始讓球員和職棒圈應接不暇，特別是影像的部分。球隊人員會拍下訓練過程，讓球員與教練事後可檢視不同角度的揮棒和投球動作。聯盟在二〇一四年放大了重播輔助判決，同樣要求所有球隊都要配置人手觀看即時的重播影像。球賽進行時，這些人就要快速觀看重播，然後用球場電話打給總教練，告訴他們是否要對裁判的判決提出挑戰。影像室裡的人員常常好幾個小時、甚至整場比賽都不用做事，可是一旦出現爭議判決時，他們就得在短時間內做出決定，理想上是十至十五秒內。

二〇一四年，太空人的影像專員是吉姆．桑默斯（Jim Summers），他從前朝留任下來，這是他在球隊的最後一年。桑默斯曾是綠扁帽部隊[1]的一員，還擔任過出版業大老馬康姆．富比士（Malcolm Forbes Sr.）的保鑣。桑默斯已年近六十，而他的搭檔彼得．普提拉（Pete Putila）則年輕許多，也是從前朝留任的職員，是盧諾少數喜歡的人之一。普提拉身材修長，個性和藹可親，躲過了裁員風波。二〇一一年，他以實習生的身分加入太空人，一路上展現過人的能力和開放的心態，讓盧諾對他刮目相看，並在二〇一四年負責操作客場的重播系統。

到了二〇一四年之際，太空人已經耗資三十萬至四十萬美元升級他們的影像設備，加裝了七台高畫質攝影機，能提供打者三百六十度無死角的畫面。

「我們有一套軟體可以觀看全部十五個攝影角度，還可以調整成同時播放，接著一格一格放來看。」普提拉說道。

觀看影像也對情蒐愈來愈有價值，能夠讓先遣球探提前觀察對手的習性和優劣勢。盧諾從分區勁旅水手挖角了年輕球探湯姆·科威瑟（Tom Koch-Weser），他加入後，於春訓時找上板凳教練崔布利。

「我得告訴你，要小心你的暗號。」崔布利記得科威瑟這麼對他說道。

在棒球場上，彼此的溝通主要是透過手部和身體的暗號來傳遞。進攻時，總教練會從休息室下達指令給三壘指導教練，再由他轉傳暗號給打者和跑者，例如說：要打者放掉一球，或是要跑者盜壘。守備方也有另一組暗號不斷在進行，且整場比賽都不停歇，那就是捕手向投手打的暗號。捕手蹲捕時，會在襠部前面比劃手指，告訴投手要投什麼球。習慣上，一根手指代表速球，兩根手指則是曲球。

理論上來說，如果將攝影機對準教練或是捕手，他們就可以在賽後研究那些暗號，以便應

1 譯注：即美國陸軍特種部隊，因其制服包含綠色貝雷帽而有「綠扁帽部隊」之稱。

用在未來的比賽中。如果球員是靠眼睛觀察和才智去偷暗號，這完全是可以的。但是一旦牽扯到電子科技，就會有使用上的問題，現場使用即時資訊是違反規則的。若是將資訊當成情蒐用在未來比賽上，雖然名義上是合法的，但有些人會覺得處於灰色地帶。並非每個人都意識到這種做法正在發展，甚至已然發生。當科威瑟提醒崔布利說，水手已經掌握他打出的一些暗號時，崔布利聽得一頭霧水。

「你是什麼意思？」

「我們去年交手了十八次，我們已經摸清你們全部的暗號了。」

「你們是怎麼拿到的？」

「我們把攝影機對準波特和（另一名教練）厄德瓦多．培瑞茲（Eduardo Pérez），賽後再拿去破解，這樣我們就解出暗號了。」

「你們用攝影機拍的？」

「我們全都拿到了，我今年會更小心的，因為這些事情正在發生。」

⚾

二〇一五年賽季，盧諾找來了他最想要的總教練人選。辛區有著完整的履歷，他既待過球隊高層，也有執教經驗。他很有人格魅力，深受媒體寵愛，同時也非常明智，辛區正是盧諾認為球員和管理階層之間所需的溝通橋梁。盧諾第一次探詢辛區時，他不想冒著讓執教紀錄出現汙點的風險，於是太空人後來才找波特。現在，球隊正在脫胎換骨。

辛區一直以來都能和偉大掛上勾。辛區身高約一百八十五公分，待人溫暖，是典型的美國男孩，不僅天資聰穎，也是個天才運動員。辛區在棒球場上擔任捕手，在美式足球中則擔任四分衛，打過奧克拉荷馬州中西城高中的美式足球校隊。在辛區的十六歲生日時，父親問他想要一台車還是一座打擊練習籠，結果他選擇了後者。幾年後，辛區在與現任妻子艾琳的初次約會上，斷言自己將來一定會打進大聯盟，而身為芭蕾舞老師的艾琳則問說大聯盟在哪裡。

一九九〇年代初期，辛區進入史丹佛大學的棒球校隊。在那個網路還不普及的時代，他登上棒球界首屈一指的讀物《棒球美國》的封面，一躍成為家喻戶曉的球員。辛區在一九九八年首次於大聯盟亮相，擔任運動家主場開幕戰的先發捕手。然而，他始終沒有打出好成績，大聯盟投手的球路讓他的火力受到壓制。辛區在職棒打滾了八季，其中七年都有大聯盟的出賽紀錄，帳面上來看已是相當不錯的職業生涯，但卻與外界對他天賦的期望相去甚遠。

辛區說：「我總是對我的球員生涯感到很失望。我對自己的標準很高，也對追求成功有強烈的信念。有一部分是因為我的性格，一部分是因為我被這樣教導，還有一部分是我在史丹佛學來的。」

辛區幹勁十足，總是閒不下來，沒有事情做就渾身不對勁。他和家人到海灘遊玩時，沒辦法坐超過二十分鐘。艾琳就說：「辛區會問說現在要幹麼？要不要來玩飛盤？他喜歡到海灘，但不太會放鬆，也許他不需要，到海灘走走就是他所謂的放鬆。他從不好好躺在沙發上休息。如果電視開著，那是因為他正在工作，或是在忙其他事。」

卸下球員身分後，辛區開展出一條新路，也就是前進高層。他加盟響尾蛇成為農場總監，同一時期盧諾也在紅雀擔任相同的職位。有一次他們會面時，辛區和一些同事還讓盧諾這位棒球圈外人感到特別窩心。

「我們邀請盧諾一起來喝杯啤酒。」辛區說道。

二〇〇九年，響尾蛇炒掉了總教練鮑伯・梅爾文（Bob Melvin），球員比高層更喜歡他。從沒當過教練或是總教練的辛區取代了梅爾文，以三十四歲之姿成為當時大聯盟最年輕的總教練，打破以往看重經驗的傳統。

「我認為我什麼都能做，即使才三十四歲也能空降休息區，擔任大聯盟球隊的總教練。」辛區說道。

聘任辛區為總教練在各方面都超前時代，雖然在往後的十年間，讓年輕又沒執教經驗的前球員執教已成常態，但二〇〇九年時，棒球圈和球員們還沒準備好，辛區在第二年季中就捲鋪蓋走人。

「要在季中接手球隊的爛攤子本來就對他很不利。」辛區在響尾蛇高層的同事傑瑞・迪波托（Jerry Dipoto）說道，他是現任水手棒球事務部主席。「在那種情況下很難成功，但當時大家沒有認知到這點，媒體、大眾和球迷都不看好他，有些時候連球隊裡的老將也是。」

辛區後來回歸老本行，落腳教士的高層。他平步青雲，並一度成為隊上的實質總管。如果辛區想要的話，大可以繼續待在高層擔任管理階級，甚至成為正式總管，但是他還想在別處證明自己。他志在球場，並於二〇一三年參加芝加哥小熊隊總教練的徵選。當盧諾在休士頓面試辛區時，他問辛區是否有著破釜沉舟的決心，而待過高層的辛區覺得這個問題的出發點很好。想當然耳，他的目標是贏得世界大賽冠軍。「大家在賽場上都這麼說，但我從身穿球衣那一刻開始，就在幻想慶祝奪冠的畫面了。」辛區說道。

二〇一五年，太空人開季前十場比賽只贏了四場，但隨即打出一波二十一勝七敗的佳績，一舉登上美聯西區的龍頭。這一波氣勢帶給太空人很大的進展，但要真的拿下分區冠軍還早得很。盧諾過去一些精明、低價的補強也收到成效，他在紅雀時以第一輪選進的外野手寇比．拉斯莫（Colby Rasmus），該季為太空人敲出二十五發全壘打，而身材魁梧且滿臉鬍子的伊凡．蓋提斯（Evan Gattis）則敲出二十七發。蓋提斯的棒球之路走得非常曲折，高中時曾濫用藥物和酗酒，後來就讀專科學校時也因故退隊，兼差做起管理員和代客泊車的工作，並踏上尋找自我的靈性之旅，最後繞了一大圈還是回到他心心念念的棒球場上。左投凱寇在二〇一四年破繭而出，在取得突破性的成長後進步神速，並於二〇一五年獲得美聯賽揚獎，這是每年頒給投手的最高榮譽。麥休在太空人的第二個賽季表現也十分亮眼，和凱寇成為隊上的左右護法。

盧諾花費好幾年時間打造的農場體系開始收成，曲球好手麥卡勒在五月升上大聯盟，他是太空人在二〇一二年精算選秀簽約金後搶下的球員。他在初登板時穿著印有蝙蝠俠圖案的釘鞋，這對一個新秀來說很大膽，而且當時的規定並不允許這樣穿。職棒有很多莫名其妙限制球員服裝的條文，但麥卡勒和多數太空人年輕球員一樣不甩這一套。

然而，如此氣焰囂張的行徑在球員更衣室裡可不受歡迎。球隊的學長學弟制早已根深柢固，學長形同球隊的規則，學弟只有忍氣吞聲的分。放眼整個職棒圈，這種態勢隨著時代的推演有所緩和，而且社會對於任何可能被視為霸凌的行為也已改觀，這讓情況好轉不少。但不論是哪個世代，在一群高薪、偶爾不成熟的年輕球員中，球隊多少都需要某種階級制度，而教訓的手段可以有很多花樣。

有一次，還是菜鳥的麥卡勒因為在客隊比賽時沒有遵守服儀規定，盧克・葛雷格森（Luke Gregerson）和其他老鳥把他的褲子裁剪成緊身泳褲，並讓他穿著這件量身訂做的泳褲走進球隊下榻的飯店。葛雷格森之所以受人敬重不只是因為年紀，還有他的才智。他時常在解填字遊戲，如果不當球員的話他大概會成為一名律師。

對於老將們來說，當時的太空人是支很妙的球隊。

「克蘭從來沒當過球隊老闆。」牛棚老將派特・尼薛克（Pat Neshek）說道，他和葛雷格森在二〇一五年都是太空人的新同學。「球隊上下每個人都像是第一次，我們很多人都對職員感到不耐，要他們東改西改，很多時候他們還真的改了。我們常會看到很多新面孔，然後搞不清楚他們到底是哪號人物。」尼薛克還特別指名陶曼。

在六月的一場週日午後賽事，太空人作客多倫多藍鳥隊（Toronto Blue Jays）時，上演了一齣守備慘案，彷彿過去幾年的惡夢再度出現。九局下半，當太空人游擊手維拉爾在接捕一顆內野沖天砲時，和二壘跑者撞成一團，小白球落地形成安打。最後，藍鳥敲出再見安打，太空人從原本的一分領先變成一分落敗。賽後，太空人飛離多倫多的班機延誤，球員都聚集的機艙後面，而辛區拿了一瓶酒走過去。機艙裡一片寂靜，沒有人在談天說笑。然後，辛區宣布他們二〇一二年的狀元郎柯瑞亞要升上大聯盟了。

「整架飛機都嗨翻了。」一位機上人士說道。現在，太空人有了年輕新秀的加入，為原本就才華洋溢的球員名單注入一股新血。「他剛來的時候，頭頂還帶著紳士帽。」尼薛克回憶道。每當柯瑞亞到客場征戰時，他都會去光顧帽子店。

柯瑞亞被叫上大聯盟的時機是預先計畫好的，太空人高層早已算好日期，確保他在三年後才能取得薪資仲裁的資格，而非兩年。二〇一四年，他們曾試圖和還是小聯盟球員的柯瑞亞，簽下保障價值三千萬美元的延長合約，但最後沒有下文。當柯瑞亞升上大聯盟時，同年的選秀正在進行。盧諾和球探總監艾利亞斯靠著前一年艾肯沒簽約而獲得的補償選秀籤，以第二順位選進路易斯安那州立大學的艾力克斯・柏格曼（Alex Bregman）。史賓格還開玩笑地對柯瑞亞說，太空人剛選了要替換他的人。

史賓格在上半季擊出十三支全壘打，在場下也很有存在感。史賓格是個嗨咖，球隊贏球後他會在休息室播放音樂和製造氣氛。

尼薛克說：「看到年輕小伙做這些事感覺有點怪，他會放音樂然後讓整個休息室嗨翻天。雖然我有時候不太情願，但他還是想讓每個人都振奮起來。他很有一套，是個正向開朗的人。隊上有很多年輕好手，一看就知道他們之後會成為明星球員，我們也會好奇他們要如何讓我們團結起來。」

上半季成績亮眼的太空人，陣中有好幾位球員都入選明星賽，像是凱寇和奧圖維。辛區也入選教練團，和大家一起成長茁壯，但是他們下半季還需要補強打線。七月三十一日是交易截止期限，這對盧諾和梅達爾來說是道難題。若要補強即戰力，太空人勢必得犧牲一些還有好幾年控制權的新秀，而且這些年輕人未來大有可為。此時的太空人也還不是奪冠熱門，還沒有本錢可以透過一筆合理的交易就大幅提高勝率。然而，若是眼睜睜看著交易期限過去，什麼都沒做的話，也很難向球員、教練和球迷交代。「真希望我們在交易上能有所作為，好好補強投手和打者。」凱寇說道。

累積資產最理性的做法就是什麼都不做，但在其他方面，什麼都不做絕對會是錯的。盧諾深知這點，於是他交易來兩位先發投手和一名外野手，分別是史考特·卡茲米爾（Scott Kazmir）、麥克·費爾斯（Mike Fiers），以及卡洛斯·高梅茲（Carlos Gómez）。費爾斯隨即加入了先發輪值，並在八月投出難得一見的無安打比賽，完投九局沒有被對手擊出任何安打。

一位隊員表示：「對努力一整年的我們來說，這是莫大的鼓舞和支持，我們總算又有競爭力了。五個先發裡有兩個是在交易大限前來的，我們必須讓交易發揮價值。」

然而，太空人沒能守住分區龍頭，主場位在德州阿靈頓（就在達拉斯外圍）的同區勁旅德州遊騎兵隊（Texas Rangers）後來居上，太空人甚至差點進不了季後賽。九月中，太空人到阿靈頓與遊騎兵進行四連戰，結果太空人被橫掃。這大概是辛區在太空人任內最生氣的一次，某一場賽後，他打爛了客隊辦公室裡的擦手紙機。雖然太空人錯失直接晉級分區系列賽的機會，但他們仍以外卡之姿闖進季後賽，要和洋基進行一場定生死的外卡戰。太空人推派冷靜沉著的凱寇先發，全場壓制洋基打線，最後以三比零爆冷贏球。「凱寇是當年的王牌，那是最重要的一場比賽。」尼薛克說道。

太空人陣中的主要球員都沒有嘗過季後賽的滋味，現在他們要前進美聯分區系列賽了。尼薛克說：「大家都好奇季後賽長什麼樣。我忘記是史賓格還是誰問說在季後賽打球是什麼感覺，他非常想打季後賽。我有打過幾場，我就告訴他們，能一起晉級實在是太酷了。我們居然能在季後到洋基主場慶祝，真是非常不可思議。」

太空人在五戰三勝制的分區系列賽中率先聽牌，以兩勝一敗領先皇家，看起來非常有望晉級下一輪。然而，一切在第四戰的八局上半風雲變色。一顆滾地球朝向游擊彈去，這是柯瑞亞平常都能接到的球，但好巧不巧被投手的手套改變彈跳，因此和柯瑞亞擦身而過。皇家單局海灌五分，強勢把戰線拉回主場進行殊死戰。最後，太空人敗下陣來，但至少他們輸給了可敬的對手，皇家一路過關斬將奪得世界大賽冠軍。

總體來說，二〇一五年是個非常成功的賽季，太空人有新的總教練，農場培育的球員也大放異彩。盧諾的計畫開始見效，儘管這些都要付出相應的代價。年輕投手喬許・海德（Josh Hader）是盧諾在交易大限時所送出的籌碼之一，後來成為明星球員。

盧諾在隔年季前說：「我確實認為短期獲益非常吸引人，但也會讓人做出可能不利於長期，甚至中期發展的選擇。老實講，去年卡茲米爾的交易就是如此。我這麼做不是為了要保住飯碗，而是為了幫助球隊達成重要成就，並促使我們走得更長遠。這是一個逐漸改變的過程。」盧諾換掉了GM-111的車牌，改成OCTOBB，以此謹記他每年都想帶領球隊打進十月（October）季後賽的渴望。盧諾還從哥哥營運的高性能輪胎公司中，加裝幾條代表太空人的橘色輪胎。

太空人驚奇的季後賽之旅也激起長期以來的怨懟，球隊主要陣容很多都是盧諾入主前的原班人馬，包含奧圖維、凱寇、史賓格，和選秀第一輪進來的捕手卡斯楚。多年來，盧諾不斷批評前任總管韋德和他團隊所留下的攤子。

盧諾在二〇一四年春訓時說：「別忘了，我們不只在大聯盟打得爛，連農場體系也是數一數二糟糕的。很少有球隊是從這一團糟中起步的，感覺就像在成立新球隊，或許更糟，因為我在接手時，很多原本的東西不但沒有幫助到我，反而成為累贅。」

早在太空人打進季後賽之前，前朝高層就對盧諾的謾罵嗤之以鼻。前球團總裁史密斯在二〇一四年說：「人們說我們的農場體系是全大聯盟最爛的，我認為這不是事實。我們的農場是怎麼在一夕間從最爛變成最好的？這不可能只是因為二〇一二年和二〇一三年的選秀。會這麼說的人都只看到太空人在二〇一〇、一一、一二和一三年糟糕透頂的戰績，就把一切歸咎於前總管和球探總監管理下的破爛農場，我認為這一點都不合理。」

當太空人抵達洋基主場準備進行外卡戰時，投手教練史卓姆要求投手和捕手更換暗號。尼薛克說：「雖然那天我沒有出賽，但他們要我們把暗號換成前幾天練習的那樣。」史卓姆和牛棚教練克雷格・彼恩森（Craig Bjornson）懷疑洋基在偷暗號，他們懷疑有人在中外野揮舞毛巾來告訴打者下一球是什麼球。如果可以的話，多數打者當然希望能預知球路。一位同事表示，太空人派出普提拉前去調查。雖然太空人當時無功而返，但洋基當年確實在做一些偷雞摸狗的勾當。

大家都知道二壘有跑者時，捕手的暗號很可能會被識破，因為跑者能清楚看見捕手比出的手勢。假如跑者成功破解暗號，他就可以利用小動作來告訴打擊區上的隊友投手要投什麼球，像是摸頭盔代表速球。一直以來，這樣的行為是符合規定的，球員也被鼓勵這麼做。當跑者上壘時，尤其是二壘，捕手就必須打出更複雜的暗號，動輒比出三個以上的手勢。投手知道在這一連串手勢中，哪一個才是真正有意義的暗號。講白一點，如果對手發現其中的規律，他們就能找到啟動暗號的關鍵手勢。

棒球規則上真正禁止的是使用電子設備來協助偷暗號。球員休息室和更衣室裡都有轉播可以看，球員或球團人員偶爾也能透過電視來破解暗號。如果他們將這些資訊傳達給休息區和跑者，且投手沒有改變暗號的話，打者就可能占得優勢。不過從休息室使用轉播來破解暗號的行為太過少見，並不足以引起關注。到了二十一世紀，科技的進步卻帶來不同的可能性。

「我還在明尼蘇達雙城隊（Minnesota Twins）時，都會巨蛋球場[2]休息區的後面就有影像可以看，就在場邊。雖然只是一台筆記型電腦，但它是現場直播，我們在二〇〇六年就有了。這讓人有點擔心，聽說有些球員會吵著想知道暗號。」尼薛克說道，不過他說雙城並沒有使用影像來破解暗號。「我在雙城沒有注意到，但有傳聞說其他隊會偷暗號，大家在職業生涯中多少都會聽到一些風聲，感覺好像有點東西。二〇〇六年就有這種技術了，但問題是哪一隊呢？」

情勢在二〇一五年出現徹底轉變，塞利格和曼佛瑞前一年新推出的重播輔助判決，以及各隊派人進駐的影像室，都成了不法使用影像的溫床。球員或職員可以坐在影像室裡觀看各種角度的重播影像，並試著解讀暗號。這已經不屬於賽前情蒐的範圍了，而是直接在比賽中取得優勢，他們會把資訊傳到休息區，當跑者上二壘時就會知道捕手的暗號。洋基最晚於二〇一五年就開始利用影像室來破解暗號，洋基是支經驗豐富的球隊，老將們知道怎麼找出優勢。影像室通常設立在休息區附近，讓打者和投手都能在比賽時輕易進去查看。

「從宏觀的角度來看，這沒什麼不對，那些就放在場邊給大家看。我如果可以從轉播中解出暗號，我一定會分享給大家，不會有所保留。」一位洋基球員說道。的確，如果這樣做能夠幫助球隊多贏幾場比賽，何樂而不為呢？另一位洋基球員也說：「任何開放給球隊使用的東西，我們都會加以利用。大聯盟也知道，有這樣的科技可以給我們用，二十幾台攝影機對準場上，不用是專家也能看到對手的暗號。」

在球場上用電子設備偷暗號的時代，正式拉開序幕。

2 譯注：從一九八二至二〇〇九年，都會巨蛋球場（Metrodome）是雙城的主場。從二〇一〇年至今，雙城主場則是標靶球場（Target Field）。

第九章　醌腆男與鬥牛犬

隨著太空人初嘗成功的滋味，他們也迎來隊內的派系鬥爭。二〇一五年九月，當太空人正在全力角逐季後賽席次時，他們失去了一位重要的管理大將，盧諾唯一的助理總管史登斯跑去接掌釀酒人。史登斯才三十歲而已，一直被認為是總管的接班人，也許在幫助太空人完成重建之後。沒想到這個機會來得更快，史登斯的離開在這緊要關頭大大影響了太空人高層。史登斯的好脾氣和待人處事的態度讓他深受大家喜愛，也讓團隊更融洽，他幾乎每場賽後都會找總教練辛區討論。

一位職員說：「這太勁爆了，艾利亞斯還在，但他的業務不在大聯盟球隊上。陶曼成為史登斯的職務代理人，費斯特和梅達爾都待在研究室，而高斯汀則在芝加哥，高層沒有其他人了。當時的農場總監是昆汀・麥奎肯（Quinton McCracken），但他也離隊了，盧諾要找新的人選。」

盧諾早期智囊團的成員葳卡已經離開棒球事務部，轉任球團顧問，因為她認為這樣能更快晉升。一年多後，葳卡離開太空人，加入教士。少了葳卡和史登斯之後，棒球事務部的規模變得更小，也更加孤立。一方面來說，史登斯和其他成員很不同，他過去在聯盟高層和其他球隊的經歷，讓他從這些「錯位玩具」中脫穎而出。

一位同事說：「從史登斯踏進休士頓的那刻起，身上就散發出成功的氣息。他是個非常棒的人，我祝福他一切順利，我很高興他有機會能在釀酒人一展長才。但他跟我們其他人不一樣，如果我們把太空人搞砸了，誰都別想繼續在職棒圈工作，而他只要再去聯盟高層過水個一年就好了。」

盧諾並沒有向外另覓新人選，也沒有提拔球團內部的成員來填補空缺，所以實際上太空人在二〇一六年沒有助理總管。「太空人在盧諾的任內幾乎沒有從其他球隊挖角優秀的主管或人才。他們用過去打造球員名單的方式來建立高層，有點像我們獲得柯林．麥休的方式，從別人不要的名單裡看看能補哪些人進高層。」一位高層說道。

盧諾從球隊重建初始就希望能精簡預算，但這不只侷限於差旅開支和球員薪資，甚至連他周圍最親近的同事也受到如此待遇。太空人職員的理想薪資最好落在整體產業薪資的ＰＲ二十五到五十之間，也就是低於該職位的薪資中位數。盧諾每年都要跟克蘭和其他共同老闆報告，而盧諾最喜歡的環節是向他們展示太空人在各方面相較於其他球隊的排名。

一位職員說：「盧諾對老闆的話術是：『我們在所有領域都表現很棒，特別是開銷成本在三十支球隊裡排第二十八名。』然後老闆居然還買帳。盧諾很厲害，他跟其他總管相比沒花什麼錢，這就是他之所以留任的原因。盧諾很有韌性，待人苛刻、以球團為重，是個非常精明的總管，而且很會省錢。老闆才不會知道他讓底下的人每週工作八十、九十個小時，他們只看到一支成功且花費極低的球隊。」

盧諾在壓低薪資的同時，還保留助理總管的空缺，這兩者都與他的目標密切相關：盧諾想要不斷驅使他的員工往上爬。一場爭權奪位的好戲便就此上演，高斯汀躍躍欲試，而最有望的候選人陶曼也摩拳擦掌。高斯汀和陶曼兩人的出身差距甚大，一邊是帶著耳環的前龐克迷，另一邊則是前銀行員，而飢渴的陶曼卻已經得罪不少人。

「陶曼經歷過華爾街那種高壓、重視名利的氛圍。」球探雅各斯說道，他也是陶曼在太空人的朋友。「陶曼的求知欲強，雖然不太懂棒球，但他學到很多，足以讓他努力不懈地工作。陶曼非常聰明，什麼事都想要自己來，也不太會讓別人插手。他對很多事的口風很緊，緊到太過頭了。有一次，我在訓練場上玩『追蹤者』，我隨手拍了我的投球追蹤紀錄給陶曼看，結果他就翻臉，說我不該看到這些。他們很怕我把球隊專有的圖像傳上網，對此非常多疑。其實不只是陶曼，整個高層都是如此。」

史登斯離隊後，陶曼升上總監等級的職位，成為盧諾和克蘭的特別專案經理，負責審視任何迫切需要解決的問題。善於評估的陶曼迅速展現出他的敏銳度和能力，他最早的兩項專案是要檢視太空人的研發部門和球員發展部，兩者都是球隊的核心領域。在研發上，陶曼很快就發現太空人還需要推動更多。但對盧諾來說，想花錢就得說服他。一位太空人高層表示：「盧諾有一條『百分之十法則』，如果想跟他多要百分之十，就得先砍掉百分之十。他總是說要先下手為強，他希望所有部門主管都能裁掉表現最差的人。」

儘管太空人的小聯盟球隊表現不錯，但球員發展部也有自己的問題。梅達爾創建了一套顏色標示系統，用不同深淺的綠色和紅色來讓高層知道，哪些小聯盟球員準備好升級或需要下放到另一層級，這工具被稱作「升級壓力」（pressure-to-promote）。一位高層人士說：「這玩意的顏色很漂亮，而且基本上是有效的，多數情況都符合盧諾和其他人的直覺。但後來系統變得夠成熟後，盧諾開始好奇它的合理性。」

農場總監麥奎肯和梅達爾不對盤，一位同事表示：「梅達爾非常看重球員的價值，也相當倚賴數據，他不在乎球員發展部的人怎麼看。」梅達爾每個月都會和包含小聯盟教練在內的球員發展部職員通話，之後在內部的談話中，梅達爾有時候會嘲弄電話另一頭的老派教練，並用低沉的聲音模仿他們對球員的評價：「看看這小子剛把球扛出左外野大牆。」其實梅達爾根本不在意哪個傢伙打了全壘打，因為數據上都看得到，他更想知道球員潛在的成長狀況。

與此同時，麥奎肯擔憂起太空人所做的農場人事異動。隨著時間推移，盧諾已經解雇一大票人，因為他不想再花時間跟他們磨合。教練必須執行高層的命令，以免艾培爾事件再次上演。然而，這麼做相當於解雇麥奎肯極為信任的人，他們都已盡力做好所有工作。

「麥奎肯告訴盧諾，他不要開除自己的人，他不會這麼做。」一位高層說道。麥奎肯在二〇一五年十月被調離農場總監一職，轉任球員人事總監，兩年後才離開太空人。新任農場總監是艾倫・羅溫（Allen Rowin），是前任總管韋德的球團人員。不過盧諾實際上是在為普提拉鋪路，他後來在隔年接了羅溫的工作。

二〇一六年，太空人在小聯盟新增「發展教練」一職，多半是年輕、有分析頭腦的人，能夠執行高層交辦的要求。「我們開始引入經歷不夠或是非傳統的發展教練，他們漸漸得到球員的青睞，並且做得很好。到最後，所有原本的職員都在五年內被換掉。」一位高層說道。然而，其他人卻覺得太空人的農場球員沒有得到他們應有的基本訓練。一位較資深的小聯盟教練就抱怨道：「我知道這些人（新教練）很聰明，也很有上進心，但他們根本不知道怎麼教球員觸擊。他們的確很擅長跳脫框架思考，可是他們連他媽的框架裡有什麼都不知道。」

在陶曼多項浮動的任務中，他還研究過為球員購買保險的價值。球員保險在棒球界是存在的，只是鮮少向大眾公開。根據一位高層主管的說法，太空人開始替一些球星投保每年二百萬美元到四百萬美元不等的鉅額保險，以分散球員受傷的風險。（該名主管提到有奧圖維，以及後來的賈斯汀・韋蘭德〔Justin Verlander〕及查理・莫頓〔Charlie Morton〕，他們是其中幾位被投保的球員。）

克蘭曾一度要陶曼檢視營收團隊的財務作業，看看該部門主管所訂定的門票營收計畫是否合理，或是哪個訂價模型比較合適。這樣的安排無異於讓外部管理顧問介入營收部門，使得陶曼陷入進退兩難的處境，因為他被老闆要求插手不屬於他管轄的部門。當陶曼在審查其他項目時，梅達爾負責管理研發部門。

一位高層說：「這一切都不是個健康的環境，我們的決策過程並不公開透明，也沒有包容性。我們的情況比較像是，盧諾要陶曼好好研究梅達爾的領域，而如果梅達爾需要任何資源，得先看看陶曼點不點頭。」

衝突在盧諾的組織架構下是很重要的核心，隨著團隊愈來愈成熟，他們之間的分裂也愈來愈大。一位高層表示：「盧諾確實喜歡他的人互相爭論，我認為他想要的是『徹底透明』（radical transparency），這是達利歐[1]的概念，就是任何層級的任何人都可以用證據來質疑其他人。」話是這樣說，但「任何層級」看來是誇張了些，因為盧諾可以很輕易地把許多聲音拒於他的核心圈之外。不過，高層內部的環境既是合作的，但又缺乏清楚的分界。陶曼在工作上與史登斯和盧諾關係非常密切，這位年輕的分析師知道什麼可以激勵盧諾。團隊裡的多數人都清楚盧諾看重哪些東西，而陶曼和其他人的工作就是把那些有價值的呈現給他。

史登斯離隊的那週，陶曼主導了一場重要報告，對象是太空人高層的核心人物。他的簡報內容高達一百多頁，而梅達爾和費斯特等人也有發表。「其他人肯定也有所貢獻，特別是費斯特。他很靦腆，陶曼則像極了鬥牛犬。」一位高層說道。

隨著球隊打進季後賽，陶曼提出太空人下一階段的藍圖，裡頭談及棒球事務的各個面向。

太空人在選秀這個低薪人才庫上的優勢正在削減，陶曼所做的研究顯示職棒各隊愈來愈會辨別人才。從二〇〇五到二〇一一年，當盧諾和梅達爾負責紅雀選秀時，他們的績效比同期其他球隊高出百分之二十，但這個差距逐漸減少。其他球隊過往所忽視的數據現在已被廣泛理解，這意味著球隊能更早在選秀中選到優秀的球員。

根據當時在場的高層，有人在報告過程中引用了盧諾和梅達爾在紅雀時的一份內部選秀評比資料，用於回顧紅雀在不同選秀前，如何單純依據球員過往的數據來排序球員。二〇〇六年，紅雀依據一壘手艾倫・克雷格（Allen Craig）的數據將他排在第七名，並在第八輪選了他。投手P・J・華特斯（P. J. Walters）在同年選秀名列第六，而紅雀在第十一輪、總順位第三百四十六位挑中他。二〇〇九年，紅雀照數據將一壘手麥特・亞當斯（Matt Adams）排在第十七名，結果一路等到第二十三輪才選他。二〇〇七年，投手喬許・柯曼特（Josh Collmenter）被紅雀排在第十九名，但紅雀沒有選他，他在第十五輪被響尾蛇選中。雖然過去球隊的選秀預測並不算是最有價值的資訊，但在盧諾和梅達爾離開紅雀多年後，這種資料根本就不應該出現在太空人的報告中。

「追蹤者」的普及也削減了太空人的優勢。二〇一三到二〇一五年，全大聯盟和太空人球

1 譯注：瑞・達利歐（Ray Dalio）是美國著名投資與管理大師，同時也是全球最大避險基金公司「橋水基金」（Bridgewater Associates）的創辦人。

團自己運用該雷達系統的使用量有大大提升。二〇一三年，太空人僅在大聯盟和3A球隊有裝設「追蹤者」。到了二〇一五年，太空人在小聯盟的每個層級都有裝設，他們也意識到每支大聯盟球隊至少都有一台裝置。不過因為太空人很早就開始採用，即便其他球隊也陸續跟進，但長期下來他們還是會比多數球隊擁有更多的數據和樣本。

球隊也可以購入一些獨家的數據，光芒就安排在加州大學洛杉磯分校裝設一台「追蹤者」系統，但測得的資料並不會傳送到一般的數據庫裡，而太空人也有樣學樣。「我們不僅從『追蹤者』的一般用戶變成全聯盟最積極的使用者，我們還達成私下協議，資助他們公司在范德比大學（Vanderbilt University）架設系統。我們會負責出錢並教大學怎麼使用，然後就可以獲得獨家的數據，這筆交易實在非常划算。」一位太空人高層說道。

最終，大聯盟出手遏止了這種行為，一部分是擔心會違反美國大學體育協會的規章，因為大學不能收受大聯盟球隊的資金，但據傳太空人已從范德比的系統裡獲取好幾個球季的數據。一位知情的高層表示，太空人甚至付給「追蹤者」一筆權利金，要他們不要販售國際數據給其他球隊。

陶曼帶頭在未受監管的市場裡搞軍備競賽，並試著說服盧諾和克蘭在科技領域砸下大筆資金，以讓太空人保持領先優勢。太空人甚至想在古巴設置一套「追蹤者」，他們有聘請一位古巴分析師，他同時也服務於古巴職棒的哈瓦那工業隊（Industriales）。根據多名太空人職員說，聯盟主席辦公室因為擔心美國海外資產控制辦公室（US Office of Foreign Assets Control）

會如何看待而強行終止此事。一名職員說：「『追蹤者』去找了大聯盟談，結果被他們否決。」

早期，一位太空人高層說他們曾經想買下全部的「追蹤者」，但後來決定不這麼做，因為在其他球場廣設系統才可以提供不同的數據，這也是其價值的一部分。然而，不同於選秀，太空人整體在「追蹤者」上的優勢正在減少。二〇一五年，太空人的研發部門有六位分析師。陶曼希望球團可以花錢去尋找有博士學位的人才，因為未來會大大仰賴他們處理「追蹤者」和其他來源的資料。

同時，陶曼計算後發現太空人在國際球員市場上表現得不夠積極。大部分的國際業餘球員來自拉丁美洲，他們的變數太大，多數人根本沒辦法站上大聯盟。過去球隊還沒有國際簽約金的限額，有人將國際市場當作樂透，成本低，但有機會拿到非常高的回報。陶曼相信對太空人來說，多抽幾次福袋仍是明智之舉。

梅達爾主講的報告有部分涵蓋了管理學家科特對變革管理的洞見。科特曾提出八項變革失敗的成因，梅達爾是他的忠實讀者。一位同事說：「梅達爾認為我們應該多加擁抱那些信條。」

然而，這場會議最讓人不安，也可以說是最有前瞻性的一部分，是關於職業球探的討論，這些球探專責評估職業球員的優劣。[2]陶曼認定職業球探並沒有帶來明顯的優勢。他計算了太

2 編按：球探基本分為三種，業餘球探找尋國內的人才，海外球探關注國外的人才，職業球探則隨時掌握其他球隊大小聯盟的球員，好發動球員交易。

空人兩種不同的評量方式，第一種是單純靠數據來評價球員，第二種是把數據和球探蒐集來的資訊結合，而陶曼發現融入球探報告的評比方式僅優於第一種「兩個百分點」。人類雙眼的價值已不如以往，「追蹤者」或其他設備都能夠做到傳統球探的工作，也就是洞悉球員表現，多數時候甚至做得更好。「近期只要在記者席上加裝一台箱型設備，就可以做得比大小聯盟的球探還要厲害。」一位太空人高層如此描述「追蹤者」。

陶曼和盧諾在職業球探上有著相同的看法，不過盧諾卻想要放慢腳步，可能是因為他過去所受的批評，所以他很小心避免動作太快而導致衝突。一位高層這樣描述盧諾的態度：「做慢一點，一次開除三個就好。他想在五年內把人數和開銷都降下來。」陶曼雖然沒有要徹底開除所有人，但他希望可以快一點，也想教導那些願意且有能力學習新方法的球探。

盧諾、梅達爾、費斯特、普提拉和艾利亞斯都在報告現場，而掌管職業球探部的高斯汀卻沒有受邀與會。討論的主題非常敏感，但高斯汀也不住在休士頓。陶曼和高斯汀常常意見相左而起爭執。漢克・艾倫（Hank Allen）是高斯汀底下一名較年長的職業球探，他從一九六六年開始打大聯盟。某位主管說他的年薪有六位數，球隊還會支付額外加給讓他在外奔波工作。（相比之下，陶曼在太空人的薪資還不到六位數。）

「他待在華盛頓特區周邊，只負責兩支球隊。」一位高層說道。國民隊的主場就在華盛頓，而金鶯隊則是在鄰近的巴爾的摩。「我們有其他方法可以獲得資訊，沒道理他要花一半的時間負責處理國民。這是個值得討論的地方。」

總體來說，陶曼主導的報告將會成為太空人未來幾年大致遵循的指引，這是他嶄露頭角的機會。這些想法不是只由他一人提出，雖然非常精明，但也充滿爭議。

「這種文化直到二〇一五年底才引人注意，我可以明確講出時間點。」職業球探雅各斯說道。二〇一五年賽季結束後，雅各斯坐在位於基西米訓練基地的會議室裡，他說他的上司高斯汀收到一封盧諾的電子郵件，要求他們提出一年期、三年期和五年期的職業球探計畫。盧諾之前就這麼要求過了，對其他部門也是，但這封郵件對高斯汀來說很不一樣。「高斯汀很清楚，他跟我說職員人數要變少了，這時候我就知道事情走向會變得很奇怪。」雅各斯說道。

雅各斯聽說在二〇一五年球季末，邁阿密馬林魚隊（Miami Marlins）曾致電詢問太空人，能不能找雅各斯過去他們球隊服務。馬林魚要找他談話其實不用得到太空人的許可，但雅各斯說他的上司並沒有立即通知他有這項請求。嚴格來講，他們沒有義務這麼做，但是以職棒的常規來說（這文化已逐漸式微），當其他地方存在更好的機會，且現職無法與之匹配時，原球隊就會同意讓他去面試。

雅各斯說：「一開始他們沒有說實話，我後來才被告知馬林魚有打來。他們沒有允許我去洽談，但是我獲得加薪，而且還挺不錯的，然後事情就開始變了樣。春訓時，我們在基西米基地開會，盧諾說我們的工作在幾年後會變得沒有意義，或是會大不相同。盧諾在整個部門的人面前說：『你們可能會在幾年內失業。』老實說，他講得沒錯，太空人已經比其他人更早預見職業球探的末路。」

太空人在各個領域都在追求創新，其中還包含公眾較少討論的醫療人員，而運動防護員和體能訓練師都算在內。艾肯事件之後，太空人還在二〇一五年季前引起一件跟球員健康有關的小爭議。投手萊恩·佛格森（Ryan Vogelsong）是名自由球員，已和太空人達成加盟協議，但球隊卻在體檢時臨時退卻了。「我去休士頓體檢，並見到總教練辛區還有防護團隊，但過程所發生的事卻讓我覺得很不舒服。」佛格森說道。自由球員的醫療紛爭別隊也有，但佛格森陣營對於評估的過程和人員有所質疑。

在盧諾聘雇陶曼的同一時間，他也找來了傅考斯作為醫療風險經理兼分析師。當時有大約二百五十位應徵者，其中不乏外科醫師，但盧諾最後挑中的人卻不是醫生。傅考斯是位企管碩士，曾做過醫療保健投資銀行和醫療銷售等工作，這種商業背景很合盧諾的胃口。盧諾還開玩笑地說：「至少他做的跟醫療相關。」

預防受傷的領域前景一片看好。盧諾認為：「研究正在進行中，而且成效很好。如果可以減少受傷或增強表現，那價值將會非常高，所以這個領域將會有大量的工作要做。但這也是非常難研究的領域，因為研究對象有限，也不能在他們身上做實驗，他們都是活生生的人。」

運動醫學的範圍很廣，而傅考斯主要的工作是排序和分辨太空人應該進行的方案，這本身並不是項新工作。嚴格來說，傅考斯並不是太空人的醫療主任。每一隊都有自己的首席醫師，而太空人的是大衛・林納醫師（Dr. David Lintner）。林納附屬於休士頓衛理公會醫院，並自二〇〇〇年起就和太空人合作，主要鑽研投手的肩膀手術和肩關節唇的修復。隊醫通常還有球隊以外的其他工作，林納也是，所以傅考斯被聘來全職檢視這些研究。別隊也有開出像是傅考斯的職缺，不過他們聘雇的是正牌的運動防護員。防護員雖然不是醫生，但他們具有合格執照可以第一線和球員接觸。想法跳躍的盧諾顯然不認為坐辦公室的人需要這種背景。

傅考斯說：「我大概是這職位中唯一非防護員出身的人。我非常了解心血管領域，因為我曾經做過三年的相關工作。所以我不吝於向盧諾和醫療團隊證明，我雖然不是醫生，但我有能力可以學醫，之後也會盡我所能在運動醫學上努力。」

在太空人積極推動整合下，之前教練團所遇到的麻煩也開始找上醫療團隊。盧塞洛從一九九三年就在太空人球團任職，並從二〇〇七年開始在大聯盟隊上服務。他一路升到首席防護員，當球員在場上受傷時，他會是最先應對的第一線人員。盧塞洛認為，傅考斯「沒有球場意識」。盧塞洛說：「傅考斯會拿網路上找來的資料給我看，我就說：『天啊老兄，現在可不是做那種事的時候，我們要先為比賽做好準備。』」

盧塞洛也和前總教練波特一樣覺得無法跟盧諾有效溝通，而且很有問題。對盧塞洛和其他人來說，盧諾「極為自大」。盧塞洛說：「盧諾多數時候都很難聯絡，他不只不接我電話，連總教練的電話也不接，結果他居然還回過頭來說我們很難溝通？」盧塞洛還去創建一個推特帳號，因為他認為與其等盧諾親自告訴他，這樣反而還更快知道太空人的近況。

盧塞洛又說：「我記得有一次盧諾在奧克蘭跟我說，希望我能多跟他表達意見和溝通。我就說我電話打了，電子郵件寄了，簡訊也發了，能做的我都做了。我百分之九十九的時間都打給史登斯，因為我知道他會接電話。然後盧諾就轉過頭說了一句：『好喔，那看來我得加油點。』當時球隊正在打擊練習，我們就站在旁邊看。我心想他大概要把我炒了，因為我都不聽話，一直試著挑戰他。」

盧塞洛說對了，盧諾在二〇一五年季後炒了他，而這波人事異動至少衝擊到一位球員。「我有大概一個月的時間沒有防護員，我真不知道該怎麼辦。」尼薛克說道。他的右腳在二〇一五年春訓時輕微骨裂，但球季中依然可以出賽。「他們叫我不用跑整季，只要投球就好。但是到了八月，我的腳開始痛，還有教練拿圖表說我的跨步比去年短了幾英寸。我就說：『啊就因為我的腳裂開了呀。』我本來應該在球季結束後做些調整，但隨著防護員的人事異動，我的計畫也沒了。」

新任首席防護員來了之後，他詢問尼薛克的腳怎麼樣，尼薛克說他的腳骨折了，接著就被送去醫院照X光。「佛羅里達的醫生告訴我，我的骨頭斷了，必須立刻動手術把一塊腳骨取出來，不能坐視不管。我原本還想說看完醫生可以當天來回呢。」隔年春訓，尼薛克腳骨被移除的照片在網路上瘋傳。那塊碎骨的直徑看上去約有一英寸，實在令人覺得噁心。

不只是那些保守的職員，連盧諾新招來的人也開始質疑太空人的方針。雖然盧諾公開表示他不會拿球員做實驗，但他私下卻和其他人說他將小聯盟視為實驗室。

新任太空人防護員詹姆斯・雷迪（James Ready）說：「房間裡大概有十到十五人，我們正在討論不同類型的肩膀療程和手臂保健。有一些人，我會說他們立意良善，想要試試看不同於現在的做法。部分在場的隊醫和醫療專家反對，因為在道德上，他們不能讓人處於險境。我們的職責是保護球員，不是在球員身上實驗。但會議的結論卻是『要找機會試試看』，盧諾和傅考斯真的這樣說，那是我第一次覺得非常傻眼。」

太空人的職員說，林納醫師最終阻止了某些事情，但盧諾和傅考斯仍持續推動其他部分。根據一位職員回憶，球隊在春訓尾聲時，告知一票球員他們即將被釋出，但仍然歡迎他們留下來接受一些實驗性的訓練方法（據說會比其他訓練方法還要舒服）。並非所有措施都會招人反對，有些就進展得很順利，但高層的舉動讓一些職員感到猜忌。「盧諾和他的高層想要其他人對他們唯唯諾諾，並且能同意和配合他們的要求。如果有人持不同意見，他們就不會喜歡你。」雷迪說道。

為了要測量球員的手部，太空人在多明尼加裝設了一台X光機，多名職員都認為這件事很匪夷所思。雷迪說：「我們運動防護的預算很充足，有時候我們想把錢花在某些地方，但他們會說不行，得花在他們指定的地方，於是我們就買了一台X光機放在多明尼加拍球員的手，看球員的手能長多大。我就想問如果把這五萬塊花在其他地方，會不會更能幫助到小聯盟球隊？」一位高層表示，太空人使用這台機器的目的是為了要更好地檢測球員年齡，因為梅達爾認識一位宣稱可以從手部X光片來辨識實際歲數的人，原因是基於某些骨頭的生長方式。[3]

二〇一四年，太空人釋出一名之後會讓他們後悔的外野手：J．D．馬丁尼茲（J. D. Martinez）。過去幾年，他在大聯盟的表現雖然不算非常出色，但一直都有巨大的攻擊潛力。在前一年的休賽季，馬丁尼茲重新調整他的揮棒機制，也把此事告訴球隊。到了春訓，太空人幾乎沒有排他上場，然後就將他釋出。之後，老虎簽下了馬丁尼茲，而他也以火力回報，總共在二〇一四年和二〇一五年擊出六十一發全壘打。

釋出馬丁尼茲的決定加深了波特和盧諾的對立。春訓沒給馬丁尼茲足夠的上場時間，這到底是哪一方的錯？兩人都把矛頭指向對方，不過高層其實擁有更大的權力，也不怕強行推動他們的旨意。研發部門的費斯特直接了當地認為馬丁尼茲不是優秀球員，因為模型是這麼說的。等到馬丁尼茲開始在老虎大放異彩後，費斯特才意識到他錯得離譜。**但為什麼會這樣呢？**在費斯特弄清楚為什麼他的模型會看走眼前，他認為整個太空人評估球員的方法有所不足。當時的模型將任何短期浮動都視為隨機的，認為球員的表現會回歸到過往的平均水準。然而，那有沒有可能代表著球員出現重大轉變，或是即將脫胎換骨呢？

太空人掌握了這些新的技術工具，使得資訊源源不絕地流入。在馬丁尼茲改變揮棒機制之前，他二〇一三年的「強擊球」就是全隊最好的，[4]但當時他們並沒有太多的數據資料可以參考。若是能有更多的技術就好了，當時可以測量揮棒速度和擊球仰角的揮棒感測器才剛萌芽，沒辦法趕上馬丁尼茲的釋出決定。二〇一五至二〇一六年的休賽季期間，他們已經可以更好地量化出細緻的表現資訊，要如何運用它將會是太空人未來的重要課題。

史登斯離隊後，盧諾又做出一項重大改變，原先被稱為決策科學部的研發部門不再由梅達爾負責，改由費斯特接手。盧諾認為他的長期好友梅達爾能夠在另一個領域幫上忙，也就是執行層面。變革管理開始得到重視，雖然晚了一點，但還有其他因素致使盧諾將他的夥伴調離部門主管的位置，其一是梅達爾和費斯特的立場截然不同。「他們兩人合不來，對於研發工作有不同的理念。有些人覺得費斯特比梅達爾更重要，即使梅達爾是他的上司，也比他更資深，而且還在盧諾身邊待得更久。」一位同事說道。梅達爾了解他的技術能力不如逐年新進的人員，經驗和知識固然有價值，但他的技術能力不足以讓他長久保有競爭力。再者，梅達爾也不想住在休士頓，比較想和家人一起待在北卡羅來納。

在重建初期，一切都追求速度，所有事情都要趕快建好，包括研發部門的實際模型，結果

3 編按：拉丁美洲球員普遍有虛報年齡的狀況，年紀愈輕的球員價值愈高，獲得的順位跟簽約金也愈高，因此太空人球團覺得需要驗證球員真實的年齡。

4 編按：只要擊球初速超過九十五英里，就可以定義為「強擊球」（Hard-hit Ball），有高機率形成安打或長打。

使得研發部門深處技術負債（technical debt）之中。

一位高層表示：「所有的研發單位都會面臨技術負債的問題：慢慢做可以減少技術負債，也就是未來需要修正的問題，但要如何在兩者間達成平衡呢？梅達爾很懂最小可行性產品，他很擅長完成簡單且有用的東西。但不論他開發什麼東西，這種方法的缺點是未來會出現毛病，這就是技術負債。梅達爾負責太空人的研發部門已經有四年了，一些技術負債的問題也開始浮現。舉個例子來說，我們選秀預測系統的程式碼非常混亂，亂到沒有人看得懂，使得我們要反覆修改模型時變得很困難。我們很期盼、也很努力要在選秀上不斷超越，但事情變得愈來愈難。另一個例子是『追蹤者』，我們要把系統的資料輸入到預測模型裡，這樣才能了解某球員在系統裡的資料是如何改變我們對他未來的預測。但是梅達爾沒辦法處理，因為程式碼太過混亂。盧諾很是失望，我們擁有那麼厲害的資料組，並開始在大小聯盟的職業球員上取得成功，一些高層人士也跑去跟附屬球隊討論，可是我們卻沒辦法讓選秀這塊跟上其他部門的進度。」

此外，球隊還出現一個嚴重的理念分歧。一派是盧諾和梅達爾，他們非常不信任預測模型外的資訊。如果一切遵照機率行事，而模型又代表機率，那倚賴任何模型外的資訊就是危險的。另一派則是想法相近的三人組：費斯特、陶曼，以及躲過盧諾大裁員的前實習生、現為球員發展部一員的普提拉。他們更傾向利用新的資訊，即使新資訊尚未被模型採納。一位高層說：「有些新資訊很重要，我們得要採用。就算沒辦法放入預測，我們還是可以讓球員進步，或是在選秀中當成參考以做出更好的選擇。」當太空人從谷底翻身後，三人將會合力推動球隊日後大部分的成就、技術創新，以及農場體系的整合。

普提拉還帶頭新增一項工具：慢動作影像。高速攝影機非常昂貴，而太空人從來不碰昂貴的東西，於是普提拉要想辦法去找比較便宜的選項，陶曼也一同加入。他們從群眾募資平台Kickstarter上找到一家名叫艾傑電子（Edgertronic）的公司，平台上的廣告這麼說：「你還在懊惱只有大公司才能使用專業等級的高速攝影機嗎？你曾想過擁有專業攝影機的幀率和解析度嗎？」普提拉還真的這樣覺得。陶曼試著和公司洽談，想要讓太空人獨享他們的攝影機，但沒有成功。

二〇一五年，攝影機的相關工作剛開始進行得很不順利，但到了二〇一六年便漸漸步上正軌。凱寇當年投得不太理想，因此太空人就利用攝影機一幀一幀地幫他找出問題。這台攝影機不只能當成球探設備，還可以做為指導器材，每秒幀數可達四百甚至一千幀。

為了準備二〇一六年六月的選秀，陶曼隨著球探總監艾利亞斯去了一趟聖安東尼奧，考察一位選秀預測會落在前段班的高中投手佛瑞斯・惠利（Forrest Whitley）。他的投球樣本數少得可憐，只有三十、四十顆球。高中球員很少像大學球員有「追蹤者」的數據，但是那台攝影機

5 譯注：最小可行性產品（minimally viable product）是以最少的成本製作出一個僅保留最重要元素的產品，目的在於快速投放到市場以檢驗可行性和測試接受度。

的影像得以讓太空人補足缺少的資訊，而且器材也比「追蹤者」方便攜帶。藉由使用電子軟體，太空人可以從影像中測得球的轉速、球速和旋轉軸角度。

「螢幕上會顯示球的旋轉，我們可以邊看影片、邊把數值對在一起，這樣就能知道惠利的轉速是多少。」一名職員說道。他的轉速很理想，但太空人仍不確定是否要在前幾輪就選進高中球員。「過去從來沒有資料支持，但我們現在總算找到一些資料點，即便樣本數很少。」一位高層說道。費斯特和陶曼希望相信數據，而太空人也有一丁點惠利的「追蹤者」資訊，最後幫助說服了梅達爾。太空人後來在二〇一六年以第一輪選進惠利，但是兩邊人馬的張力還在持續升溫。雖然費斯特是研發部門名義上的負責人，但梅達爾在操控選秀模型上仍有一定的影響力。有時費斯特想要做出改變，卻會被梅達爾打槍。

一位高層說：「梅達爾會在盧諾身邊對費斯特的決定說三道四。我認為就是這麼糟糕的互動關係造成球團內部很多問題。不只是因為這個情況，還加上有人想進入那種關係中。如果梅達爾不適合當領導者，就不要讓他插手；如果他適合，就不要提拔其他人到他的位置上，然後卻沒給他職權。」

費斯特在接任總監的幾個月後，向盧諾提交一份該部門和其需求的評估報告。他認為太空人的軟體堆疊需要維修，卻不知從何下手。

「你希望我找顧問進來嗎？」盧諾問道。費斯特表示，他認為這個問題不需要請顧問來協助，至少現在不用。聘請管理顧問來評估棒球事務是前所未聞的，但盧諾從來不會向這種理由低頭。事實上，盧諾還保有過去的顧問人脈。在休士頓的某個晚上，他與麥肯錫公司休士頓辦公室的管理合夥人桑傑・卡拉瓦（Sanjay Kalavar）一起出席了一場社交活動。

第十章 鋃鐺入獄

二〇一五年夏天，《紐約時報》報導聯邦調查局正鎖定駭進太空人電腦的罪犯。據信這波網路攻擊是源自於紅雀球團的內部，如此駭人聽聞的消息第一次傳進大眾耳裡。同年七月，紅雀宣布開除業餘球探總監寇瑞亞。二〇一六年一月，太空人獲得清白，這位盧諾和梅達爾在紅雀的前同事被判處了四十六個月的監禁。很少有職棒人員會被送進聯邦監獄，但太空人這次顏面盡失，決定求處重刑。

「聯盟和調查局查得很重，我認為部分是因為太空人的要求，他們堅信這不是員工的失職行為，而是聯邦罪行。我想一定有其他的處理方式，但太空人很堅持。」一位紅雀高層說道。

調查局也有他們自己的理由。非當事的前檢察官彼得・托倫（Peter Toren）在二〇一五年說：「起訴和定罪的目的之一在於嚇阻他人，防止有人再度犯下相似罪行。這起案例受到媒體廣泛的關注，政府會認為很有威嚇價值。」

寇瑞亞不僅僅是偷看太空人的交易注記和球員評估報告而已，他違反了美國一九八六年實施的《電腦詐欺與濫用防制法》（Computer Fraud and Abuse Act），該法規定未經授權取用電腦並獲取影響州際商務的資訊屬於刑事罪行。換句話說，這是一種商業的間諜行為。

在寇瑞亞認罪不久後，德州南區聯邦法院的檢察官肯·梅吉森（Ken Magidson）說：「我們必須要以電腦犯罪的意義看待此事。當我們從聯邦調查機關獲悉犯罪情事後，我指的是那種有證據顯示的重罪，我們得要有所作為，這就是我們想在本案證明的事。我們試著不從國家休閒產業或是職棒的角度切入，而是把它視為對合法企業的嚴重入侵。」

一月八日，寇瑞亞在休斯法官面前，坦承五項違法取用太空人系統的指控，包含電子郵件和存著所有球員資訊的「地面控制」資料庫。說寇瑞亞駭進太空人的系統固然沒錯，不過「駭」這個字會讓人聯想到是在昏暗的房間裡敲打鍵盤，試著要潛入系統。寇瑞亞的行為沒那麼複雜或深奧，而且要抓到專業駭客沒有那麼快或容易，整件事都顯現寇瑞亞違法登入的行為和太空人的資安措施缺乏精細度。

「從侵入的角度來看，要找到來源很難，因為有很多方法可以掩蓋蹤跡，調查局居然能查出是紅雀球團違法取用電腦，這點還挺厲害的。」來自南卡羅來納的資安專家兼太空人球迷提姆·布拉克（Tim De Block）說道。

無論如何，這都是犯罪行為。聯邦助理檢察官麥可·朱（Michael Chu）在法庭上說，寇瑞亞有試過靠著公開軟體來掩蓋他的行徑，企圖隱藏他的位置、身分和所用的設備。太空人到頭來就是受害者，法律上和實質上都是，但他們本該可以保護好數據的。「『地面控制』的安全性爛透了，我們什麼都沒有，軟體發展也很差。」一位太空人職員說道。

不過這跟太空人對外宣稱的不一樣。盧諾在二〇一四年說：「我們已經準備周全，也做好安全防護，但我們永遠防不了小人。」盧諾對太空人進步的技術很有信心，他們也努力在其他方面做好保密工作，而發生這場網路攻擊卻顯得極為諷刺。

盧諾進入麥肯錫之前，他曾在製作戈爾特斯[1]產品的公司上班。

一位太空人同事說：「沒人知道怎麼製作戈爾特斯的布料，他們把製作配方鎖在房間裡。如果要去查看就必須先經過安全檢查，並且登記簽名，還要把手機留在外面，以免有人在裡面拍照。我們沒有做到那種程度，顯然我們的安全措施遠低於我們的偏執態度，但這始終是一種心態。我們有獨門祕方，就必須要竭盡一切來保護它，可是我們卻沒有給員工高薪、讓他們感覺被重視，或是做好網路安全工作以確保祕密不會外洩給全世界。我們只試著限制影印人數，防止有額外的進階報告影本在外流傳。同時，我們的『地面控制』還是被人入侵了。」

寇瑞亞認罪之前，盧諾接受《運動畫刊》記者賴特的獨家專訪。他表示，這場網路攻擊會出現是因為他沒有更換密碼，這個說法是「完全錯誤的」。

盧諾在訪談中說：「我當然知道怎麼做才能讓密碼最安全，也很清楚密碼本身和定期變更

1　譯注：戈爾特斯（Gore-Tex）是一款防水、防風且具高度透氣性的薄膜技術，常用於戶外運動服飾。

密碼同等重要。我在職棒大部分的工作就跟在高科技產業一樣，要確保這些智慧財產受到保護。我很認真看待此事，對自己和屬下都有極高的標準。」

盧諾的回答似乎非常注意用字遣詞，且引述時缺乏精準度。問題是就算盧諾非常清楚密碼安全的重要性，也不代表他和他的團隊有確實執行。在資訊安全公司數位防禦（Digital Defense）擔任資訊長的湯姆．德薩（Tom DeSot）於二〇一五年表示：「在金融機構和大企業裡，大家都以為他們密碼設定得很好。但很多時候，那些自以為強度很高的密碼其實都很好猜。」

朱說寇瑞亞用來登入太空人系統的密碼是一個球員的名字，該球員「骨瘦如柴，並且不被看好能在大聯盟成功，但他後來還是靠著努力和毅力打出好成績。」一位知情人士說那個密碼內含六個英文字母，而且沒有數字，據說是梅達爾在用的密碼。梅達爾認為是他搞砸了，如果他能在資安上更勤勞點，或許就不會被駭入。

雖然在認罪協商時，有部分關於太空人系統被駭的疑問獲得解答，但還有很多問題沒處理，像是那篇讓太空人名譽掃地的交易注記是如何跑到《死亡之旋》網站上的。

「那不是本案指控的部分，本案指控的罪名是五項未經授權的取用，寇瑞亞的行為才是本案關注的重點。」梅吉森檢察官說道。

寇瑞亞所查閱的資料被裁定價值一百七十萬美元，朱說在法庭協商最終金額的過程相當冗長，也被太空人左右。他們主要針對二〇一三年的選秀，計算寇瑞亞查閱了多少份球員報告。最後寇瑞亞同意賠償的金額是二十七萬九千零三十八點六五美元，這對普通的高層職員仍是筆非常可觀的數目。

寇瑞亞堅稱他會侵入太空人的系統是因為想要查出他們從紅雀偷走了什麼，但是他所檢閱的資訊都表明他更進一步盜取新資訊。

「我一開始闖入和取用太空人的資源，是因為我懷疑他們盜用屬於我和我同事的成果。」寇瑞亞告訴休斯法官。

「哪裡的同事？」

「我在紅雀的同事。」

「所以你闖入別人家是為了找出他們有沒有偷你的東西？你不覺得很荒唐嗎？」

「這聽起來很愚蠢。」

寇瑞亞在法庭上還說，他從太空人系統裡發現紅雀的資訊。休斯法官問道：「你是否在電腦裡發現任何紅雀的資訊？」他回答道：「是的，庭上。」

太空人球團法務長吉爾斯・基普（Giles Kibbe）反應很快，立刻反駁：「太空人駁斥寇瑞亞先生說我們資料庫裡含有任何屬於紅雀資訊的聲明。」

沒人知道調查局是否花心力偵查太空人盜竊紅雀的部分。其實大聯盟的調查部門有權力對太空人內部進行調查（只不過沒有傳喚的強制力），但聯盟高層沒有這麼做，一方面是因為紅雀並沒有這樣要求。紅雀老闆德威特說：「我沒有要任何人進行反調查，我們不認為有這個必要，也希望能儘早解決此事。」

二〇一七年，寇瑞亞發表一篇聲明，稱聯盟主席曼佛瑞對他所提出要見面討論關於「智慧財產竊盜問題」的請求，「不聞不問」。寇瑞亞說：「我在這件事情上並未看到大聯盟所承諾的公平與公正，紅雀沒有在未經授權的取用中獲得任何利益。」曼佛瑞的回應是，聯盟決定等聯邦調查終結後再約談證人，曼佛瑞說他在二〇一六年七月告訴寇瑞亞如果他不肯配合，那他將會被終生驅逐。曼佛瑞說：「寇瑞亞先生不僅三番兩次拒絕回答任何問題，還反對政府向聯盟高層公布相關文件。」

距離寇瑞亞入獄前還有一小段時間，但他不覺得有必要坐下來和曼佛瑞聊一聊，於是聯盟在二〇一七年一月終生禁止他參與職棒事務。寇瑞亞在他的聲明中，詳述了他認為太空人做錯的地方。

「二〇一一年十二月二十一日，一名太空人職員存取了紅雀伺服器上的資料。之後，我藉著不合法的手段得知紅雀的資料在二〇一二到二〇一四年間被大量使用。太空人的職員利用這些資料，把評鑑業餘和職業球員的關鍵演算法與決策工具拿去複製和評估。太空人球團裡的多位人士，包含總管和助理總管，都出現在討論這些事情的電郵中。」

盧諾在二〇一五年告訴《運動畫刊》，他沒有拿取任何屬於紅雀財產的資訊。寇瑞亞相信他找到太空人竊取的證據，他們使用紅雀的「現值」概念去反向創立太空人的「得分值」（run value，可簡稱為RV）。他認為太空人有一份報告解釋了兩者的關聯性，以及如何改進「得分值」讓它與「現值」更匹配。

一位太空人職員表示：「我知道梅達爾和盧諾有拿走些什麼。他們絕對有，因為我就是受益者。」

此外，寇瑞亞還懷疑太空人的資料上編有紅雀資料庫「紅獵鳥犬」的號碼。

「據我所知是這樣沒錯。」另一位職員說道。

另一項懷疑則是，太空人所擁有的「球員生物力學評分分級」系統是由紅雀職員提姆・勒維克（Tim Leveque）所做。

「確實如此。」該職員說道。

太空人有原本過去在紅雀的「現值」數字嗎？

「沒有。」同樣的職員這麼說。

另一位太空人職員則表示：「據我所知，沒有人侵入過紅雀的資料庫，或是有任何不法行為。但有很多鳥事會讓現在職棒裡的一些人工作不保。這一部分證實了寇瑞亞的說詞，但我覺得他被指控的那些事他的確也做了，這點無庸置疑。他的辯詞就只有『是梅達爾先做的』，但這方面又沒有人可以作證。梅達爾所做的就只有在離開時帶走些東西，像是勒維克的，以及（紅雀主管）葛許所做的替代水準研究。」

早在二〇一四年，太空人剛得知他們被駭時，據說克蘭的助手基普曾指示要評估寇瑞亞取用了哪些太空人系統的資料，而其中一部分也檢視梅達爾的郵件和他資料庫的存取點。一位知道內幕的人說：「這對梅達爾和寇瑞亞很不利，也對太空人和紅雀很不利。真相就是，到底寇瑞亞做了什麼、他駭了幾次，以及究竟梅達爾有沒有偷拿紅雀的東西，還有盧諾知不知情，這些問題的實際情況都比我們所知的還嚴重。」

⚾

二〇一六年春訓，太空人前景一片看好，這是盧諾擔任總管的第五年。他在整理信箱時，偶然發現他當初接管球隊後向克蘭提出的計畫書。

「我把它存在沒人能找到的地方。」盧諾語帶尷尬地笑道，像是在揶揄紅雀的駭客醜聞。「我沒有分享給任何人看。」

過了五年後進展如何？

「我們的原則是否還相同？我想回答這個問題。現在這個計畫和五年前有什麼改變嗎？我很訝異，開心的那種，我所列出的原則現在都還適用，雖然有些實際面不太一樣。」

太空人嘗到一季勝利的滋味後，讓他們得以更加和諧與完整。新科美聯賽揚獎得主凱寇承認，球隊和高層的關係曾經是敵對的。

凱寇說：「每個人總是有第一步，盧諾從紅雀的球探總監起步，現在成為總管。他可能有從紅雀同事或是其他總管身上學到些經驗，但在親自開始做之前，一切都是雜亂無章的，就像球員要靠自己打出一片天一樣。我覺得剛開始比較僵持不下，盧諾還在適應新角色，但現在他已經調適好，作為老闆的克蘭也是。比較常在球員休息室見到他們了，可以看出他們更常與球員互動，而不是阻隔球員和高層，這之間在過去幾年沒有任何溝通或連結。」

盧諾解釋說，他過去不常去休息室找球員的原因是球員的流動性太高，常常來來去去。「老實說，現在休息室裡有比較多是從我們農場升上來的球員，而之後還會留在球隊的人也比較多。知道他們會是主力且未來還會繼續待在球隊後，過去找他們就比較輕鬆。剛開始的幾年，我知道有很多球員八成不會續留，所以我可能沒有花很多心力在經營關係，但我很高興能聽到他們說感覺正向多了。」

雖然略顯尷尬，但至少他們營造出了和諧的形象。現在，他們將會持續追尋能夠脫穎而出的條件。

「從我的經驗來看，高層非常渴望找出競爭優勢，他們可不會善罷甘休。」總教練辛區說道，這是他第二年執掌太空人兵符，「不論是對數據分析或棒球事務有更深刻的理解，還是醫療過程和選秀方面，我從面試到現在一直聽到他們宣揚競爭優勢。你很難要盧諾改變他所相信的計畫，他積極想幫助球隊贏球的精神非常不簡單。」

不過，在邁入二〇一六年賽季時，盧諾根本沒怎麼補強球員名單，太空人休賽季最大筆的交易是用包含艾培爾在內的新秀，向費城人換來年輕的速球派後援投手肯．吉爾斯（Ken Giles）。太空人還只是在自由市場試水溫。

盧諾說：「作為一支熱門球隊，我們解決了一部分的需求。我這裡指的是奪冠熱門，而不是只有打進外卡。我認為我們已經盡了一切努力，這不是花錢的問題，而是場上陣容的問題。我不確定這是否有明確的答案，例如說我們需要投入未來資源以簽下某人，還是在未來兩年把那些資源投注在其他領域，前者可以讓我們在分區中逐漸變強，不過我想以現有陣容就能贏球了。」

總管應該要在季前釋放積極樂觀的展望，但盧諾卻偏離目標。好在有一位太空人新秀於二〇一六年登場，柏格曼在七月底初次亮相大聯盟，他是太空人靠著艾肯的選秀補償籤所選進的球員。

太空人明星賽前的戰績是四十八勝四十一敗，位居分區第二。八月十八日，他們以五比十三輸給了金鶯，並吞下五連敗，也是近二十三場比賽的第十六場敗仗，戰績變成六十一勝六十敗，勝率快要跌破五成。辛區很生氣地召開球隊會議，討論了全隊的比賽狀況，同時還點出幾位替補球員，告訴他們不要過得太爽。一位在場的人說，辛區把他們罵到臭頭。A．J．里德（A.J. Reed）是太空人典型選秀模式下的高順位球員，大學時期數據亮眼，但運動協調性不受球探青睞。里德的季中表現堪憂，打擊率僅一成九三，後來職棒生涯也沒有太大的表現。

隔天比賽一開始看起來也沒好轉，麥休只面對前五名打者就被轟出四發全壘打，不過太空人打線及時甦醒，最後以十五比八贏球，並在八月最後的十二場比賽中拿下十場勝利。然而，這波連勝不足以讓太空人升空。他們九月的表現不盡理想，最後以八十四勝七十八敗作收，還比前一年少兩勝，在美聯西區排名第三。傷兵問題固然影響了球隊表現，但高層也對農場培育出來的球員抱持太高的期待。

「我們太倚賴頂尖的農場新秀作為先發球員，東尼・坎普（Tony Kemp）、泰勒・懷特（Tyler White）和里德都是，他們二〇一六年的上場時間很多，但卻沒有打得很好。」一位高層說道。

有一位球員達成了重要的個人成就，那就是史賓格整季一百六十二場全勤出賽。他和辛區的關係特別親近，有傷病史的他還能每場比賽都上，這是連優秀球員都鮮少能達成的里程碑，對他們兩人來說都非常重要。加上太空人在二〇一四年刻意阻撓史賓格升上大聯盟，還有那場假借「視力檢查」的名義要他簽合約的戲碼，這項成就又顯得更為特別。

即使球隊沒有晉級季後賽，辛區仍然鬥志高昂，因為他們把標準提高了。辛區才來第二年，他的球員就明白只有八十四勝是不能接受的。他想要的心態已經到位，即便球員名單還沒執行到位。

尼薛克說：「我們二〇一六年和一五年的陣容是一樣的，他們沒有補強先發投手。我覺得如果有補進幾個先發，我們就能贏得世界大賽冠軍。我很氣，他們只要補幾個先發就好，但我們什麼都沒有拿到，這讓全隊都很不爽。整個一六年球季最後變得糟糕透頂，我們陣容齊全，要打者有打者，要牛棚有牛棚，拜託多給我們幾個先發吧！辛區很厲害，我不知道他有多少權力，但他在溝通上非常了不起，真的是最棒的。他卡在一個艱難的處境，高層會要他做這些、做那些，但我見過更糟的情況。辛區就是新時代棒球的最佳典範。」

對尼薛克來說，只要多幾名先發投手就能成功，那或許是他一廂情願的想法。對總管來說，球隊必須在某個時間點開始持續贏球，而盧諾已經要邁入第六年了。一位高層表示：「進入二〇一七年，我們的態度是卯起來比賽，並且更加投入在自由球員身上。」

雖然訴訟仍在進行中，但太空人的電視轉播權之亂總算塵埃落定，使得球隊營收增加。克蘭也漸漸地放寬財務預算，讓太空人有更多成長空間。二〇一六年的團隊薪資比二〇一五年提升二千四百萬美元，到了二〇一七年更是增加超過二千七百萬美元。

「這讓我們有餘裕可以簽下兩到三位不錯的自由球員，外加一些小咖球員。很感謝克蘭，我認為他確實提高了我們的預算，也讓我們放膽去做。」一位高層說道。

二〇一六年季後到二〇一七年，是盧諾第二次沒有助理總管史登斯的休賽季，他雖然還沒欽點陶曼為下一任助理總管，但陶曼實際上已經在做了，他成為球員經紀人和其他球隊高層的主要聯絡人。

一位太空人高層說：「盧諾竟然願意退居二線。我想他也會同意談判不是他的強項，他很厲害，但不是個好的協商者。」

陶曼打造出一款工具來檢視最佳的資金運用方法，就像他過去在夢幻棒球遊戲裡做的事情一樣。這款工具會考量球隊的資金限制、自由球員的預期價值，並參考太空人隊內已有的球員素質，然後衡量打造每種球員名單的可能性。如果太空人在某個守備位置上已經有很強的選手，它就不會再建議補強同樣的守位。高層從來不會特別倚賴職業球探給出的建議，盧諾和陶曼計畫要重新建構（或是說消滅，端看你怎麼想）職業球探部門至少一年了，並且在二〇一六年開始執行。

一位太空人高層說：「事情變得愈來愈棘手，因為盧諾不想再開職業球探的會議。我記得高斯汀和球探都覺得很煎熬，盧諾根本沒有給他們發表意見的機會，我們後來全都倚賴『追蹤者』的數據。」

太空人休賽季的補強重點在於外野手和先發投手，數據指向自由市場裡的一名投手：莫頓。他的球速在二〇一六年賽季初期有提升，但後來因為腿傷而整季報銷。陶曼主導了這次簽約，他非常興奮，認為莫頓擁有絕佳的曲球，只是投得不夠多而已。陶曼還主導另一筆與洋基捕手布萊恩．麥肯（Brian McCann）的交易，但這筆交易有個小插曲，據說盧諾在最後一刻試圖改變交易條款。洋基本該給太空人現金以補足麥肯的剩餘薪資，但盧諾希望洋基能帶走他們的一壘手辛格登，他在上大聯盟之前就和太空人簽下長約，但後續在場上的表現和場外的生活都很掙扎。洋基助理總管麥可．費許曼（Michael Fishman）覺得陶曼違背協議，而他確實就是在盧諾的指示下違約。最後，辛格登並沒有被交易走。

麥肯是一位深受眾人喜愛的老將，非常會與投手搭配。麥肯的打擊也很出色，有長打能力且不容易被三振。過去十年來，比賽中的「三純數據」（three true outcomes）有所提升，[2]也就是單看全壘打、保送和三振這三個結果。如果球隊打線中「三純數據」高的球員多，那比賽結果就像擲骰子一樣，不是大好就是大壞。

一位高層說：「我們要的是好球員，好球員不太會被三振，他們更容易擊中球。我們二〇一五年和一六年在建構球隊時，非常看重三純數據。我們的任務是要讓球隊拿到愈多勝愈好，因此以我們評估球員的方式來說，三振型的投手和擊球型的打者會表現比較好，也比較吸引我們。」

太空人把麥肯交易來後，又簽下一名外野手，這是盧諾到目前為止在自由市場上花過最多錢的一次。喬許・瑞迪克（Josh Reddick）是名身材瘦弱的外野手（也是少數會抽菸的職業球員），上個賽季才剛敲出二十支全壘打。四年五千二百萬美元稱不上是一張超大合約，即使盧諾未來還會跟一些尚未步入自由市場的球員簽下更大的合約，但他往後在自由市場的出價不曾再超過這個金額。

有了麥肯和瑞迪克加入，太空人還想加強他們的進攻火力，於是鎖定了卡洛斯・貝爾川（Carlos Beltrán）和麥特・哈勒戴（Matt Holliday）兩位外野老將，這兩人都曾是自由市場上最亮眼的球星，但現在已過了全盛期，他們有時候得擔任指定打擊，也就是專職打擊而不用上場守備。

一位高層說：「貝爾川有個大問題，就是他在左外野的守備能力沒有比馬文・岡薩雷茲

（Marwin Gonzalez）好多少。事實上，他的守備被預測為差勁，所以問題是他該守哪裡？如果只能擔任指定打擊，我們也有其他有棒子的球員，而且貝爾川的表現很難捉摸，他上賽季從洋基轉到遊騎兵時，表現起伏不定。雖然預測還可以，但看起來不如其他球員。」

太空人的預測是三年期的指數衰減模式，採用球員前三年的表現來推算未來的狀況。二〇一六年賽季，貝爾川整體表現不錯，但他上半季的數據好非常多。那位高層說：「貝爾川雖然不是數學統計上最理想的人，但我們覺得球隊裡需要更多資深球員，以及拉丁裔的老大哥來領導柯瑞亞。」

球隊氣氛和領導力很難被量化，所以太空人有想到這些特質實在很不錯。二〇一六年春訓時，有傳言說柯瑞亞變得大頭症，他前一年才剛登上大聯盟，人們就覺得他在乎自己身為新星的商業層面更甚於比賽。另外雖然奧圖維表現不錯，但他當時在球員休息室裡沒什麼發言權。

一位高層說：「之前我們沒有拉丁裔的老將，而岡薩雷茲可以算是委內瑞拉球員的領袖，但多明尼加的球員全部都很年輕。我們有太多年輕的拉丁球員，所以這對辛區來說很重要，他也希望能有人來領導這些拉丁球員。」

姑且不論其他方面，要選一個資深球員的話，看來應該是挑拉丁球員比較合適。況且，貝爾川和休士頓也有一段淵源，他曾在二〇〇四年季中被交易到太空人，並幫助球隊殺進國聯冠

2 編按：就是台灣球迷習稱的TTO，代表全壘打、保送、三振等三個數據。

軍賽。貝爾川在十二場季後賽中，狂轟了八支全壘打，繳出季後賽的最佳表現。他與太空人的緣分雖然短暫卻非常令人難忘，在賽季後就成為自由球員離隊。

不過盧諾似乎對另一段淵源更感興趣。二〇一〇年，當盧諾還在紅雀時，球隊和哈勒戴簽了一張七年一億二千萬美元的合約，至今仍是紅雀隊史上最大張的自由球員合約。[3]雖然盧諾當時並非紅雀總管，但太空人的同事仍然察覺到他對哈勒戴的偏愛。

抉擇的時刻到了，盧諾下令要陶曼和費斯特找出最好的答案。結果同一天，盧諾剛好要去拔智齒。他不在的時候，陶曼和費斯特得出的結論是兩個球員他們都不要，但如果一定得挑一個的話，他們會選擇貝爾川，因為他是左右開弓的打者，而且也能作為隊上的拉丁領袖。等到盧諾回來問起結果，他的反應被同事稱作是「盧諾作為總管最暴走的一次」。

「他完全是個混蛋。」那位同事說道。盧諾對著陶曼和費斯特狂吼，失去理智的那種。盧諾在「被手術麻藥弄得神智不清」的狀態下痛罵兩位下屬，讓他們感覺非常糟糕，盧諾想搞清楚他們的腦袋是不是壞了。「他想要哈勒戴，因為盧諾對他有情感連結，我想他會那麼不爽就是因為那不是他想要的答案。」

最終結果沒變，太空人以一年一千六百萬美元簽下貝爾川，但兩位選手在二〇一七年的表現都不理想。[4]一位高層說：「這筆簽約並不令我們振奮，我們考量的是老將的領導能力。」不過整體而言，二〇一六年季後的補強對盧諾和球員名單都是成功的。這對球隊來說也是個正向的訊號，因為辛區和球員已經等待很久，這下太空人終於是個像樣的奪冠熱門。

「我們戰力有提升，獲得了麥肯、瑞迪克和貝爾川，球隊從原本的高三振率和高純長打率，[5]到現在我們擁有更多的優質打席、[6]更難被三振，也更能把球打進場內。盧諾打造出全方位的球隊，我認為應該要好好指明這點。」一位二〇一七年的太空人球員說道。

辛區需要新的板凳教練，於是他把目光轉向一位已經在探詢其他教練職位的後起之秀，同時也是前職棒球員的艾力克斯．柯拉（Alex Cora）。柯拉聰明且直覺敏銳，球員時期不管效力哪一隊都展現出細膩的棒球心思，並且有朝一日將會成為總教練。柯拉和貝爾川一樣都來自波多黎各，柯拉答應加入太空人時，他其實還是波多黎各國家隊的總管。他在一九九〇年代是邁

3　編按：這張合約後來被保羅．高施密特（Paul Goldschmidt）打破，紅雀在二〇一九年跟他簽下五年一億三千萬美元的合約。這張合約也在去年結束，二〇二五年高施密特改披洋基隊戰袍。

4　編按：貝爾川在二〇一七年出賽一百二十九場，WAR是負零點八。哈勒戴去了洋基，出賽一百零五場，WAR是負零點一。貝爾川在二〇一七年賽季結束後就宣布退休，哈勒戴則隔年回老東家洛磯隊退休。

5　譯注：純長打率（Isolated Power）即單純計算球員擊出長打（二壘安打、三壘安打或全壘打）的比率。

6　譯注：優質打席（quality at-bat）注重的是該打席結果是否有帶給球隊正向效益，有很多情況屬於優質打席，例如：強擊球、打席纏鬥八球以上、犧牲打。

阿密大學的明星球員，但後來在大聯盟的成就不如貝爾川。柯拉生涯後期主要擔任內野工具人，遊走在不同球隊間，而他的天賦和良好的名聲讓他在大聯盟打滾了十四個球季。

柯拉的人格魅力和自信也讓他勝任ESPN的球評。他擁有媒體、球員和管理國家隊的經歷，足以讓他應聘任何職棒工作，包含高層的職缺。不過柯拉想要當總教練，執教經驗是他唯一缺少的歷練，雖然不是每支球隊都這麼要求，但有總比沒有好。

除了「追蹤者」和艾傑電子的攝影機之外，盧諾和陶曼大力推動新技術的影響是一體兩面的，它帶來新的收穫，也造成新的衝突。二〇一六年，太空人找來一位運動科學分析師荷西·費南德茲（Jose Fernandez），讓他在傅考斯底下工作。運動科學是一門跨領域專業，涵蓋健康、體能、生理學和實戰表現等，它連結了科技和訓練，並且通常會搭配穿戴型裝置。太空人開始在重訓室和防護室裡嘗試新事物，例如說，測量球員的復原狀況。

在球員評比方面，太空人早期都把精力放在投球上，也就是分析「追蹤者」的數據，而打擊顯然成為下一個要開發的新領域。太空人已經試用了不同種可以加裝在球棒上來測量球員揮棒的裝置，而普提拉、費斯特和其他人在前一年的休賽季，到美粒果球場內野親自測試「爆破運動科技」（Blast Motion）公司的產品。

太空人先是在春訓時，把「爆破運動科技」的裝置分發給小聯盟球員使用，陶曼和從紅雀來的小聯盟打擊教練艾伯特，每天都會去訓練球場拿回感測器，並分析這些數據。他們發現，解讀數據最好的方法就是同時以高速攝影機拍攝球員的揮棒動作，如此一來，就可以同步處理數據和影像。一位高層表示，這是太空人「第一次有打擊方面的洞見」。太空人再次領先全聯盟，太空人還和「爆破運動科技」簽署協議，同意只使用他們家的感測器。作為回報，公司則以非常優惠的價格賣給太空人，並且有權可以拿太空人作為客戶來宣傳。（就跟對待「追蹤者」一樣，克蘭也曾考慮要買下整間公司。）

普提拉在二〇一六年接任農場總監。一位同事表示，他對於球員如何看待與使用這項新技術「有很強的體悟」。不過，要讓小聯盟球員接受新技術本來就會比大聯盟球員容易，因為小聯盟球員所做的任何事都是為了往上爬，如果斷然拒絕很可能會危害他們的職業生涯。小聯盟球員也沒有自己的工會來替他們的利益協商，像是限制科技設備的使用。太空人高層在二〇一七年試著要讓大聯盟球員使用球棒感測器，結果引發不少反彈。

一位太空人高層說：「因為這些數據有可能不利於他們，這就是整件事的主因。我們希望球員同意加裝設備，如此就能讓高層明瞭他們的揮棒機制是否完整。但球員覺得沒必要提供這些資訊，也對他們沒好處。我們則回說，這可以幫助他們變得更好，就像用『追蹤者』幫助投手一樣。不過球員的經紀人叫他們不要接受，部分原因是我們在薪資仲裁上做得很絕。」

太空人過去跟具有仲裁資格的年輕球員協商合約的方式，現在回過頭來反咬他們一口。薪資仲裁會有兩種結果，一是球隊和球員在薪資上達成共識，二是雙方喬不攏然後走上仲裁法庭，交由三位仲裁官裁決。一旦走上仲裁法庭，就沒有折衷方案了。仲裁官會在聽證會上聽取雙方的陳述和攻防，並決定到底是球隊方還是球員方所提出的薪資比較合理。所以一般來說，球員和球隊會選擇自行協商。整個薪資仲裁的程序充滿策略和算計，如果真的走上仲裁法庭，場面將會變得很難看。

陶曼和另一位高層主管薩米爾・馬尤（Samir Mayur）主導了太空人的薪資仲裁過程，而馬尤也有著商業背景。這本來是史登斯負責的業務，他的談判手腕很厲害，同事說他「傾向趕快把合約敲定」。等到陶曼接手後，他急著向克蘭和盧諾證明自己有能力替球隊省錢，因為他知道這會讓他們刮目相看。大聯盟每一季度都會召開球團老闆大會。「他們會公布各球隊在棒球事務、薪資仲裁，以及其他支出項目上的調查報告，然後指出哪一隊在球探或球員發展上花費最多。」一位太空人高層說道。這是讓克蘭有優越感的時刻，「因為他可以在其他老闆面前展現出球隊花得少、做得好、又贏得多。」

在薪資仲裁的協商過程中，聯盟的勞資關係部門會給予球隊建議，好比球員工會為球員出主意一樣。據說勞資部門建議陶曼和太空人使用「提報即仲裁」（file and trial）的策略，又稱為「提報就走」（file and go）。薪資仲裁時，如果球員和球隊無法達成共識，他們就要各自在一月中左右提交一份正式的薪資數額。球員和球隊交換數字後，一直到二月舉行聽證會前，雙方還是可以繼續協商。「提報就走」的制度指的是一旦兩邊都交換完薪資數額，球隊就不再接受任何協商，以確保進入聽證會的程序。理論上，這會給球員製造壓力，迫使他們儘早同意協議。陶曼一心想證明他能成為助理總管，於是把聯盟的建議告訴盧諾。之後，太空人便改採「提報就走」的制度。

二〇一六年是太空人在盧諾任內首次，以及球隊自二〇一一年以來第一次和球員步上薪資仲裁法庭。對於球團和勞資部門該用多強硬的態度，來主張捕手卡斯楚不值得他所開出的薪資，太空人內部出現爭議。有兩種解決方法，一種是柔性對待，另一種是霸道強硬。

一位高層表示：「我們痛宰了卡斯楚一頓。我們的論點是他的表現正在急速下滑，還有他的攻擊能力在聯盟墊底。」

一位在聽證會現場的人也說：「卡斯楚很慘，他們說他勉強只算半個大聯盟球員。」「我們贏是贏了，但情況慘不忍睹。卡斯楚對於我們這麼做很失望，他應該感到失望的。整個過程很激烈，也因此造就了我們薪資仲裁新團隊初期的名聲。」該高層說道。新團隊的名聲取決於誰來回答，太空人高層也知道這點。「有人會覺得我們太狠，也有人會覺得我們太強。」

這跟新技術又有什麼關係呢？因為要球員接受創新技術的高層人士，其中有部分也參與了仲裁過程，這使得實行上變得更加困難。如此強硬的仲裁過程雖然讓太空人省了錢，但也減緩他們要提升和教育球員的努力，一位高層稱此為「詭異的雙面刃」：「你同時把『追蹤者』和球員發展的各項數據做成簡報給他們看，但同時又說他們爛透了，各項數據都在大幅衰退。」

此外，球員和經紀人懷疑太空人到底會如何利用從球棒感測器或其他裝置上，所測得的數據，波拉斯曾一度建議他的太空人客戶不要同意球隊蒐集資料，而球員也擔心其他球隊使用這類數據。雖然聯盟和球員工會在二〇一六年的勞資協議中，通過球員可使用穿戴型裝置，但總的來說，球員和經紀人還是會對太空人抱持較高的懷疑態度。

一位高層表示：「為了贏得仲裁不擇手段，讓我們名聲變得很差。我覺得這種態度和立場會造成反效果。當我們要球員使用這些數據時，他們反倒不相信我們了。」

柯瑞亞有出現在「爆破運動科技」的電視廣告裡，但一位職員說他本人鮮少使用。陶曼和高層一直想讓球隊重回正軌，即使二〇一六年比起前幾年已有進展，但太空人內部仍然四分五裂，球員還是很不喜歡高層。

一位球員說：「有些部分是很正常的，總得有人要當壞人，而且他們跟我們是不是站在同一邊的。但他們處事方式很沒人性，也不懂得待人的道理，還不多跟我們相處，那一點幫助都沒有。他們各個都不討喜，我是指跟人溝通的部分。球員不會覺得自己拿到的資訊很沒價值，我從沒聽過有人會嫌棄球探報告。」

⚾

辛區和高層的關係本就有它自己的張力，二〇一六年無緣季後賽的失望感也是一個原因。該年還上演一齣名為「汪迪門」的事件，源自投手汪迪・羅德里奎茲（Wandy Rodriguez）。從二〇〇五到二〇一二年，羅德里奎茲是太空人穩定的先發投手，之後他輾轉待過其他球隊，而太空人在春訓時找他回鍋，看他能不能擠進球員名單。左投的羅德里奎茲能有效壓制左打者，引起太空人高層的興趣，有時候球隊在比賽後半段很需要這種投手。他還會在投滑球時特別降低出手角度，而且成效很好。如果將人體比喻成時鐘，他並不是從十二點鐘方向出手，而是比較偏向十或十一點鐘，出手角度較低的側投。太空人希望他能多用這個姿勢來投滑球。

傳統論點認為要投手特別為某種球路改變出手角度是錯的，因為打者可以從出手角度判斷出投手要投什麼球。太空人覺得如果羅德里奎茲只是要上來面對一兩位打者，只要他滑球夠強，就不會有太大的問題，所以他們在春訓時鼓勵投手教練史卓姆去協助他調整。

「結果辛區很氣陶曼和史卓姆沒有先和他討論。」一位高層說道。批鬥大會隨之而來，這在後續也成為常態。辛區認為要幫助羅德里奎茲的本意是好的，但他在意的是溝通管道，總教練最重要的職責就是和球員溝通並了解他們。想像一下，辛區在賽前熱身時到外野和球員閒聊，然後羅德里奎茲突然提到他最近在嘗試的新東西，結果辛區對此一無所知，可是他也想要了解情況。一位知曉「汪迪門」事件的人說，辛區要高層「不要那麼小心眼」。

辛區也在捕手訓練上很有領地意識。一位高層回憶，前一年費斯特想指導替補捕手漢克·康格（Hank Conger），[7]卻遭到辛區的反對。費斯特可以說是開創了捕手偷好球的概念，但接

7 譯注：康格是韓裔美國人，而他的韓國名字是崔炫，多數讀者可能會對這個名字較為熟悉。

球對辛區來說再熟悉不過，因為他就是捕手底的總教練。「他感覺被邊緣化了，因為我們在指點康格哪裡做得不好。」另一位高層說道。

就算辛區有領地意識，盧諾當時打造的環境也使高層的人們不太重視他人感受。辛區的一大職責是減緩高層缺乏聯繫的問題，他既有球員經驗也有高層經驗，是盧諾團隊裡的人所沒有的。「我有看到目標，但不知道要怎麼取得合作和支持。說實在的，我在這方面沒有獲得太多幫助。」一位年輕的高層說道。

盧諾和辛區的關係雖然緊張，但運作還算正常，不過他們的價值觀非常不同。梅達爾在前一年被拔除研發部門的主管職位時，他告訴盧諾，球隊需要一位更會處理變革的人。盧諾也認同，並告訴梅達爾那是他的工作。梅達爾認為太空人現在應該好好利用球員發展的優勢，而不是去求取選秀多一點點的進步，因為其他球隊已經追上來了。現在，太空人即將備戰二〇一七年賽季，前一年無緣季後賽後，梅達爾轉向另外一個他上司覺得還有進步空間的領域：辛區在比賽中的決策。

一方面，盧諾一直非常關注總教練在比賽中所做的決策和其他小細節，他認為小優勢會積少成多。

盧諾曾經說：「野手轉傳有多重要？一季有幾場比賽是靠轉傳定勝負的？可能一兩場而已。那又有幾場是靠左右投打的對決呢？可能也是一兩場。靠內野布陣呢？也是一兩場。靠捕手偷好球呢？還是一兩場。可是把全部加起來，就會是很大的優勢，你不會想讓對手在球賽中取得這些優勢，有沒有確實做好就是單季八十勝和九十勝的區別。」

梅達爾把焦點挪到辛區身上的時間點並非無意義的，即便辛區不清楚這點。一位太空人高層表示：「經過很糟的二〇一六年賽季，盧諾和辛區的關係變得緊張。梅達爾做了基礎的科學數據，以了解過去五十年平均下來，總教練所做的不同決策如何增加或減少價值。」

不過總教練還是掌握了比較多的比賽脈絡，他們在做決定時能看出數據所忽略的情況。根據一位同事的回憶，他們的年輕職員科威瑟認為，要看待總教練最好的方式就是拿他跟其他人比較：「他們都差不多，性格堅忍、長相帥氣，總之都有點狂妄，但辛區是最棒的。」

儘管如此，火力全開的高層還是不斷抱怨。

一位球團職員說：「對於想推行科技的人來說，辛區一直在扯後腿。我們想把『追蹤者』套用到牛棚練投上，讓投手可以有目標地訓練。太空人先執行了，但辛區反對。梅達爾身為交際專家，他負責引導辛區做出改變，辛區才開始較為接受『追蹤者』，並用來決定先發輪值。他雖然還是有點抗拒，但也同意我們慢慢將它還有其他科技套用到大聯盟球員上。」

二〇一七年賽季，梅達爾時常會去找辛區溝通，在賽後跟這位總教練討論他的決策，像是換投時機和戰術下達。根據數學計算的結果，基本上太空人不應該投出故意四壞球保送，並且應該多讓內野趨前防守，也就是讓內野手的站位比較有機會防止跑者得分。不過梅達爾不是唯一一位在二〇一七年會檢視辛區決策的人。一位太空人球員說：「他們找了麥肯錫的顧問進來之後，大家都開始變得疑神疑鬼。」

二〇一六年結束後，太空人和其他思想前衛的球隊一樣，發現可以用他們為數眾多的一般或高速攝影機來情蒐對手。太空人可以藉由過去球賽的影像仔細檢視投手的肢體動作，看投手的身體有沒有洩漏一些跡象。有時候，投手要投某種球之前，手套的擺放位置可能會比平常高或低。

「我發現他們把攝影機升級了。」尼薛克說道，二〇一六年是他在太空人的最後一季。「影像室也是，到處都有攝影機。他們還有一大堆分析數據和不同項目給球員參考，我自己就很喜歡用……他們有超多攝影角度，還可以選擇要從哪個角度觀看，甚至重疊也行。」

然而，心術不正的用途卻在激增。據說，到了二〇一六年，至少已經有兩支球隊透過影像室的電子設備在偷暗號。一是洋基，他們開始的時間不晚於二〇一五年；二是紅襪，他們在二〇一六年也上了車。至於紅襪是怎麼開始偷暗號的，有部分說法是他們簽下曾經待過洋基的外野老將克里斯・楊恩（Chris Young）。

「他是一六年春訓來的。」一位紅襪球員說，「他一來就說他知道我們大部分的暗號。」

「很常會有球員到新球隊說：『太扯了吧！你們居然沒在做這個？』」一位美聯球隊的高層說道。

紅襪偷暗號的方式基本上和洋基一樣，他們會把影像室的資訊傳到休息區，等跑者上二壘後，他們就能比較輕易地破解暗號。這種方式被稱作「跑者法」。

二〇一六年，太空人特別懷疑遊騎兵使用電子設備偷暗號。他們整季都被遊騎兵壓著打，對戰十九場輸了十五場，且作客遊騎兵主場的十場比賽中，被他們狂敲了十六發全壘打。

尼薛克說：「當我還在太空人時，我們非常懷疑遊騎兵。我不知道他們到底做了什麼，但每次跟他們交手時都要換一組不一樣的暗號，二〇一六年的遊騎兵把史卓姆嚇傻了……我們猜想水手可能也有嫌疑，但我們不知道。要作弊真的很簡單，你只要派一個人拿著對講機到外野去就好，用不到兩秒鐘。如果我是打者，我一定每場比賽都帶著我爸，要他坐在中外野跟我的耳機連線。我的意思是，看看這麼大的利益，這才是重點，他們就是被錢誘惑。這在道德上是不對的，但只要嘗到一次甜頭，你就會想要更多，我想這就是太空人的情況。」

太空人覺得遊騎兵派人站在中外野向打者打暗號（但他們覺得的不見得是事實），如果情況屬實，多數人應該會認為這比跑者法還過分。這種方法無需跑者擔任中介，直接由非場上的人員傳遞訊息給打者。

太空人在二〇一六年需要一位西語翻譯，而盧諾找來一位背景跟他極為相似的人：德瑞克・維哥亞（Derek Vigoa）。維哥亞同樣畢業於賓州大學，也很有商業頭腦，被一位同事稱呼為盧諾的「寵物」。維哥亞身為差旅部門的一分子，協助科威瑟和其他較低階的職員處理日常準備工作。二〇一七年，盧諾開了差旅祕書的職缺，而維哥亞成功爭取到手，他之前所做的一項專案計畫可能助他一臂之力。

曼佛瑞在後來給盧諾的信裡寫道：「二〇一六年九月，當時還是實習生的維哥亞向你現場報告並討論『解碼者』（Codebreaker），那是一份Excel試算表，裡面記錄了投手的暗號，並使用演算法來找出那些投手的暗號序列。你跟我的調查員說，你記得他簡報裡有講到『解碼者』，你還問他一些操作上的問題。」這個計畫叫作「解碼者」，再加上「演算法」三個字會讓人感覺好像很了不起，但實際上並沒有，「解碼者」根本不是什麼進階程式設計。一方面來說，要破解捕手的暗號通常不需要高超的技巧。聯盟大部分的投捕暗號頂多連續比出好幾個手勢，壘上沒人時甚至不太需要隱藏。

一位敵隊的研發部門人士說：「要破解暗號一點都不難。每個人都有獨特的暗號模式，你只要觀察一兩位打者就能看出模式。壘上沒人時更簡單，只要把暗號和球路對應在一起就好。」

相比於太空人能夠從事的那種技術活，「解碼者」只是很基礎的工作。維哥亞不是太空人研發部門的一員，那裡才是分析技術的大本營。把「解碼者」稱為「暗號預測器」還比較準確，不過維哥亞實際開發的比較像是一種能夠幫助預測的對照表，它既不是依靠人工智慧，也沒有神準的預測能力。

一位太空人球員表示：「那只是維哥亞做的一份試算表，他輸入球種然後計算機率，得出每次捕手比『一』的時候，有百分之八十五的機率會是速球，大概就是這樣。他們建立了暗號序列和投手實際投球的對照表，這樣他們就知道每次捕手比『三』的時候，有百分之八十會是變化球。因此，當你在場上看到捕手比『三』的時候，有很大的機會是變化球。它沒有那麼複雜，本來也就不可能是，因為就我的認知，維哥亞和科威瑟的量化分析能力沒那麼好。」

另一位球員描述「解碼者」是暴力拆解的算法：「大家都以為它很複雜，但其實根本沒有什麼演算法。有些暗號序列很簡單，不過有些比較難，沒辦法一眼就看出。你必須寫下所有看到的球路和序列，或是把它們輸入試算表，再用常人的方法來解讀。」負責情蒐的職員曾經請研發部門幫忙破解暗號，但他們覺得編寫程式比用試算表還費力。「解碼者」是Excel格式這件事本身就是一種低精確性的展現，使用一次性的試算表無助於太空人在大局中進步。

一位太空人高層在二〇一六年開玩笑地說要收走每個人的Excel：「我們的感覺是因為軟體開發得太爛，沒有Tableau系統可以用，所以高層只好用Excel來湊合。」Tableau是一家資料視覺化與商業智能的公司，二〇一九年被賽富時公司（Salesforce）以一百五十七億美元收購，而太空人尚未購買他們的服務。「我們有三位過勞的軟體開發師，結果大家還在用Excel做他們的破事，這我沒辦法接受。」那位高層說道。

「解碼者」並不是密碼學。情蒐人員知道他們得要把暗號看得更清楚，因為陣中球員柏格曼也很想知道。電視轉播的畫面無法提供看捕手手指的最佳角度，但一台專門對著捕手的攝影機就可以提供更清楚的畫面。

一位太空人職員說：「我們在中外野加裝了一台攝影機來看捕手的暗號。我不記得是什麼時候，不過是在二〇一七年賽季以前裝的。電視轉播通常都是在捕手比完暗號後才切回來，這樣我們就看不到暗號，認知就會有落差，我們想要知道所有的資訊。」

更重要的是，發展「解碼者」本身在當時並不是什麼壞事。在職棒少數的規範裡，它的合法性取決於人們怎麼使用它，以及何時使用。如果為了準備後續賽事而破解暗號，這是沒問題的，可以將此視為情蒐的一環。維哥亞和科威瑟可以檢視其他球隊過去的暗號，如果對手在未來沒換暗號，那太空人就會有優勢。正因為「解碼者」的目的是正當的，大家沒必要隱瞞。他們沒有大肆宣傳，而球隊一些高層人士也知道它的存在。

一位太空人高層說：「我知道維哥亞有辦法把投球暗號和實際球路合在一起。真希望我能說出『這是不道德的』，可是我的真實想法是：『維哥亞在做的事有符合數據效能嗎？』就我的理解，他想試著及早找出敵隊偷暗號的系統。基本上，情蒐團隊所做的就是觀看過去比賽的影片和數據，來預測對手在往後系列賽中會做出什麼樣的實際選擇。我們會學習它，並在接下來的比賽告訴自家球員。」

然而，如果「解碼者」被即時用在比賽中，這才會是個問題。於此，太空人的情蒐人員對於二〇一七年賽季有新的實行計畫。在休士頓，要到事後才會有人想到聯盟規則這件事，如果他們真的有想到的話。創新、進步，和所謂的「數據效能」正是盧諾長久以來培養的心態。

曼佛瑞在那封信裡對盧諾寫道：「維哥亞不記得他是否明確告訴過你『解碼者』將會被用於比賽中，但是他認定你知道，因為那才是價值所在。你跟我的調查員說，你以為他只是單純破解之前比賽影像裡的暗號序列，然後要球員上二壘後注意。」

維哥亞並非唯一一位把他和盧諾討論「解碼者」的事告訴大聯盟的人。根據曼佛瑞的信，科威瑟說他在二〇一六到一七年的休賽季向盧諾提到「解碼者」一到三次。信中寫道，科威瑟告訴調查員，他向盧諾提供「將『解碼者』用於二〇一七年賽事的意圖，並且被盧諾等人理解為要在比賽中使用『解碼者』，來破解暗號以及與球員溝通。」

對此，科威瑟告訴大聯盟盧諾會對這個名稱「哈哈大笑」，而且他看起來「很興奮」。盧諾則向聯盟否認曾出現過這些對話。

第十一章　麥肯錫登場

缺乏溝通、關係緊張，球隊上下都充斥著科技，贏球成了唯一的目標。你很難說太空人是第一支開始作弊的球隊，但他們在「停止」作弊方面大概是倒數第一名。太空人過去一直展望著未來，直到此刻。盧諾在二〇一七年打造的球員陣容可說是全聯盟最佳，但他們的決策團隊當時還不相信球隊有這麼厲害。漸漸地，太空人引以為傲的農場體系也已經產出大批優秀的球星，例如：奧圖維、史賓格、柯瑞亞、凱寇、麥卡勒，以及現在的柏格曼，這將會是他第一個完整賽季，而盧諾也找了厲害的老將來填補其他守備位置。

五月十五日，太空人作客邁阿密，對手是馬林魚。球隊於清晨五點才抵達飯店，而晚上比賽的前半段都被馬林魚先發投手丹・史崔利（Dan Straily）封鎖。比賽進入六局上半，太空人零比一落後，面對對方後援投手田澤純一，瑞迪克在一出局後敲出二壘安打，隨後奧圖維擊出飛球被接殺。接著，柯瑞亞和蓋提斯分別被四壞球和觸身球保送上壘，此時形成兩出局滿壘。

下一棒輪到尤里・古瑞爾（Yuli Gurriel），球數是一好兩壞。一位隊友說當時在二壘的柯瑞亞胸口向前傾，暗示古瑞爾「速球要來了」。古瑞爾奮力一揮，把小白球掃到左外野，這是一發平射砲的滿貫全壘打，太空人四比一領先。隊友說：「柯瑞亞把胸口挺出三秒後，古瑞爾就知道速球要來了。我不是佩服那發滿貫砲，我比較佩服這樣的暗號。」最後，太空人以七比二贏球。

太空人已經會利用影像室來破解暗號，並將資訊傳達給跑者，加入其他會實行跑者法的球隊之中。維哥亞在前一年創建的「解碼者」試算表發揮了預期中的功效，有些球員和職員只大概聽聞太空人的情蒐人士在破解暗號，但並不知道他們具體是用Excel在做。新任板凳教練柯拉主要負責接聽休息區的電話，他會和包括科威瑟在內的影像室情蒐人員討論對手的暗號序列。有時候，影像室裡的人會傳簡訊給休息區。大聯盟調查發現，「板凳席的人會使用智慧型手錶或是放在一旁的手機來接收訊息。」，柯拉會「打電話給裡頭的數據宅」。如果有跑者上到二壘，他們就會把訊息傳給跑者，讓他提示打者接下來是什麼球。

球季初期，太空人的「解碼」工作經常失敗。柯拉和貝爾川這兩位休息室的老大哥認為球隊需要付出更多努力，他們希望能用更直接的方式來取得暗號。「柯拉和貝爾川覺得科威瑟在影像室做的沒什麼效用，進度太慢了。」一位知曉調查的人士說道。貝爾川在二〇一七年時仍是個球員，但他實際上也是額外的教練，還被人戲稱為最高薪的教練。二〇一七年的太空人成員為他取了很多綽號，像是老大、教父、王者、球隊裡的阿法男（alpha male）。

「大家都很尊敬他。」一位球員說道，「絕大部分的事情都由他掌管。」貝爾川當年已經四十歲，生涯第二十年征戰大聯盟，隊上沒有人的資歷能跟他匹敵，連捕手麥肯也看不到車尾燈，他才三十三歲而已。貝爾川特別會解讀對手，並且善用影像來研究。二〇一六年，也就是他加入太空人的前一年，貝爾川向《紐約郵報》（*New York Post*）說明他從二〇〇二年就開始一直在觀察投手的小動作，這門學問是從當時其他老將身上學來的，而且也是合法的。有些投手在投不同球路時，身體姿勢會洩漏跡象。科技的進步幫助了貝爾川的研究，而這也是合法的。

貝爾川告訴《紐約郵報》：「這可以在球賽時進行，也可以從影片中看。如果我沒對戰過這個投手，我會用電腦找影片來比對他投速球、曲球和變速球的樣子。」

柯拉也有著相同的伎倆，他以敏銳的觀察力著稱，能看穿投手的小動作或是對手的暗號。再次強調，這些行為是被允許和鼓勵的。貝爾川在二〇一四到二〇一六年上半季身披洋基隊戰袍，下半季則轉戰遊騎兵隊。在洋基時，他經歷了用電子設備偷暗號的早期階段，而他把這些資訊帶到了太空人。「我們得在這裡建立一套系統。」貝爾川在太空人的球員休息室裡說道。

大聯盟調查發現，柯拉在開季後兩個月左右安排把螢幕掛在美粒果球場的球員通道內，從場上看不到，但其實就在太空人休息區旁邊。球員說這場計謀在五月前就開始了，還有人認為早在四月七日至九日，他們開季第一週在主場迎戰皇家時就已經展開。太空人球迷東尼・亞當斯（Tony Adams）檢視他手邊全部的影音資料，並把結果發布到網路上，他發現了太空人從四月三日開季第一個系列賽就開始作弊的證據。

當你從場邊休息區再往內走幾步後，就會看到螢幕在右手邊。螢幕會連線到中外野的攝影機，對著捕手暗號提供無延遲的直播影像。「實習生等級的人會被叫去架攝影機。」一位隊員說道。電視旁邊擺了幾張按摩床，比賽時還會有椅子，太空人球員和職員會坐在上面用眼睛去破譯捕手比出的暗號，有時會借助「解碼者」的幫忙。解出暗號後，他們會在通道內製造聲響來讓打者知道下一球是什麼球。他們試過拍手、吹口哨和喊叫等方式，最終決定敲擊垃圾桶，而且通常是用球棒來敲打。沒聲響通常就代表速球，一響或兩響則代表變化球或變速球。這個新的作弊形式只適用於太空人的美粒果球場，他們的裝備和人手沒辦法在客場進行，所以會改回跑者法。但太空人在主場就會有優勢，至少是肉眼可見的明顯優勢。

「我們打從心裡認為自己比其他球隊都還要有效率和聰明，這就是我們的感覺。」貝爾川在二〇二二年告訴洋基的ＹＥＳ電視台。

一位隊員表示，負責記錄的人各不相同，從情蒐人員科威瑟到麥特．霍根（Matt Hogan）都有貢獻。由於維哥亞現職是差旅祕書，因此太空人需要為隊上的西語球員找一位新翻譯。前大聯盟內野手艾力克斯．辛頓（Alex Cintrón）獲得青睞，據說他也參與了解碼工作。當然，比賽沒有先發的太空人板凳球員自然更容易上手。「很多人都在記錄。」一位二〇一七年的隊員說道。據說有些椅子上還貼著名條，情蒐人員幾乎每天都會把電視取下，有時候則用一塊布或窗簾遮上。

柏格曼雖然是固定先發球員，但據傳他偶爾也會去敲垃圾桶。有時他會用筋膜按摩槍，不是對著垃圾桶，就是對著旁邊的廁所門，而使用按摩槍的聲音甚至更大。「他覺得很好玩。」一位二〇一七年的隊員說道。一位職員覺得用按摩槍是他所聽過最荒謬的事，荒謬到他一開始還不相信。

某場比賽的第一局，好幾位打者已經上場打擊了，但螢幕卻還沒架好。貝爾川對此感到不耐，走向情蒐人員問道：「電視呢？」職員說他們正在忙。「趕快把電視弄好然後連線。算了，我自己來好了。」貝爾川不耐地說道。後來他自己做了，當職員看到他把電視搬過去便向他道歉。賽後，貝爾川向隊友抱怨工作人員沒有優先處理。「我們必須坐下來跟他們談談，要他們在開打前十五或二十分鐘動起來，我的老天爺呀。」

「解碼者」曾是主力，但太空人還想要更多。棒球規則也沒有用，因為當時在球員通道放一台螢幕，以及在中外野架設攝影機都是合法的，只不過太空人的使用方法卻明顯不合法。

一位隊員說：「高層已經入侵到休息室裡，科技也滲透到球賽中，誘惑讓人失去理智。螢幕是合法的，現場影像也是合法的。道德的界線在於怎麼偷暗號，他們說留在通道裡做是合法的，從外面看不到。媽的，每個通道從外面都看不到，說得好像這有差別一樣。」

五月二十四日晚上，科威瑟寄了一封郵件給盧諾，並把副本傳給陶曼和霍根，這是一系列「客場筆記」中的第一份，科威瑟說那是他每個月都想寫的東西。盧諾跟多數總管一樣，不會出席每場客場比賽，但科威瑟是隨隊的一員，他會觀察球隊的表現和準備狀況，像是古瑞爾在一壘的糟糕表現。科威瑟寫道：「我認為對有看比賽的人來說，古瑞爾是我們內野守備的漏洞。他會漏球，野手球傳高的時候他的右腳都找不到壘包，而且常常讓右半邊的滾地球打穿。」

筆記裡總共有五個標題，每個都不會太過冗長或拗口，而第四個標題是「系統」。

「我不想在信上闡述太多關於『系統』的事，不過柯拉、辛頓、貝爾川不斷在推動由柏格曼、維哥亞所發起的文化，而且我認為是有用的。我沒有它有用的證據，只是我們能從對方投手的動作和散漫表現中獲得很棒的新資訊。等到球員開始實施之後，這將會為我們帶來有利的重大成果。」

隔天，盧諾回覆道：「這些很棒，謝啦。」大約三個小時後，盧諾又回信道：「你覺得這些事情辛區知道多少？針對他所不知道的部分，你有什麼好方法來教他和全部的職員？當然，我覺得一切先從他開始。」

到目前為止，以上的郵件往返都已經被報導過了，接下來的才是沒被報導過的內容。

科威瑟很快地回覆，並且再度提到「系統」。

「辛區肯定知道低球問題、守備布陣，還有我們的新方法『系統』。我上週才跟他談過那些。我還沒（但應該要）找他討論古瑞爾的事。我們剛發現了跑壘以及在得點圈狀況下揮棒的問題。我可以找他講這些事，可是我不想要一次把所有的負面訊息都倒給他。」科威瑟在郵件裡總共用了五句話。

盧諾當天就回覆了：「我確實認為你們的溝通很重要，把你所看到的還有你的見解告訴他，但要尊重一點，也別在球員或其他職員面前批評任何事，這點同樣重要。希望你在找辛區討論這些事情時能感到自在，特別是你所說的話是有憑有據的。如果有職員問你，那你就可以把想法告訴他們。不過總的來說，我們應該讓辛區自己告訴他的人哪裡需要改進。」

自五月二十五日起，太空人打出一波十一連勝，在美聯西區遙遙領先，與第二名的勝差拉開到十四場。他們的作弊計畫會有所發展和波動，不會在每場主場賽事的每一球都敲擊垃圾桶，但隨時都準備好派上用場。

一位隊員說：「我們沒有先在暗中進行，一切很突然地就在七月一日開始了。感覺先是拼湊在一起，然後加足馬力，等我們定眼一看就成形了。」

但不是所有人都參與其中，特別是投手群。

麥休在二〇二〇年告訴記者：「回過頭來，我不知道我們身為投手可以做些什麼。那不算是我們的範圍，也許我們可以團結起來阻止。其實看了很難受，你會同情那些在場上拚命的人，不論他是你的隊友還是對手。」

另一位太空人球員莫頓也在二〇二〇年告訴記者：「我很後悔自己沒有阻止他們。」一位隊員表示，當時莫頓私底下說他厭惡這種行為，他覺得很低級。一位二〇一七年的太空人球員描述，整件事給人的感覺就像做為強盜案的從犯，你坐在一部贓車的後座，車門深鎖，駕駛加速逃逸，但你卻無處可逃。當然，很難在事後去辨別究竟當時有多少人真的討厭這種行為。一位二〇一七年的隊員表示：「我認為現在要不認同過去實際做過的事，非常簡單。老實說，現在要說出：『不，我超他媽討厭』，超容易的。」

二〇一七年，辛區待在球員休息室裡的時間比他在太空人的任何時期都還要短暫。無論是出於對老將的尊重或是純然的畏懼，這都將會是個錯誤。

盧諾在二〇一七年季中承擔起一項計畫，那是到目前為止最為棘手的項目。在陶曼向高層報告關於改革職業球探的一年半後，他又向盧諾報告了一次，而這次聚焦在整個球探部門的願景，包括業餘球探。他們主張太空人應該要招募具有基礎數據分析能力的「技術球探」，以應對高層現在在做的事。太空人的年輕職業球探雅各斯多數時候都待在他在佛州的家，他會開車拜訪佛州各處的春訓場地，觀看進場人數稀少的比賽，試著在砂礫中尋找耀眼的珍珠。這些球員可能離登上大聯盟還很遠，但值得球隊在他們相對無名的時候網羅。二〇一七年五月，雅各斯到了休士頓，當他抵達後，他對太空人資料庫「地面管制」有了更大的使用權，他要和另一位年輕球探威爾・夏普（Will Sharp）負責測試技術球探。

雅各斯說：「我們在那裡學到要如何以未來球團希望的方式評定球員，這是傳統球探和數據球探之間的實驗。這兩天，他們密集地訓練我們用各式技術評定球員，他們分別給我們十二位球員，叫我們盡可能用數據或科技來分析這些球員，不管是用公開還是私人的資料來源。」

雅各斯的頂頭上司高斯汀告訴盧諾，他不希望「追蹤者」的訓練是由陶曼主導，但他最後態度緩和不少。高斯汀和陶曼從來就不合，一部分是因為陶曼在職業球探上的立場。高斯汀試圖說服盧諾讓費斯特領導這次的課程，而陶曼對此很不滿，部分原因是他跟雅各斯和夏普有交情。不過此時，職業球探幾乎已經被盧諾和陶曼打入冷宮。

一位高層表示：「在投手和球員全面性的評定上，盧諾有百分之八十倚賴陶曼和費斯特，只有百分之二十會靠高斯汀和職業球探。高斯汀覺得他失去了話語權，基本上整個職業球探都失去話語權。」

雅各斯和夏普離開休士頓後仍持續進行分析，這項實驗一直進展到七月。雅各斯說：「每天都要做兩三輪，量非常多。我們要分析所有可能的層面，並解釋發生什麼事情和其原因，而不只是交出一份主觀的球探報告。」

二〇一五年末，盧諾和陶曼已經知道職業球探未來的走向。不過盧諾比陶曼更不願意馬上進行，他想要在前進之前多做件事，希望能得到麥肯錫顧問公司的認可。

每當業餘選秀在六月展開時，球隊會召他們的業餘球探回來。他們平常很少出現在大聯盟球場，成天都在國內到處觀看大學或是高中球賽。到了六月，球探帶著累積一整年的工作成果，為了選秀這個大日子聚集在一起，並進行最後的準備和討論。就這方面來說，太空人二〇一七年所做的事與其他球隊並無二致，他們也在選秀前把球探召回來。不過，球探在分組會議上看到的卻是棒球界前所未有的一幕。

「這些人是從麥肯錫來的。」球探們被這樣告知。在這個重要的賽季中，盧諾請來他過去的顧問公司來對太空人進行研究，但並非針對熱狗、票價或是加油道具的價格，也不是該公司平常會評估的死板商業項目。麥肯錫顧問降臨美粒果球場只為了細察球隊最獨立和核心的部分：棒球事務。這樣的行為前無古人，也大概後無來者，從來沒有任何大聯盟球隊找過顧問公司來做這種事。（不過美國職籃的紐約尼克隊〔New York Knicks〕倒是曾在二〇一三年聘請過麥肯錫公司來處理內部事務。）

球探部門是這些顧問研究的一項領域，而至少有一位業餘球探在走進滿是顧問的會議室之前，完全沒聽聞過「麥肯錫」。那位球探說：「我不清楚他們在幹什麼。我以為他們只是想看看我們怎麼做，但我也不知道。」

「每個在場的球探都超級緊張，我想二〇一七年的選秀是刻意要讓他們得胃潰瘍吧。」一位太空人高層說道。高層人士被下令不得在會議期間和球探討論他們對於球員的看法，「閉上嘴巴，只聽不說」。當球探在白天會議結束後去吃晚餐時，艾利亞斯、陶曼、費斯特、懷爾斯、普提拉等核心圈人士，以及一些較低階的職員便會聚在一起，而麥肯錫的人當天已經先離開了。那位高層說：「我們會針對球員給出自己的意見，然後艾利亞斯會重新排序整個選秀順位表。隔天早上球探進來看到後，就想說到底發生了什麼事？這根本不是昨天的結果呀。對球探來說，那些不屬於太空人球團的人各個西裝筆挺，在會議室裡到處記錄和問他們問題。加上晚間的會議球探也沒受邀，選秀表全部被重新排序，他們整個都緊張死了。」

盧諾並沒有向球團宣布他要讓麥肯錫的人進來，只讓必要的人知情而已。最後，這件事也變得眾所周知，因為那些顧問在球場隨處可見，到處和不同的人交談，但盧諾自始自終都沒有把他對整件事的計畫和想法，說給核心圈以外的人聽，也從沒直接對外承認麥肯錫的存在。不過，當我在二〇一九年採訪盧諾時，他是有拐彎抹角地提到一些：「我們在多項棒球事務的領域上聘請外人來提供協助，包括採用和推出新技術，還有獲取、培養及留住優秀的棒球事務人才，以及在快速發展的環境中制定策略和運作方法。除非雙方都願意並認為是合宜的，否則我們不會透露合作夥伴的身分，也不會討論任何工作的細節。」

如同盧諾在多數時候做的決定一樣，諮詢麥肯錫在理論上很合理。一方面，盧諾有辦法以極低的成本和麥肯錫談成買賣。如果太空人以麥肯錫一般開出的價碼聘請他們，那筆費用可能要好幾十萬美元。一位高層說表示：「我們幾乎沒花到錢，我們只需支付交通費和其他支出。」在麥肯錫和太空人合作的期間，那筆費用落在每年五萬至十萬美元之間。

另一方面，盧諾可能真心想得到外人的認可，認同他開除職業球探是個明智之舉，但盧諾也想要為他的計畫提供掩護。一位核心圈的人說：「盧諾的策略是想用他和麥肯錫的關係，讓麥肯錫進來為他擋子彈，這樣就比較好對內推銷他的主意。我不認為這在變革管理上是好的，但這就是他的策略。我不是在推測，我百分之百肯定。麥肯錫的人都很聰明，但他們很天真。我們有時候會想，麥肯錫根本不知道他們所談論的是什麼，但盧諾要我們不要擔心。這並不是一場對我們業務認真、獨立的評估。」

針對職業球探的部分，盧諾心裡其實早已有答案，但在其他方面，他卻感到迷茫和不確定。一位高層說：「麥肯錫的報告到頭來造成太空人高層分崩離析。」

⚾

在這不可思議的球季中，盧諾指示麥肯錫去調查太空人的研究發展部門。那是球隊能獲得成功最關鍵的領域，也是他總管生涯的命脈，該部門大大地影響球隊的創新和分析。不過，研發團隊事前並沒有收到太多消息。

「盧諾告訴大家他會帶麥肯錫的人去評估球探部，結果後來發現他們還要來評估研發部。」一位職員說道。甚至連部門主管費斯特都被蒙在鼓裡，他天真地以為自己在二〇一五年底接管研發部時，將會握有實權，因為他得對此負責。他也以為當上主管後就代表盧諾會贊同他的見解，而他的見解和前任主管，同時也是盧諾的摯友梅達爾有很大的不同。

「對於太空人要怎麼持續創新，盧諾不知道該聽誰的話。」一位高層說道。某方面來說，梅達爾想要把資源集中在其他領域，因為在預算有限的情況下，還有許多的領域和專案計畫。但問題核心觸及太空人根本的立場，他們擁有球棒感測器、「追蹤者」、高速攝影機等新型科技，到底哪些數據值得採信？哪些可以放入梅達爾的選秀模型中？這方面陶曼和普提拉的想法與費斯特較為一致。

盧諾長久以來建構高層的方式造就麥肯錫的出現，他之前指派陶曼去檢視其他專案的效力，也算是某種巡迴的顧問。一位高層說：「太空人是在衝突中運作的。」另一位則說：「這就是盧諾管理球隊的風格。」太空人前一年的選秀其實就是問題的展現，他們對於要不要挑選惠利展開辯論，而費斯特和陶曼想要相信還未融入在選秀模型裡的其他數據。此外，關於史賓格能不能上大聯盟的辯論，以及放走馬丁尼茲後學到的教訓，這些都造就麥肯錫的到來。

一位太空人高層表示：「衝突的根源在於，我們是否相信這些數據？我們怎麼知道這些數據是好的？他們根本沒有提出證據來說明這些數據可以用於選秀的決策，這讓盧諾緊張不安，他也對費斯特感到擔憂，而費斯特做了那麼多卻沒有得到應有的賞識。盧諾察覺到移出選秀模型的風險，他是對的，但他錯在怎麼對待費斯特，還有引入麥肯錫。他讓梅達爾挑戰費斯特的方式不僅沒有建設性，還破壞他們之間的關係。」

另一位高層則表示：「我不知道當時盧諾的腦袋怎麼了，他一定是想說梅達爾和費斯特針鋒相對，兩邊都認同一部分，但不知道該站在哪一邊，因此需要第三方人士的幫忙。」

雖然現在梅達爾把比較多心力放在球員發展，以及和總教練辛區討論比賽時的決策上，但他還是有參與管理選秀模型。即便盧諾想盡辦法保持客觀，但他在不同方面都顯示出他對這位紅雀時期老戰友的偏愛（這對他的同事來說恰好證明盧諾不是毫無人性的機器人）。然而，這種偏愛也算是某種缺點。

一位高層說：「梅達爾不再是管理選秀模型的一員，但他說的話仍有分量。盧諾還是信任梅達爾，他是盧諾相當倚靠的副手，也有出席盧諾的婚禮。雖然盧諾把梅達爾移出管理階層，但不代表不相信他所說的話，梅達爾的意見仍然很重要。」

選秀模型最終會產出一份球員排序名單，好引導球團在選秀時挑人，而這部分由艾利亞斯負責。

一位高層回憶道：「輸入資訊後，模型會跑出一份排名，這個就是我們應該遵照的選秀順序。艾利亞斯還是有權依據球員簽約的可能性、健康及他的直覺來調整順序。二〇一七年，我們真正開始用影像來檢視球員的揮棒機制，而且幾乎擁有每一支第一級別大學球隊的『追蹤者』數據。假如一位大二投手在賽場上表現不錯，但從『追蹤者』的數據發現他變化球的轉速不夠，就算他能讓打者出局，我們也不覺得他是大聯盟的料，因為他的變化球缺乏轉速，這我們可沒辦法教他。」

「普提拉有參與二〇一七年的選秀，他覺得如果球員的一些缺點之後可以改，那就沒問題；可是如果有些沒辦法改，那就不要選。我們當年很成功，但卻把選秀模型棄之不顧，我得小心我的用詞，這個模型的概念從梅達爾在紅雀時就有了，他必須全力捍衛他的模型。所以梅達爾很保護他的模型，過去也有著良好的成功紀錄。但與此同時，其他球隊開始挑選兩年前他們不會挑的球員，紅雀也漸漸被追上，突然間你什麼都選不到了，因為愈來愈多球隊開始重視大學球員的數據。」

「所以下一個競爭優勢在哪裡呢？那就是『艾傑攝影機』、『追蹤者』和『Rapsodo』。[1]可是選秀模型都沒有包含這些資訊，所以張力就出現了。其中一邊是梅達爾，模型是他嘔心瀝血之作，如果要做其他事，就得把它加到模型裡。因此梅達爾對盧諾大聲嚷嚷，覺得那幫人在搞的一切都不在選秀模型裡頭。」

整件事交由麥肯錫裁定後，費斯特從一開始就作為辯方，因為麥肯錫人士所提出的問題聽起來就像是直接從梅達爾那邊收到一長串的抱怨信。但這以前就上演過了，費斯特和懷爾斯可能會去找梅達爾討論某個問題，結果盧諾之後又向他們重複一遍梅達爾已經問過的問題。

一位高層說：「對梅達爾來說，這是在退步，現在反過來用球探取代他原本的客觀方法。但對其他人來說，我們正在利用市場的低效率，而且情況不會永遠持續。這就是整個麥肯錫事件的核心，到底太空人有沒有要執行他們認為的計畫，也就是完成他們在紅雀時的專案，只是不要有那麼多的內部鬥爭？還是說我們要試圖創建『魔球』之後的產物？」

如此一來，選擇就很重要，但多數跟麥肯錫交涉的太空人職員擔心那些顧問沒有足夠的棒球知識。

一位職員說：「我跟很多有血有肉的人一樣對此感到非常懷疑，因為他們是管理顧問。棒球跟世界上其他商業活動不同，就這樣。我認為要他們來理解我們做事的方法，簡直是痴人說夢。」

1 譯注：Rapsodo是一款測量棒球數據化的科技工具，可以用來評估球員表現。

另一位同事更不客氣地說：「他們就是一群白痴。他們的本業不差，但他們根本不熟悉即將要面對的事。」

太空人的研發部門主要由麥肯錫旗下公司「量子黑」（QuantumBlack）的顧問鑽研，而該公司與一級方程式賽車（F1）有著極大的淵源。一位高層說：「量子黑的人是真的數據科學家，他們是從麥肯錫底下來的，直接與研發部門共事。他們只有在二〇一七年跟著我們，是麥肯錫公司中難以捉摸、甚至比較昂貴的專業服務。」其中有兩位顧問來自倫敦。太空人棒球事務部的辦公室位處美粒果球場的五樓，而麥肯錫在二〇一七年時主要待在二樓，隔年他們更常到處跑。

一位核心圈人士說：「麥肯錫沒有辦公的空間，因為我們沒有空的大房間了。他們占用五樓的會議室讓一些人很不爽，他們沒有自己的辦公地點，總是不固定，到處占別人的位置，搞得大家心煩意亂。那些顧問一直待在這裡並沒有提振大家的精神，反而變得很糟糕。」

麥肯錫顧問需要時間讓球團人士帶他們認識各部門之間的運作。此外，當他們帶自己的客戶到美粒果球場時，麥肯錫顧問也需要高層主管撥出時間。

一位太空人高層說：「我會寫信給麥肯錫的顧問，然後他們就直接複製貼上。我想這就是管理顧問常做的事吧，找到那些知道公司出了什麼問題且對此感到不滿的人，然後沒有介入處理就把那些回饋匿名向上通報。自從那時候讀完麥肯錫的報告，還有跟身邊擔任管理顧問的朋友聊過之後，我就有這種感覺。」

某位同事說，費斯特很害怕和麥肯錫的人開會。在一場與顧問及多位球團主管討論未來太空人建模的會議中，費斯特和盧諾發生了爭執。

一位同事說：「這確實有點慘，費斯特的表現不好。因為盧諾對他很壞，他還生氣地跺了腳。盧諾要求他想辦法解決如何把『追蹤者』和『爆破運動科技』融入預測的難題，並且改善選秀模型。要同時處理那兩件事根本不可能，麥肯錫的人也這麼說，可是盧諾很有情緒，溝通上也出了差錯，最後就變得很悲劇。」

⚾

梅達爾接下了太空人小聯盟球隊的教練，要穿球衣的那種，該隊位在紐約州北部，這職位對沒有球員經驗的高層人士來說很不尋常。梅達爾認為身處第一線可以幫助他了解球員本身和發展的需求，並讓小聯盟職員和球員更清楚高層的立場，畢竟他現在是太空人的變革管理大師。另外一種更偏激的解讀是，有部分核心圈裡的人想把梅達爾踢出高層。

一位高層表示：「認為這樣做很厲害、思想很進步的說詞只不過是美其名罷了，其實他們只是不想讓梅達爾有時間收信而已。我沒在開玩笑，他們只是想要丟事情給他做，不讓他參與各項球團事務。」

梅達爾隨著小聯盟球隊四處征戰的同時，仍不忘和辛區討論實戰的決策。

「他常常聯絡辛區。就算他人在小聯盟，他仍會寄信給辛區，並且互有往來，辛區大概覺得梅達爾在二〇一七年一直監督他。」一位高層說道。辛區會向隊上一些人抱怨梅達爾的事，可能是某次梅達爾寫了長篇大論，探討辛區為何下達犧牲觸擊的戰術，「然後辛區會覺得『梅達爾又沒看比賽，他遠在鳥不生蛋的地方，而且盧諾大概也告訴他這樣很煩。』總之，他們的關係很微妙。」

很少有總教練能扛得住太空人新時代又咄咄逼人的高層所給予的壓力，不過辛區某方面很享受和梅達爾共事，部分原因是他想念過去史登斯會和他討論賽事決策的日子。但辛區同樣也覺得受限，一位跟他很熟的人說：「他們想要衡量一切，但不是所有事情都能被衡量。」更讓辛區惱怒的是，麥肯錫並非只找高層和球探問話。在一百六十二場比賽的大聯盟賽季中，麥肯錫還訪談了總教練、球員以及其他教練，一位高層記得史賓格和貝爾川曾被叫去談話。除了研發和球探部門之外，麥肯錫也直接審視比賽中的決策，以及辛區和他的團隊（包含情蒐團隊）的決策流程。

「麥肯錫的人牢牢卡在那裡，他們在賽季中很難應付。」一位教練團成員說道。一位核心圈人士也表示：「麥肯錫的一項任務是作為變革顧問，好讓辛區和盧諾的相處好一點。還有設計出一套溝通協定，來提供良好的申訴平台。梅達爾會負責告訴辛區：『嘿，你昨晚叫青木宣親突襲短打，可是數據顯示你不該這麼做。』」

盧諾是指導委員會裡名義上的發起人和主席，該委員會透過特定的參與和組織來指導麥肯錫。有些簡報是準備給相關人士看的，通常是相關領域的高階主管，其他更直白、詳盡的報告則是交給有限制人數的指導委員會。陶曼是指導委員會的一員，艾利亞斯有時也會參與。麥肯錫檢視完大聯盟的決策和情蒐球探後，發現辛區身邊需要更多支持數據的人。

「當前的團隊還沒有完全擁抱分析技術和科技設備，高層與教練團應該要共同創建新的回饋模型。」麥肯錫在八月三日的簡報會議上提到，而辛區當時不在場。

麥肯錫還製作了一張辛區的決策圖表，顯示他作為總教練在球賽中表現好和不好的地方。麥肯錫進駐的期間，辛區可能沒有拿出他最好的表現，套句太空人職員的話，因為「辛區從來不給他們面子」。他很敬業，但是把麥肯錫的存在視作必要之惡。儘管指導委員會收到了麥肯錫針對總教練的回饋，但辛區從來沒有直接收到麥肯錫的後續追蹤，也沒看到那張表，他不知道麥肯錫在密切觀察他。看來，麥肯錫只服務於盧諾個人的利益。

盧諾在七三一交易大限前並沒有任何補強的大動作，經歷過太空人低潮時期，並在之後拿下賽揚獎的凱寇說出了隊內球員的心聲。當時太空人還握有十六場勝差，例行賽沒什麼問題，但重點是要為季後賽準備。他告訴記者：「不騙你，用失望來描述還顯得太客氣。好幾支球隊一整年都在招兵買馬，為季後賽加足馬力，反觀我們什麼也沒做，我覺得非常失望。」

太空人曾經試著要交易，盧諾對藍鳥的年輕後援投手羅伯特．歐蘇納（Roberto Osuna）特別有興趣，只可惜最後兩家談不攏。太空人的進攻表現持續發揮，上半季奧圖維的打擊率高達三成四七，柯瑞亞則是三成二五，而史賓格有二十七發全壘打。凱寇也有絕佳表現，到明星賽時他的防禦率僅一點六七，但如果能補強投手戰力應該會更好。到了八月，太空人高層和教練團開始提前計畫情蒐球探的事宜，而他們完全有餘裕這麼做。即便例行賽還有兩個月，太空人在八月一日戰績已來到六十九勝三十七敗，足足領先分區第二的水手十五場勝差，基本上已經鎖定季後賽的席次。

為了備戰季後賽，球隊往往會派出球探去仔細觀察他們可能的對手。太空人上次在二〇一五年打進季後賽時，他們只有派出一位球探，遠遠少於其他球隊。盧諾在二〇一五年說：「情蒐球探的工作和一般要尋找球員的球探不一樣，有些事情可以透過訓練有素的球探在現場觀察而得，但從電視上學不到。球探可以看到總教練和三壘指導教練的暗號、跑者離壘的距離，以及他們即時的反應，這些在電視上很難看到。同時，我們可以從電視上觀看慢動作、重播和現場看不到的不同視角。它們是互補的，要做出最好的決定就必須兼顧兩者。」

兩年後，太空人更傾向以影片為主。職業球探總監高斯汀通知球探們之後可能的計畫，那就是會包含現場和影像作業，不過他的要求也讓一些球探感到不滿意。高斯汀寄給球探的訊息裡寫道：「我們要特別注意從休息區發出的暗號，我們想知道可以看到多少、要怎麼記錄，以及我們是否需要攝影機或望遠鏡等等。所以你們要到現場看比賽，找出什麼可以做（或不能做），然後回報給我。」

在球探界裡，錄下從休息區發出而不是捕手比出的暗號並非前所未聞，但有些人覺得這樣很沒品。一位直接參與對話的人說：「沒人想幹這種事，被抓到可能就身敗名裂，不只是作為球探的名聲被毀，還會進一步破壞太空人全部的心血。」其實高斯汀的要求沒有聽起來那麼糟，一方面，他不是要球探去拍攝太空人已經在比賽中偷的投球暗號。他在訪談中說：「從觀眾席沒辦法看到捕手的暗號，我們是針對休息區和跑壘指導教練所下達的暗號，可以稱那些是比賽中的戰術，像是短打、打跑戰術或是守備站位等。」再者，球探也不會即時傳遞資訊，影像只會在賽後拿來檢閱。

除此之外，這些球探並不知道太空人敲擊垃圾桶的詭計正在上演。他們全都在外地工作，而不住在休士頓的高斯汀也說他不清楚這件事。「我們根本沒有聯繫，我不知道發生了什麼事。我們的計畫是去情蒐季後賽的球隊，我們過去從沒這樣做過。球隊的情蒐比較像是以內部影片為主，計畫就是要朝這個方向走，而我們則是派球探到各球場，現場觀看非太空人的比賽。」

當時棒球的規章並未給出足夠詳盡的指引，沒有提到可否在觀眾席手持相機拍下教練的暗號，這要到幾年後才被明文禁止。高斯汀說：「我也想盡一份心力幫忙，當時這並沒有錯。拍到暗號然後破解出來，之後就可以和辛區說那些手勢代表什麼意思。我們後來發現這頂多只是灰色地帶，好幾個當事人都說這根本沒什麼，要我們不要多想。」

太空人職業球探的背景各異，年紀有老有少。較資深者會比較懷疑高斯汀的要求，但並非所有人都如同某位球探所講的興致缺缺，雅各斯就躍躍欲試，可是後勤工作沒辦法讓他去。「很可惜我沒辦法去看比賽，不然一定會很酷。我非常好強，我很想坐在座位上盯著休息區偷暗號，當時收到郵件的畫面還歷歷在目。」

太空人在亞利桑那州也有一位工作和雅各斯很像的球探，舉止溫和、性格開朗的亞倫・塔桑諾（Aaron Tassano）在加入太空人之前曾經在韓國擔任球探，如此的經歷對一名美國球探來說很少見。他和雅各斯一樣，主要在球隊春訓基地的訓練場工作，而聯盟的賽程給了他一個機會。前一年的世界大賽冠軍小熊在二〇一七年也在前進季後賽的路上，他們剛好在八月十一至十三日要到鳳凰城對決響尾蛇。

塔桑諾說：「我去買了一副望遠鏡，但後來拿回去退了。我坐在響尾蛇休息區上方的第三層看台，試著去偷暗號。我想我需要的是一台高速攝影機。」

首先，對塔桑諾而言這是一項任務，他很興奮能夠為季後賽的準備工作做出貢獻，畢竟太空人很少把備戰季後賽的任務交給職業球探。

塔桑諾說：「規則沒有說不能這麼做。我接受了，我的意思是太空人就是想要顛覆。如果沒有明文規定不行，我們就很想試看看。」

塔桑諾僅僅看了一場比賽，結果毫無收穫，他從那麼遠的地方根本看不清楚休息區在比什麼東西。他寫信告訴高斯汀，但沒有收到回覆。不過，這大概也無所謂了，這個想法沒了，整個部門也掰了。不到一星期後，盧諾在八月十八日決定動手開鍘，至少有八位球探被解雇，有些是職業球探，有些是業餘球探。

盧諾得到了那些麥肯錫顧問的認可，他和陶曼不僅認為太空人嶄新的球探部門會變得更有效率，還省下一大筆球探的差旅費。一位高層說，原本高達上百萬美元的預算將只會剩下百分之三十。盧諾幾年後說：「任何跟人事相關的決定一直以來都是、並持續將會依據內部考量而定，而非基於第三方的評判。」即便如此，一位高層表示麥肯錫在整個過程中，確實有給予指導委員會關於幾位太空人職員的建言。他還補充說：「這真是狗屁倒灶，麥肯錫根本不了解那些人。」

高斯汀直到球探被炒那天才知道這事，也沒有收到麥肯錫的正式調查報告，只被告知球隊將會有新的方針，於是高斯汀邊哭邊打電話給他的球探。現在，高斯汀的工作也變得截然不同，陶曼將接掌職業球探部，高斯汀則成為特別助理，負責向盧諾提出球員評比的建議。「他一定很難受。」一位同事說道。不過被解雇的球探才是最讓高斯汀痛心的部分，至少他還保有工作，而且這份工作的新樣貌還是他參與設計的。

還沒被開除的塔桑諾無意間發現了他同事的際遇。當他在檢視平時工作的 Slack 頻道[2]時，發現頻道被關了。「接著我登入『地面管制』，點選行事曆之後，上面有一半的人都不見

2 譯注：頻道（Channel）是由 Slack 公司開發的線上對話空間，可以讓工作團隊取得需要的資訊和傳送訊息。

了。我感覺被重重打了一拳，太突然了。從那刻起，一切都變了。」雖然塔桑諾暫時還在，但他將轉任業餘球探。其餘的職業球探也都自願轉職去尋找更好的機會，像是雅各斯在球季結束前就離開了。

太空人再一次引起大批棒球界人士的反感，球隊好不容易度過多年的悲慘賽季，現在終於躋身強隊行列，結果卻開除一大票球探。「這太過分了，肯定有損我們在球探界的名聲。但無論如何，同時間也有很多球隊仿效。」一位高層說道。隔年春訓，高斯汀被一位洛磯球探罵得狗血淋頭，不過大致上他所聘用的球探都很愛戴他。如果真要說高斯汀在太空人有哪裡做得不好，那大概是他對盧諾太過死忠。解雇球探也讓辛區頭痛，他才剛開始和一些人討論季後賽的情蒐工作，結果一星期後人都不見了。

八月二十五日，太空人宣布高層人事重整。陶曼還不是助理總管，儘管他已做了許多通常是該職位要做的工作。他被任命為棒球事務暨研究與創新部門的資深總監，而他的新職責非常重要，費斯特雖然還是研發部門的主管，但該部門要向陶曼負責。除此之外，陶曼還要監督原本屬於高斯汀的職業球探部。艾利亞斯不再只是業餘球探總監，還新增了國際球探的工作，把所有關於業餘球員的動向納入他的掌控。

如果按陶曼的方式，太空人應該會整合成單一球探部門。他不喜歡球隊有那麼多程序和報告，球探還要分成國際、業餘和職業三個部門，可是盧諾似乎對艾利亞斯比較偏心。一位高層說：「麥肯錫進來後，盧諾很小心不讓艾利亞斯被拔除業餘球探的工作，他不希望艾利亞斯被貶為單純的球探。」陶曼理想的框架是由他負責所有技術球探和內部的工作，而艾利亞斯管理外派的球探就好。不過，一位同事記得盧諾的立場是「要讓艾利亞斯繼續管理業餘和國際球探，但希望他能接受這些新想法。」情蒐人員霍根同樣也被升職。

八月二十六日，也就是太空人宣布人事異動的隔天，他們到加州安那罕（Anaheim）跟洛杉磯天使隊（Los Angeles Angels）進行三連戰。科威瑟又寄出另一個版本的客場筆記，而這次收件人是盧諾、陶曼、霍根和費斯特。

「各位，我想在讓渡期限和九月擴編[3]前整理一些重點。我們過去一個月嘗到了第一份苦頭，沒辦法像上半季那樣打爆對手，表現也出現不少瑕疵，開始嚴重影響我們贏球。我們的投手似乎有回穩，但打線從明星賽後就嚴重熄火，尤其是這個月，我們團隊的整體攻擊指數（OPS）下降了零點二。」科威瑟寫道。

跑壘方面也很糟糕，科威瑟說史賓格是「最有問題的」。他還分析史賓格打擊上的毛病，

3　譯注：每年九月一日起，大聯盟各隊可以將球員名單擴增為四十人，讓小聯盟球員有機會到大聯盟出賽。但從二〇二〇年賽季開始，擴編名單的人數被削減為二十八人。

用截圖對比他最近和過去的打擊姿勢。「我們在八月二十三日比賽前告知了史賓格，看得出來他有努力想早點讓髖關節向後蓄力……感覺他有走在正確的道路上，只不過暫時還沒看到成果。」

在標題為「其他進攻方面」的部分，科威瑟再度談到太空人偷暗號的計謀，他寫說辛區逐漸擔心那個系統會影響球隊的跑壘狀況。「我們的暗黑技術、偷暗號部門：『系統』，在下半季沒那麼有效了，因為其他球隊開始防範我們，在比賽中會變換好幾次暗號。我之前有跟你們說過，藍鳥和運動家這些墊底的球隊似乎不太在乎，我們可以占他們便宜，但很驚訝的是連分區排名第一、要打季後賽的國民居然也沒在管。」

「我覺得馬文拿到這個資訊後表現得最好，他（通常）會放掉變化球，專挑速球來打。」科威瑟這裡指的是太空人球員馬文．岡薩雷茲應付變化球和速球的能力。「他追打壞球和揮空的比率都大幅下降，反觀整個計畫的老大哥貝爾川在一好球之後，看到什麼球都想揮，他大概是知道資訊後表現最爛的人，有夠諷刺。辛區一開始排斥這個計畫，因為他覺得這會阻礙跑者第二階段的離壘。不過我們會繼續蒐集資訊，並實測在對手身上，教練可以自行評估是否使用這些資訊。」

幾週後，盧諾回覆道：「這篇整理得很詳細，非常有幫助。看來我們的跑壘仍有待加強。但我們的投手在這個系列賽是發生了什麼事？怎麼可以投得這麼爛……」

第十二章　颶風來襲

就在太空人作客安那罕，以及科威瑟交出最新客場筆記的同時，休士頓及其鄰近地區正身陷危難之中。四級颶風哈維在八月二十五日登陸德州，連續五天的豪大雨和洪災摧毀了無數家園。根據德州健康與人類服務委員會（Texas Health and Human Services）二〇一八年四月的報告，哈維颶風至少奪去九十四條性命。超過三萬九千平方英里（約十萬平方公里）的土地，以及全德州超過百分之三十二的地區都受到衝擊。截至二〇一八年，並且計入通貨膨脹之後，哈維颶風成為美國史上損失第二慘重的颶風，僅次於二〇〇五年的卡崔娜，預計損失超過七十二億美元。

在暴風雨期間，美國陸軍工兵團為避免休士頓西部兩座爆滿的水庫潰堤，因而決定洩洪放水，但此舉也將數以千計的住宅置於險境。在此之前，政府從未在雨勢未停時就宣布洩洪。棒球成了太空人次要的關注對象，他們現在比較擔心自己的城市和地區需要幫助。球員和職員也很擔心家人的安危，他們多數都住在休士頓。作為一支球隊，太空人找到更高的意義：雖然贏球不能修復被摧毀的家園，但球隊希望能稍稍讓民眾轉移注意。

當時加劇的紛擾和焦慮也成了球團內部逐漸產生分歧的背景。太空人在八月二十七日打完天使後，按賽程他們應該要在二十九日到三十一日回到休士頓迎戰同州勁敵遊騎兵。可是當時要在休士頓比賽顯然不可行，於是太空人趁著中間休兵日先飛到離遊騎兵主場不遠的達拉斯。

一位職員說：「我們回不了家，我太太和家人在樓梯下擠成一團，其他人的太太和家人也一樣，所以我們先飛到達拉斯待命。」

太空人想到一個解決辦法，他們原本九月底要到阿靈頓的遊騎兵主場進行三連戰，於是提議將兩個系列賽對調，這次先在阿靈頓打，等到九月底再移回休士頓。然而，遊騎兵卻不想這樣，因為這一方面會讓他們在九月連打十二場客場比賽；另一方面，他們也考量到持有季票的觀眾可能已經規劃好九月底要到主場看球了。因此，遊騎兵提出另一個辦法：八月的系列賽可以在阿靈頓進行，並由太空人擔任主隊，而且該系列賽的利潤全部歸太空人所有。

太空人不滿遊騎兵不願直接對調系列賽，球團總裁萊恩對遊騎兵開嗆，麥卡勒也在推特上發文：「真有品啊，他們應該感到羞愧。很明顯貪婪從不缺席。堅強#休士頓。我們希望能趕快回家。」遊騎兵棒球事務部主席喬恩・丹尼爾斯（Jon Daniels）不認同這些發言，但此事快速在網路上發酵。最後，這三戰將會移師純然中立的場地，也就是位在佛羅里達聖彼得堡的光芒主場。

雖然太空人隊上還是有許多人不滿意，但其他人也已接受這個結果。休兵日當天，板凳教練柯拉推了一則文：「在坦帕對決遊騎兵是正確的，好好專注在真正重要的事吧！」柯拉的推文惹惱了太空人播報員傑夫・布蘭姆（Geoff Blum），尤其是當一位遊騎兵隨隊記者轉發該文，並加注柯拉很快會成為總教練，因為「他明白這點」。

當時每個人心裡都是五味雜陳，布蘭姆和柯拉同樣也是。跟教練相比，播報員可能顯得沒那麼重要，但布蘭姆並不是隨便一位播報員，他過去可是在大聯盟征戰了十四年，就跟柯拉一樣。布蘭姆有五年的時間身披太空人球衣，這讓他在休士頓頗有人氣。布蘭姆雖然不是名人堂球員，但能在大聯盟打滾十餘載也不簡單，而且他還和辛區有著深厚的交情。

隨著球隊移動到佛羅里達，布蘭姆找上辛區並拿柯拉發的文給他看。

「你有看到嗎？」布蘭姆問道。

柯拉就坐在辛區正後方，布蘭姆也沒打算要小心講話，不過辛區並不想讓這場鬧劇上演。

「管他的，我們就這麼辦，別再吵了。」辛區這樣告訴布蘭姆，暫時讓事情緩和下來。

八月三十一日是系列賽最後一戰，辛區待在休息區的時間很短，因為他第一局上來找裁判理論後就被驅逐出場。總教練被趕出場後，兵符將由板凳教練接掌，而本來就有志坐上總教練大位的柯拉，那天便接替辛區的工作。名人堂球員克雷格・畢吉歐（Craig Biggio）已在佛州和太空人會合，因為他也想和球隊一起返回休士頓。畢吉歐並不負責球隊的例行業務，但退休後仍繼續擔任球團的要員，就像很多明星球員一樣。那天比賽畢吉歐剛好在場，而柯拉也愈來愈擔心畢吉歐會監視他。

「畢吉歐整場都站在柯拉身後的球員通道，柯拉簡直快瘋了。他一直在想為什麼畢吉歐要監視他，整個疑神疑鬼的。」一位隨隊人員回憶道。與此同時，投手教練史卓姆也在投手方面下指導棋，告訴柯拉什麼時候該讓後援投手熱身等等。「他一直叫柯拉派誰誰誰去熱身，給一堆牛棚的建議，然後說那些是辛區要他這麼做的。」

柯拉在五局換下先發投手麥休，當時太空人二比一領先。一向溫和的麥休不大高興，還讓柯拉知道了這點。「麥休退場後便開始抱怨柯拉太早換人。他們是在休息室裡講的，但麥休朝柯拉噴了一頓。」一位知情的人說道。

終場太空人以五比一贏球，賽後柯拉走進辛區的辦公室並開始大吼：「你為什麼要派畢吉歐監視我？你覺得我沒辦法獨自帶好球隊嗎？」

辛區整個傻住，他根本不知道畢吉歐出現在球員通道。

「你為什麼叫史卓姆指點我該派哪個牛棚上場？」柯拉接著質問道。

辛區試著安撫柯拉，告訴他其實他沒有跟史卓姆交代任何事，並把史卓姆叫了進來。史卓姆向柯拉承認是他自己亂講的。「史卓姆說自己撒了謊，所以柯拉臉色非常鐵青。」一位太空人職員說道。詭異的是，假如辛區被驅逐出場後仍試著在場內指導柯拉，這確實是有可能的。按理說總教練被趕出場後不應該繼續留在比賽現場，但並不是大家都會遵守這條規則。

綜觀一整季的棒球行事曆，辛區在八月三十一日還得為其他事情煩心，甚至超越颶風的問題。他被趕出場後，馬上拿起手機回訊息和打電話。這天是球隊能進行交易的最後一天，且交易來的球員還能擁有季後賽的出賽資格，而他們的目標是老虎的王牌投手韋蘭德。太空人在七三一交易大限前沒什麼積極的作為，讓球隊大失所望，凱寇也已公開出怪聲，但他們現在還有時間可以增添生力軍。辛區過去曾經是響尾蛇和教士的高層主管，因此辛區和其他球隊高層的關係比多數總教練還來得緊密。

與柯拉的爭吵暫時告一段落，太空人準備返回休士頓。

一位隊員回憶道：「我們全都忐忑不安，因為那是我們在颶風後第一次回到休士頓，滿目瘡痍的景象映入眼簾，每戶住家的前庭都遍布著廢棄物。」

抵達休士頓的機場後，太空人紛紛登上隊巴，其中一輛主要是載球隊職員，像是辛區、柯拉和布蘭姆。柯拉平常會坐在辛區旁邊，但這次畢吉歐卻突然冒了出來，柯拉只好選別的座位。回休士頓市區的途中，柯拉開始用喇叭大聲地播放音樂。布蘭姆正試著聯絡他的太太，其他播報員也在和家人聯絡，想知道有哪些道路是通的。「簡直就是後勤救援的災難。」一位車上的人回憶道。

一位轉播人員說他們聽不到電話的聲音，布蘭姆也被音樂吵到受不了，於是靜靜地走向柯拉。

布蘭姆對著柯拉說：「其他時候你要放多大聲都無所謂，但可不可以請你調小聲一點呢？讓我們可以找到回家的路，並且確認家人都平安……」

柯拉回嗆道：「喔，所以你要我調小聲一點是嗎？小聲一點是吧？那我就小聲一點。還是要我直接關掉算了？」

布蘭姆道謝後回到他的座位。約五分鐘後，柯拉起身走向布蘭姆，突然停在他旁邊對他說：「我敢打賭如果波多黎各變成這樣，你也會放音樂。」

布蘭姆厲聲回道：「開什麼玩笑？你怎麼可以這麼說！我絕對不可能那樣做，你現在不該講這種事。」

柯拉對著布蘭姆罵了一聲：「賤人」。

「你什麼意思？」布蘭姆說道。

「我看到你和總教練在咬耳朵。」柯拉說道，指涉布蘭姆和辛區的關係。柯拉對著布蘭姆大聲斥責，布蘭姆以幾近懇求的語氣告訴他現在不是時候：「拜託別在這裡，你不會想要的，等我們下車之後再談。」

五分鐘後他們還在嘶吼，車上的人都覺得雙方要打起來了。布蘭姆身形魁梧，球員時期身高約一百九十公分、體重約一百公斤。柯拉也不矮小，身高約一百八十三公分、體重約九十公斤。

「大家都在等著看好戲。」一位隊員說道。最後，柯拉停了，走向辛區跟他講一下話後，回來對布蘭姆說：「我跟你，下車解決。」

球隊返回休士頓時應該要處於清醒狀態，雖然有時候還是會有人違規。不過柯拉很明顯在發酒瘋，隊上其他人也有看到他喝酒，「在巴士上就看得出來。」等巴士開到美粒果球場後，辛區和柯拉從右側下車，走到轉播車停放的區域。布蘭姆跟在後頭，並向柯拉道歉。結果柯拉在行李區又再度發作，開始大吼大叫。這次他不只對著布蘭姆，連辛區也一起罵。

柯拉控訴辛區對布蘭姆比較偏心：「他是你的好夥伴，所以想讓他當你的板凳教練，你根本不相信我。你一整年都這樣，我現在是對事不對人。」

柯拉罵辛區是「他媽的賤人」。他在大庭廣眾下發了第二次飆，這次主要針對他的老大，而且持續了大約十分鐘，當時球員和職員正陸續下車。

「柯拉聽起來很激動，感覺誰上前勸架，誰的臉就會被揍一拳。」一位目擊者說道。另一人說：「我的老天呀，我想看看我們的總教練把板凳教練揍爆。」

一位太空人高層也表示：「事件發生時我不在場，但我跟很多隨隊的人聊過。聽起來柯拉在發酒瘋，然後辛區把壓抑許久的怒氣全都發洩出來。」

太空人牛棚教練彼恩森正試著在行李區疏散球員，只不過隨行人員很難不看到這場爭吵，貝爾川和辛頓也來安撫柯拉。

柯拉和隊上一些人過去就發現布蘭姆和辛區的關係匪淺。一位太空人隊員表示，他們之前會和辛頓說：「你看布蘭姆，他又在當辛區的跟屁蟲。」即便布蘭姆和柯拉互看不順眼，但引爆的根源很可能是柯拉和辛區的關係。同事說辛區早在開季第一個月，甚至是春訓時就感覺到麻煩。「辛區說這不是他們第一次有這樣的互動。」據說柯拉對自己在球隊的定位感到很不安，這或許能解釋為何他會那麼在意畢吉歐的出現，還有史卓姆假借辛區對他下指令，以及辛區對布蘭姆言聽計從等事情。

柯拉在效力太空人的短短時間裡，表現得就是如此喜怒無常和不成熟。

一位隊員說：「柯拉完全讓教練團改觀。他有一次在教練辦公室對辛區飆罵，然後說：『你期望我領二十五萬的薪水做全部這些事？』可是其他教練的年薪都只有七萬五左右。」

柯拉的年薪也有一說是二十七萬五千美元，但不管怎樣，那些錢對柯拉這種前球員來說都不算多，他生涯的稅前薪資累積起來也超過一千五百萬美元。然而在教練界，將近三十萬的年薪已經算非常多了，對錙銖必較的太空人來說更是如此。

「二十七萬五欸，這樣月薪也有四、五萬吧？」另一人說道，他用大約六個月長的例行賽季來計算月薪。「老兄，得了吧。」

在漫長的棒球賽季中，球員、職員和其他人難免會出現爭吵。不過對那些閱歷豐富的人來說，這次事件仍然非同小可。「這太誇張了。」一位資深球員說道。

柯拉此時的心思已不在棒球上，因為艾瑪颶風即將襲擊波多黎各，他很擔心他的家人和故鄉。（之後，還有另一個更強烈的瑪莉亞颶風將會在九月二十日侵襲波多黎各。）

柯拉當年說：「從哈維到艾瑪颶風之間，對我個人感觸很深。我們四處征戰，然後球隊也打得不好。老實說，我意識到我們可以的，我個人覺得男孩終究是男孩，這是個大家庭，一定會有好日子和壞日子。」

他刻意輕描淡寫了一些事，無論球隊表現多好，板凳教練都不該當著大家的面對播報員和總教練大聲斥責。他應該趕緊修復和總教練的關係，不然辛區除了在季中開除他以外別無他法。「柯拉早該被開除了。」辛區向其他人抱怨道。球團高層和克蘭也知道發生了什麼事，一位高層證實如果他們持續分歧，那球隊勢必要叫人滾蛋。

「沒錯，這件事很快就平息下來，但對球團、辛區和柯拉來說都是糟糕與難堪的時刻，也多少顯現出我們內部失和。」一位高層說道。（太空人成功把這件事壓下來好幾個月，直到球季後才被大眾知曉。）

辛區自身的不安全感也可能有影響。一位職員覺得辛區和柯拉大致上很相像，他們既聰明又有才華，而且都有領袖特質和極強的自尊心。柯拉是球隊裡不可或缺的要角，這不該是什麼壞事。舉例來說，柏格曼和柯拉就很親近。

一位同事就說：「柯拉做得太好了，所以很多球員都會去找他尋求建議、回饋和指導。柯拉常常會挑戰辛區，發聲質疑他的決策，不過是帶有敬意的，這讓辛區對他很生氣。在商討決策時，如果柯拉提出某個想法，辛區會覺得還好把它給忽視了，因為照原本的盤算事情進行得很順利。這就有點尷尬，辛區當然不會說柯拉給了可能會讓球隊更好的建議。」

一位太空人隨隊人員則說：「柯拉超愛喝酒，只要我跟他作客到其他城市或是搭飛機時，他都在狂喝，每趟飛行他都會和彼恩森喝到爛醉。柯拉喝醉之後就會變成一邊自言自語、一邊打醉拳的可怕流浪漢，我們就會覺得：『天啊，他到底是怎樣？』基本上每次客場旅行他都會喝成那樣。」

⚾

八月三十一日當晚，太空人球員和職員離開球場回家後，事情再度出現驚人反轉，太空人成功把韋蘭德交易過來。非棒球迷對韋蘭德的認知可能是名模凱特・厄普頓（Kate Upton）的丈夫，但對棒球迷來說，他可是大名鼎鼎的王牌右投手，有著剛猛的速球，而且未來八成會入選名人堂。雖然韋蘭德已經三十四歲，壓制力不如全盛時期，但太空人覺得他還有利用價值。此外，韋蘭德沒拿過世界大賽冠軍，他還想要再拚搏一下。

在眾人眼裡，這筆交易要歸功於幾個大人物：太空人總管盧諾以及老虎總管艾爾・艾維拉（Al Avila），還有太空人老闆克蘭，因為終究是由克蘭支付韋蘭德的高昂薪水。

「大家都以為是盧諾趕在交易大限前完成的，但事實上他當時正在休假，而且手機訊號很差，是克蘭和韋蘭德在講電話。」一位太空人職員說道。但這只是見樹不見林。

另一位同事說：「克蘭才是幕後主導的人，最後還有盧諾。但很難說，盧諾最後是有下定決心要交易。每件事都有其真實之處，你很難說到底誰才有真正的影響力。如果你以為只是由兩位總管在商討這筆交易，那你就錯了，實際情況不是這樣的。」

交易截止日當天，盧諾並不是最重要的人物，他整晚休假都不見蹤影，根本聯絡不上。盧諾的副手陶曼和總教練辛區才是負責交易最終階段的人，還有老闆克蘭。這是陶曼第一次主導交易過程，老虎的窗口則是山姆・曼辛（Sam Menzin），兩位高層已經就新秀人選討論一個星期了。太空人的部分，陶曼蒐集了球員評比資料並與球探們交流。技術球探部靠著檢視「追蹤者」和其他資訊，幫助太空人鎖定韋蘭德，將他視為還有進步空間的球員。

辛區在聯盟的人脈對盧諾來說一直是個痛點，很可能是他的嫉妒心使然。相比之下，辛區在球界也比盧諾更受歡迎。他知道盧諾對此很敏感，也不想讓盧諾誤會成他想要篡位，但這些人脈在危急關頭就顯得極為重要。辛區剛好有一位好朋友是老虎高層的大人物，名字是史考特・布瑞姆（Scott Bream）。

「這場交易本來沒戲了，但辛區私底下聯絡朋友讓交易起死回生。」一位太空人高層說道。辛區在八月三十一日的比賽被驅逐出場讓整件事有了一絲曙光，這樣他才有時間可以談判。

太空人到底要用三名還是四名球員交易，這是讓雙方僵持不下的主要原因。辛區首度向老虎提出以新秀達茲・卡麥隆（Daz Cameron）當作籌碼，照理說辛區並沒有實權，但最後卡麥隆還是被打包交易過去，讓太空人僅以三位球員就換來韋蘭德。

那位高層表示：「辛區私底下偷偷協商讓盧諾很不爽，這大大顯示辛區和其他高層的好關係如何幫助到我們，以及他知道什麼樣的交易是合理的。」

盧諾也參與處理韋蘭德的不可交易條款，他最後認同用新秀換取即戰力相當重要，而不是採取球隊過往極度保守的策略。梅達爾總是相信機率，太空人為了韋蘭德而放棄的未來價值可謂非常巨大。

另一名高層說：「每當盧諾考慮要不要簽下某位自由球員，或是要不要交易韋蘭德的時候，梅達爾就會開始大力勸阻。梅達爾從來就不懂得變通，只想要囤積新秀球員，只要是球隊需要的都好。梅達爾不想花錢簽自由球員，也不想交易大牌球星，我覺得他只想打造一支全部都是農場球員的球隊。」

韋蘭德的交易案拖到最後一刻才完成，甚至還壓到底線。聯盟告訴太空人這筆交易是在截止時間前兩秒才提出，而批准信則在時限過後的一分半鐘才發送。

一位高層說：「其實規定是要看批准信的發送時間，我們的信是晚了一些，不過聯盟會說他們內部決定好了，所以批准這筆交易。」

九月一日，太空人將原訂比賽延後一天，當天全隊出動援助哈維颶風的受災戶。隔天，太空人於颶風過後首次在美粒果球場出賽。他們的球衣上繡了一個新胸章，隊徽的H加上「堅強」一詞，代表「休士頓堅強」。辛區賽前致詞不僅感謝了第一線的急救人員，還向社會大眾喊話鼓勵。

第十三章　劃設底線

太空人在韋蘭德加盟後，一度對於他們偷暗號的「系統」感到驚慌，而那正是考驗人性的時刻。一位球團人員說：「沒有人敢大聲張揚。」同年稍早五月，韋蘭德在休士頓先發對決太空人的比賽表現不佳。現在，身披太空人球衣的他在知情之後，表面上並沒有顯露出負面反應，他反而還多了一個理由可以解釋為什麼當天會被轟出三支全壘打。「你們這群可惡的傢伙。」韋蘭德發現後笑著說道。韋蘭德提到那時候球隊離開美粒果球場時，總覺得太空人知道些什麼。不過太空人並非唯一讓韋蘭德有這種感覺的球隊，他還向太空人堅稱印第安人也有類似的行為。

聯盟主席曼佛瑞在九月首度公開面對日益嚴重的電子偷暗號問題，但不是針對太空人，而是針對洋基和紅襪。這對棒球界中最為人所知的世仇在八月時隔空交火，互相指控，因此曼佛瑞要向大眾宣布他的調查發現。兩隊都指控對方使用跑者法來偷暗號。洋基錄下紅襪防護員喬恩・喬琴姆（Jon Jochim）在休息區看著手腕上的裝置，然後將他接收到的資訊（暗號序列）發送給球員。紅襪也指控洋基不當使用他們電視轉播的攝影鏡頭。這場風波最後演變成大家熟知的「蘋果手錶案」（不過實際上紅襪使用的是另一家公司生產的裝置），而曼佛瑞的裁決將會有深遠的影響。

曼佛瑞的調查並未發現洋基使用電視台作弊，但他確實查出兩隊近年都有利用影像室來破解暗號。破解暗號後，他們不單只是靠人力把資訊帶出來，反而還加速傳遞的過程，洋基直接打電話給休息區，而紅襪則是使用智慧手錶。

一位紅襪隊員說：「球員抱怨說不想要跑上跑下，球員覺得既然防護員戴著可以接收訊息的手錶，那就節省一些時間。這完全是因為愚蠢和懶惰。還有洋基總教練喬・吉拉迪（Joe Girardi）來當吹哨者也很奇怪，我們就是跟洋基學來的，他們會用ＹＥＳ電視網的鏡頭來看暗號。洋基揭露這些事情有夠白痴的，因為他們也在做同樣的事。」

現在，曼佛瑞有幾個選擇。聯盟規章上的條文百百種，但還是有明文禁止使用電子設備來偷暗號。其中一個合理的解釋就是認定在影像室裡破解暗號的行為是違規的，可是問題是所有的重播影像設備都一定屬於電子設備。因此，曼佛瑞判定只有後續使用電子設備來傳遞資訊的行為才屬違規，洋基使用電話以及紅襪使用智慧手錶。最終兩支球隊都被懲處，洋基被裁罰十萬美元，而紅襪的罰款更高。

一位知情調查的人士表示：「當時洋基和紅襪覺得每支球隊都有人從影像室走到休息區，

而聯盟卻只因為他們的溝通方式比較有效率而開罰。聯盟對此的回應是：『對啊，很明顯你們的傳輸方式就是不合法的。』這時候是二〇一七年九月，在此之前，大聯盟都認定如果用『走的』通風報信就算是灰色地帶。」

將此定義為灰色地帶其實是曼佛瑞的選擇，而且這樣聯盟高層還可以有一些好處。季後賽就快到了，曼佛瑞不想重懲兩支都會晉級季後賽的球隊，進而衝擊聯盟在季後賽的巨大收益。況且紅襪和洋基一直以來都是棒球界裡的大球隊，懲罰球員也就意味著和球員工會對幹。聯盟的好處還不只這些，曼佛瑞也不想開先例。如果後續又查出球隊在二〇一七年九月之前使用影像室來偷暗號，那這樣他就不必溯及既往，也不用祭出懲處。

此外，既然曼佛瑞認定使用影像室的行為不用接受懲處，他就無需把詳情公諸於世，只要講個大概就好。他在九月十五日發表一篇聲明，大致說明了紅襪所做的事，至於對洋基的解釋則在玩文字遊戲，多數人讀了之後還是不清楚他們到底做了什麼。

「我們在調查期間發現，洋基在早前的賽季（二〇一七年以前）違反了休息區電話的使用規則。當時沒有球隊針對相關行為提出申訴，在沒有其他球隊或聯盟辦公室出面指示的情況下，洋基就停止了該項行為。此外，以休息區電話進行的通話內容本身並沒有違反任何規則或條文。相反地，之所以會出現違規行為是因為休息區電話不能用於此類對話。」

曼佛瑞當時還寫了另一封信給洋基總管凱許曼，以更直接明瞭的方式說明洋基所做的事：「洋基在二〇一五年和部分二〇一六年賽季中，使用休息區電話來傳遞對手暗號的行為已嚴重違反《重播影像條例》。洋基違規透過影像室的電話，將有關暗號的資訊即時傳輸到休息區，以此提供球員即時的資訊和對手的暗號序列。此等行為與紅襪（洋基所控訴的對象）的系統有著相同的目的。」

這封信當時並沒有公開，直到五年後洋基偷暗號的事件被我和記者羅森索給報導出來。信件在二〇二二年被法庭下令公開後，顯示出曼佛瑞公開和私下的措辭有著強烈反差，他在二〇一七年想要和不想要向外界描繪的內容也產生鮮明的對比。曼佛瑞從沒想過給凱許曼的信會被公開，但因為「夢幻棒球」的玩家控告大聯盟和一些球隊詐欺，這封信就成了訴訟紀錄。在一份法律文件中，在政界和棒球界都有影響力的洋基總裁蘭迪．拉文（Randy Levine），控訴大聯盟一開始就錯誤地讓這封信上呈給法庭。洋基和大聯盟都反對公開這封被稱為「洋基信」的信件，最後耗時將近兩年，他們皆以敗訴收場。

二〇一七年九月成為美國職棒歷史上的轉捩點。曼佛瑞想把傷害降到最低，並且遏止作弊行為。在他發表公開聲明並且致信凱許曼的同時，寄了一份備忘錄給全部三十支大聯盟球隊，警告他們「未來若再違反規定，將會受到聯盟辦公室極為嚴厲的懲罰。」曼佛瑞還提到首當其衝的將會是球隊總管和總教練。

然而，他卻犯了兩個嚴重錯誤。首先，曼佛瑞把總管和總教練設定成未來懲處對象就是在開創一種先例，代表說如果之後再次發生作弊事件，受罰的將會是管理階層而非球員本身。他沒想過當哪天真的有球隊被抓包，可是球員卻不用負責時，大家會做何感想。當然，曼佛瑞不認為他未來還需要處理這種行徑，至少不會是大刀闊斧地開罰。在擔任聯盟主席的第三個年頭，曼佛瑞以為只要罰款紅襪和洋基兩隊（可是仍對他們使用影像室睜一隻眼閉一隻眼），並且告誡聯盟未來的罰則會更加嚴厲，這樣就足以嚇阻其他人。

在曼佛瑞宣布紅襪和洋基罰款金額的前一天，我在芬威球場的記者會上詢問曼佛瑞，他對即將進行的處分有什麼目標嗎？

曼佛瑞說：「我認為懲罰的用意在於嚇阻，違規的行為已經影響球賽進行，也影響了大眾對比賽的觀感。想找到適當的罰則，就必須權衡所有事情。」

九月中旬，他以為他已經清楚地劃設底線，這便是曼佛瑞的第二個錯誤。

二〇一七年，有一小群太空人的隊員曾討論他們對於偷暗號系統的擔憂。兩位一七年的隊員表示，麥肯曾經一度要求貝爾川停手。其中一人說：「貝爾川對此不屑一顧，他根本不甩大家。想想看，如果你還只是個容易受制於人的年輕球員，當他叫我們做的時候，你該怎麼辦？」

球隊更衣室裡很看重隱私和保密，同樣還有資歷。不論對錯，學長學弟制都被視為一種阻礙。二〇一七年還是菜鳥的太空人投手喬・馬斯葛夫（Joe Musgrove）多年後在一場與大聯盟電視網（MLB Network）的訪談中說：「那是我在大聯盟的第一年，柏格曼還有很多人也是。第一年就跟麥肯和貝爾川等老大哥同隊，我才不要當那個站出來叫他們住手的人。」

後來大聯盟調查發現，絕大多數的太空人球員都知情，但也有些人對系統感到失望。其中一位隊員說：「我們甚至一點都不厲害。」太空人在主場的宰制力不如客場，有時候作弊了就贏球，有時候作弊了還是輸球，感覺勝負跟他們作弊毫無關係。然而，他們還是繼續這麼做，以為這樣可以如虎添翼。柯瑞亞終究公開說：「我們在二〇一七年所做的就是個優勢，那是不對的。」但是沒人跳出來阻止。據說投手教練史卓姆和其他隊員說這個作弊計謀是有用的。一位隊員就說：「史卓姆或辛區才不可能叫我們停手，球隊正在贏球，他們怎麼會要我們停下來，然後公平比賽呢？」

想要制止這件事就必須要有人挺身而出，但吹哨者在到處都不常見。哈佛商學院教授貝澤曼花了很多時間在研究好人會出現的非意圖不道德行為。

「在棒球界裡，默許作弊行為的觀念有著非常重要的傳統，我認為要告訴球隊停止作弊需要極大的勇氣。身為一個球員，要在球隊中發聲，就等同於企業裡的吹哨者。吹哨者很少見，而且通常會遭受懲罰。想像一下有個球員站出來說他的球隊作弊，我覺得他的職業生涯大概就玩完了。你能想到有哪個球員站出來當吹哨者，檢舉自己的球隊作弊嗎？我想不出任何例子。」

二〇一七年賽季，辛區兩度毀壞太空人在通道裡用來偷暗號的電視螢幕。第一次時，辛區也剛好減少貝爾川的上場時間。事後，儘管柯拉和貝爾川沒有直接向辛區爭取要繼續執行垃圾桶計畫，但還是出現一些反彈。辛區在八月第二次毀損螢幕，早於他和柯拉在巴士上的激烈口角，以及韋蘭德的交易案。總教練攻擊隊上的作弊手法聽起來很瘋狂，但這兩次都不是當著全隊的面爆發。辛區不曾在所有人面前站出來，並且徹底終止他們作弊，這使他後悔萬分。

兩次事件後，螢幕總會再次回到牆上。辛區告訴大聯盟，他不曾直接向盧諾提起這件事。辛區總是戰戰兢兢，他尚未帶領球隊贏得世界大賽冠軍。辛區曾經在亞利桑那失去過休息室的人心，後來導致他被響尾蛇開除。現在在休士頓，他不想得罪當家球星，也不願主動找上有望入選名人堂的貝爾川。辛區也不想跟柯拉或任何球員發生爭執，也不希望那些景仰柯拉或貝爾川的球員跟他作對，而且當時球隊打得正順。

盧諾在九月十五日有收到曼佛瑞所寄發的備忘錄，亦即聯盟主席辦公室在「蘋果手錶案」後發出的嚴正警告。然而，曼佛瑞事後發現，盧諾承認他在郵件送達之後，「沒有著手調查太空人是否違反這些規定」，也沒有把備忘錄轉寄給任何人。曼佛瑞向盧諾寫道：「你聲稱你盡了義務，要求總教練辛區和時任棒球事務部資深總監的陶曼，確保休息區內沒有電子設備，而之後陶曼向你保證太空人『沒有在樓下使用電子設備』。即便屬實，這個回答也不夠充分。但是，陶曼和辛區告訴我的調查員，他們不記得有這樣的對話，陶曼還說他不曾向你保證，而且在沒有進一步調查的情況下，他也沒辦法這麼做。」

盧諾始終宣稱他不知道任何太空人的作弊系統，像是敲打垃圾桶或同時期的跑者法。大聯盟的公開報告指出：「調查顯示，沒有證據指明盧諾知道敲擊聲響的計畫。調查亦顯示盧諾在二〇一七年或二〇一八年，既沒有策劃也沒有主動指導重播影像室職員去進行破解暗號的工作。儘管盧諾否認他知道重播影像室職員在破解和傳遞暗號的事，但皆有書面證據和證人口述表明盧諾知情部分的工作，只是沒有給予太多關注。」

然而，科威瑟告訴聯盟，他「幾乎可以肯定」在二〇一七年的客場比賽後段，盧諾有注意到他或是霍根利用電話在交流暗號。

曼佛瑞寫道：「雖然霍根和另一位影像室職員安東尼奧．帕迪亞（Antonio Padilla）沒辦法給出實例，而且還說你停留的時間很短暫，他們還是相信你可能有看過霍根或是科威瑟在破解和交流暗號資訊。帕迪亞和霍根都表示不需要刻意向你隱瞞，霍根說在你面前進行也不會覺得『惶恐不安』。事實上，他還覺得『這麼做可以展現我們工作的成果』。」

科威瑟告訴聯盟，盧諾常在比賽時順路經過影像室，並對他們說一些「你們在解碼喔？」之類的話。科威瑟表示，盧諾在聚餐時會稍微提及「解碼者」，並且說「他很興奮」。霍根則向聯盟調查人員表示，他不記得具體和盧諾進行有關「解碼者」的談話，但「幾乎可以確定」盧諾當著他的面談論過此事。

盧諾否認這些說法。他告訴聯盟，球隊很少聚餐，而且每次聚餐都會有很多人參加，還有他在球場影像室裡待到比賽後段的次數屈指可數，二〇一七年零次、二〇一八年四次。他也否認曾經看過偷暗號或是不當使用手機的證據。

九月二十一日，就在聯盟主席向各隊發出嚴正警告的六天後，太空人在主場迎戰白襪。八局下半，太空人一比三落後，投手丘上的是白襪老將投手丹尼・法奎爾（Danny Farquhar）。白襪戰績低迷，美粒果球場沒有坐滿，門票只賣出二萬四千二百八十三張。球賽後段已經有不少球迷先行離場，而冷清的球場讓聲響可以更清楚地傳到場上球員耳裡。法奎爾面對的首名打者是蓋提斯，他投了六球之後，主動退出投手板，並示意捕手過來投手丘。這個打席中，每當法奎爾要投速球以外的球種時，他都會聽到某種聲響。

法奎爾說：「休息區傳來敲擊的聲音，很像是拿球棒敲打櫃子的聲音，每次捕手比出變速球暗號時就會出現。我變速球丟得挺好的，但都被打成界外。聽到第三次敲擊後，我就退板了。」

法奎爾和捕手馬上把暗號換成壘上有人才會使用的複雜組合，即便當時壘上沒有跑者。

法奎爾說：「這時敲擊聲就停了，我猜他們是用影片破解暗號之後再傳到休息區，這是我對整件事的想法。這讓我超不爽，我也非常氣憤媒體賽後沒來找我。」

太空人休息區瀰漫著驚恐的氣息，他們擔心被抓包了。柯拉轉身叫菜鳥球員戴瑞克・費雪（Derek Fisher）去把電視螢幕取下，而費雪當天沒有出賽。之後，聯盟發現「有一群太空人球員移走通道牆上的螢幕，並把它藏到一間辦公室裡。」

即使曼佛瑞已劃下底線，太空人還是繼續出現舞弊行為，而且季後賽就要到了。

球迷亞當斯盡可能地找出所有二〇一七年賽季的比賽，他發現法奎爾那場比賽之後，太空人的敲擊聲變少了。根據他的研究結果，整個賽季在打擊區聽到最多敲擊聲的球員依序是岡薩雷茲（一百四十七次）、史賓格（一百四十次）、貝爾川（一百三十八次）、柏格曼（一百三十三次）、古瑞爾（一百二十次）、柯瑞亞（九十七次）、馬瑞斯尼克（Jake Marisnick）（八十三次）和蓋提斯（七十一次）。下一位則是麥肯的四十五次，與前一名有著顯著的落差。

太空人當季投最多局數的投手費爾斯說：「有些球員不喜歡這樣，有些人不喜歡先知道什麼球會來，但也有人喜歡。」

亞當斯查出敲擊聲最密集的比賽是在八月四日對藍鳥時，藍鳥派出的先發投手是麥克·波辛格（Mike Bolsinger），他當天面對八名太空人打者，只解決了其中一名。此後波辛格就沒在大聯盟出賽過，他後來提告太空人，但最後敗訴。

二〇一七年賽季，太空人一直相信他們不是唯一這麼做的球隊，認為其他隊伍多少也有**做一些什麼**，但他們從來不管兩者能不能相提並論。

費爾斯說：「我不知道我們有沒有確切的證據，但我敢肯定有（一些別隊從事這種行為的證據）。到了季後賽，我們有老將捕手麥肯坐鎮，投捕直接使用多重暗號，我們沒在讓的。我們確信其他球隊也想盡辦法獲得優勢來贏球，我雖然拿不出證據，但在別人的主場本來就很難抓，有太多方法可以在主場贏球了。」

隨著季後賽將近，連平常很少借助敲擊聲來偷暗號的奧圖維也難掩興奮之情。「我們要在客場痛宰對手，然後回到主場再『咚咚咚』！」奧圖維說道，一位隊友記得他邊說邊模仿敲打的動作。

太空人第一輪順利過關，擊敗紅襪晉級美聯冠軍賽。時至今日，並非每個太空人球員都認為他們還持續在季後賽作弊。大約三分之一的球員後來告訴聯盟，他們不記得或不知道是否有在季後賽作弊，但不排除有些人在掩蓋事實，而有不少人告訴聯盟和記者他們確實在季後賽這麼做。有一常見的說法是在觀眾嘈雜的季後賽環境，敲擊垃圾桶沒辦法一直有效。

「我認為他們是有的，至於敲擊的頻率、程度，或是他們聽不聽得到，這些問題很難回答。有些球員可以，有些不行，有些可能甚至都不記得。」一位知情調查的人說道。

說每分每秒都很吵雜以至於聽不到敲擊聲，的確過於誇張。有球員指出，他們就在美聯冠軍賽的殊死第七戰，在美粒果球場面對洋基擊出一發全壘打。四局下半，雙方分數都還未開張，球迷鼓噪喧鬧，但還不至於太過狂熱。蓋提斯將一顆變化球扛出左外野大牆，幫助太空人取得一比零領先，某位隊員清楚記得在蓋提斯開轟前有聽到敲擊垃圾桶的聲音。終場太空人靠著莫頓和麥卡勒的精采好投，以四比零帶走勝利，他們聯手賞給洋基十一次三振。

太空人接連過關斬將，先後擊敗紅襪和洋基兩支強悍的球隊，只剩下最後一個對手。

對太空人來說，道奇就像站在天平的另一端。道奇的團隊薪資比太空人高出許多，他們的棒球事務部主席佛里曼曾經是克蘭想要網羅的人才。佛里曼過去曾待過投資銀行貝爾斯登公司（Bear Stearns），後來把光芒這支小市場球隊經營得很成功，讓自己聲名大噪。佛里曼入主道奇後，也將道奇打造成一支極具競爭力的球隊。道奇在一些方面也對太空人敬畏三分，其中一項是他們投手在投球轉速上有顯著提升，而道奇也想仿效，同時他們也聽聞「艾傑」攝影機的名聲。一位道奇職員說：「不管到底是不是真的，但我對太空人的印象就是，他們是動態捕捉方面的領先者。」

球隊在創新上有兩個主要面向：實際分析面（涵蓋所有數學與技術能力）和執行面。道奇研發部門的人數比太空人多，擁有高科技研究學位的人才也更多，不過有些道奇人士仍覺得太空人在第二個層面上領先，也就是推行的部分。然而，太空人能有此等優勢並非毫無代價。佛里曼的道奇對於處在灰色地帶完全沒有疑慮，他也喜歡挑戰極限，但過程中沒有像盧諾疏遠那麼多人（但也不代表皆大歡喜）。道奇職員希望能在執行速度上找到平衡，其中一位說：「如果你完全以理性來看待，你確實可以主張那是輸球的原因。但另一方面，人們對於改變的過程就不會那麼不爽，因為步調比較容易掌握。」

太空人和道奇兩隊都懷疑彼此在偷暗號。一位道奇隊員說他們在二〇一七年賽季的確使用了跑者法，並靠著影像室來破解暗號序列，就像紅襪、洋基，以及在客場的太空人所做的事。另一位隊員說聯盟在二〇一八年嚴厲打擊此行為之前，大家都在這麼做。然而，沒有證據顯示道奇像太空人敲擊垃圾桶那般明目張膽地偷暗號。道奇球團內部也懷疑太空人，並出現不同猜想：跑壘教練是否暗中協助？還是牛棚裡有人戴著耳機在打暗號？（不過這些都未被證實。）隊內便有人開始計算，看能不能理出任何頭緒。

當世界大賽第三、四、五戰移師休士頓時，道奇高層與這三戰的先發投手達比修有、艾力克斯·伍德（Alex Wood）和克萊頓·克蕭（Clayton Kershaw）會了面。他們不想讓自家投手窮緊張，但還是告訴他們球隊懷疑太空人在搞小動作，所以就算無人在壘也要使用多重暗號。克蕭和達比修都不理會這個建議，只有相對沒名氣的伍德選擇聽從，結果他反而是三人裡面投得最好的。伍德在第四戰前半段完全封鎖太空人的打線，直到第六局才被敲出第一支安打（史賓格的陽春全壘打）。最後道奇以六比二帶走勝利，也扳平戰局，雙方系列賽二比二平手。

隔天晚間的第五戰，造就世界大賽史上最為驚心動魄、雙方互有領先的經典賽事。東窗事發後，道奇肯定覺得太空人偷暗號的詭計在第五戰發揮了極大效用，第三戰也是如此。即使在當時，第五戰的發展還是讓人感到不可置信。每當一隊取得領先時，另一隊的打線就會馬上給出回應，感覺就像他們都知道投手要投什麼球。道奇在九局上半攻下三分追平，而太空人則在十局下半擊出再見安打，以十三比十二氣走道奇。

世界大賽最終兩戰將回到洛杉磯進行，此時太空人手握三勝兩敗的聽牌優勢。美聯冠軍賽期間，太空人就認為洋基派人在中外野傳遞暗號。他們在洛杉磯時，也懷疑道奇把連上平板電腦的攝影機架設在中外野。據說那台攝影機對準了投手手套，且平板電腦上有不同球種的觸控按鈕，寫著速球、曲球等等。操控攝影機的人按下按鈕之後，投手要投的球便會傳輸到休息區的平板電腦，接著有人會向道奇打者發出口頭信號，示意下一球是什麼球。

然而，這只是傳聞而已，但太空人認為他們抓到道奇的小辮子。據說一位太空人教練在世界大賽第六、七戰其中一場的賽前，看到有人在道奇球場中外野架設攝影鏡頭，教練便朝著那人大喊，結果那人就離開了。部分的太空人隊員走上前去，詢問附近的轉播組員知不知道那個人是誰，而他們都說不知道。那名操作人員據稱戴著道奇球帽，他還在教練走近時放聲大笑。

道奇在第六戰贏球後，把有著「秋季經典」（Fall Classic）美稱的世界大賽逼入第七戰，兩隊將在道奇球場決一死戰。儘管客場不是太空人最有作弊優勢的地方，但他們最終還是以五比一贏得勝利。比賽結束的瞬間，球員興奮地一湧而上，在球場和更衣室大肆慶祝。由官方經營的大聯盟電視網在場上架設舞台，並採訪太空人捕手麥肯。分析師詢問麥肯所有他叫過的暫停，以及道奇有沒有可能知道太空人的暗號。麥肯面露難色，一副「得了吧」的表情。

「還有發生一大堆事情呢……」他說道，並繼續對話。

柯瑞亞在賽後也慶祝向女朋友求婚成功，太空人一躍成為休士頓的驕傲以及職棒的寵兒，來自各方的盛讚不斷出現。個人獎項部分，奧圖維打敗洋基的亞倫・賈吉（Aaron Judge）榮獲美國聯盟年度最有價值球員。貝爾川在賽季後高掛球鞋退休，而柯拉則被紅襪網羅為新任總教練。

隔年春訓，太空人受邀參訪白宮。按照慣例，總統會邀請職業運動的冠軍球隊到白宮接受表揚，但有些球隊和球員在唐納・川普（Donald Trump）的任內選擇不參加，高斯汀是唯一一個沒有出席的太空人高層。好幾位同事都說盧諾是川普的支持者，其中一位說：「盧諾是有錢的白人，他當然支持共和黨。」還有一位主要球星沒有隨隊參訪白宮，那就是柯瑞亞。當天他待在佛州處理賑災物資，以幫助六個月前受到瑪莉亞颶風摧殘的家鄉波多黎各。

在北方的華盛頓特區，太空人領導團隊沉浸在川普官腔的稱讚裡。

克蘭站在講台上說：「盧諾在六年前來到這裡，他重建了整支球隊。六年前他交給我的二十一頁計畫，是帶領我們奪下首冠的原因。」

總統引著盧諾為太空人發表最後一段感言，回想起《休士頓紀事報》一篇好幾年前的報導。盧諾說：「我們在二〇一一年就有雄心壯志。剛開始，我們的步調與媒體和球迷所預期的有點不同，他們說我們用的是『激進手段』。但到頭來，我們的目標就是儘早拿到冠軍，並且打造一支長年都有爭冠競爭力的球隊。我們做到了。」

第十四章 撿到便宜

打從一開始，球迷和媒體很容易因為太空人與眾不同，從而過度浪漫化他們。太空人是耀眼、聰明的新時代新星，而且無所畏懼，勇敢地開拓棒球的新領域。在克蘭入主的第六年，他和盧諾成功翻山越嶺，一路上所受到的質疑也被重新塑造成要被克服的困境，甚至他們奪冠前就是如此，而某部分來說也確實是這樣沒錯。現在，守舊的盧德分子[1]輸了，他們的批評已經一文不值。太空人的目標就只有一個：奪得冠軍，他們也已經拿到手了。

大部分球隊的心思都擺在如何贏球，但太空人在追逐這個目標時，把所有其他的一切都拋諸腦後。盧諾和克蘭現在追求極限的心態肯定不會稍減，他們的眼界也不會超出他們唯一設立

1 譯注：英國工業革命時期，機器的發展取代許多勞力工作，部分人士對於新技術和新科技感到不滿，便集結闖入工廠破壞機器，這些人被稱為盧德分子（Luddites），後用來指涉反對技術革新或機器自動化的人。

的目標：勝利。套句太空人高層的話：「我們的心態整個膨脹了。」

有了冠軍之後，盧諾也開始走下坡。「他的參與度變得很低。」一位高層說道。盧諾出現在美粒果球場的頻率變低，偶爾受邀出席演講。二〇一八年中，他不只獲得加薪，還升任為棒球事務部主席。在盧諾遲到的日子裡，某個較低階的職員會替他的辦公室開燈，營造出他已經到了的假象。

一位高層表示：「我們贏得世界大賽冠軍之後，他改變很多。他大多數時候早上十一點才會進辦公室，尤其當前一天我們有晚場比賽的時候，而且常常打擊練習才來，他會直接從球員停車場走到球場，因為那裡有條通道……這種事在二〇一八和一九年開始愈來愈常發生。」

進入二〇一八年前，總教練辛區想要續約，但盧諾比較希望跟他簽一年約就好。世界大賽結束不久，盧諾對人脈極廣的辛區說，他不需要一位「做著總管的事的總教練」。

太空人奪冠之後，辛區建議他的好友兼球探克里斯．楊恩（Chris Young）離隊（他和那位也叫楊恩的球員沒有任何關係）。在世界大賽的最後兩戰，盧諾禁止楊恩一起隨隊到洛杉磯，因為他是太空人唯一派去客場觀察對手的情蒐球探，他怕楊恩會跟由科威瑟領導的主要情蒐團隊意見不合。不過楊恩和辛區的好關係也是一個重要原因。盧諾曾經告訴楊恩：「我知道辛區會聽你的話，如果他對什麼事情不爽，或是跟你抱怨些什麼，我希望你可以跟我說，我們能一起解決。我知道辛區會對你說這些事。」

辛區一直到八月才獲得一張四年一千二百萬美元的合約，和太空人續約到二〇二二年，而且合約是因為克蘭介入才敲定。二〇一八年，盧諾將兩位從紅雀帶來的小聯盟教練艾伯特和懷特拉上大聯盟，確保辛區的教練團隊裡有更多他的人。

隨著太空人變得更有競爭力，球隊內部盛傳盧諾所做的很多選擇都是為了邀功，他之所以讓這麼多人離開的部分原因是要讓自己留到最後，集所有榮耀於一身。「記住，盧諾會把這裡搞得天翻地覆，只為了成為最後存活下來的人。」一位高階職員說道。

球隊的核心爭論還是沒有止息：太空人應該依循盧諾和梅達爾在紅雀時期創建的願景，還是該轉向費斯特所推行的理想呢？盧諾再度於二〇一八年安排麥肯錫顧問公司來監管，這次要檢視的是球員發展方面，但二〇一七年的建議仍在彙整中。

一位核心圈的人表示：「找麥肯錫來的主要原因是要讓盧諾知道，到底梅達爾和費斯特誰才是對的。結果麥肯錫在過程中把兩邊的缺失都羅列出來，一方面麥肯錫很誠實，他們的報告讓梅達爾感到很心寒，另一方面也讓費斯特感受不到支持。」

為了省錢，太空人沒有讓麥肯錫正式主導執行的部分。「我們花錢請來的是較低價的顧問服務，他們直接空降進來，交出一堆報告之後就走了，所以沒有給出很多指引。」一位職員說道。

麥肯錫對研發部門的建議多半是合理的，也與費斯特和陶曼想追尋的一致。但問題是他們缺乏支持，很多同事覺得盧諾都只挑選他想要的部分。至於選秀模型，麥肯錫建議太空人提升軟體的性能，因為軟體才是整個選秀模型的本質。

一位職員說：「麥肯錫很善於察覺盧諾喜歡聽到什麼樣的建議。盧諾所聽取的簡報告訴他，如果要得到他想要的結果，就要改正選秀模型裡的某樣東西，他就覺得沒問題。可是有些地方盧諾沒聽到，後來梅達爾才告訴他。我認為梅達爾感覺到威脅，因為梅達爾很清楚當時是如何創建模型的，如果現在要發展軟體，那他之後對模型的理解能力和貢獻很可能會完全跟不上。」

一位麥肯錫顧問和一位太空人職員說，他很震驚他們給的建議和太空人實際上做的居然有很大的落差。

「麥肯錫告訴盧諾很多他需要知道的事，但盧諾聽完後並沒有馬上進行改革，不像他在二○一一年剛來時所進行的那樣。盧諾還繼續留著梅達爾。盧諾在獎勵和賞識他人方面太過遲鈍，這一部分是因為個性，也可能是因為太固執。」

麥肯錫還建議太空人要轉型到雲端作業，即便這已是老生常談。一位高層人士說：「是啊，每個人都要轉到雲端。這種事商業人士都在做，每個人也都知道。因為他們有企管碩士學位，而且都在『魔力象限』[2]裡面，所以我們要照著做。」

麥肯錫認為該部門需要再聘請五位人手，但盧諾覺得這樣太多。他們決定先找來一位軟體架構師，從新增一個人開始。克蘭有個主意，他的本業克蘭國際物流（Crane Worldwide Logistics）在軟體開發上挺有心得，因此他把團隊分離出來組成一間名為莫迪安（Modiant）的新公司。克蘭發現了企業合作的機會，何不讓莫迪安來負責太空人雲端化的工作呢？

「他們在做的事情跟我們很類似，試著要找出如何使用大數據來源，並拿它來做決策，還有打造出軟體基礎架構，而這跟我們在做的事情吻合。」一位太空人職員回憶道。

克蘭總是樂於用自己的一項事業來造福另一項，當他考慮在休士頓投資餐飲業時，他請陶曼來評估財務狀況。然而，這次的互助卻把已經焦頭爛額的高層推入火坑。一方面，太空人總共支付超過一百萬美元的款項給莫迪安，而這筆錢也夠太空人自己聘請好幾位人手了。高層認為莫迪安偏好高價的解決方案，這很明顯對莫迪安有好處。太空人職員還提到付給莫迪安的錢其實就是流向克蘭的另一個事業，等同於利用太空人去支援這家新創軟體公司的營運資本。最後，莫迪安只讓陶曼和費斯特更加頭大。除了財務問題外，莫迪安不斷逾期，而研發部門對此一點都不驚訝，因為莫迪安的事業根本還沒有什麼進展。

「這簡直就是個災難。」一位職員說道，但盧諾似乎一點都不介意。「盧諾是支持莫迪安的，因為這筆帳不會算在研發部門的開銷上，而是太空人的團隊支出。這樣就感覺他很有效率，在沒有額外支出的情況下還可以有貢獻，甚至可以說他就是想這麼做。」

莫迪安占用了美粒果球場二樓的辦公空間，二〇一七年太空人拿來選秀的空間現在變成莫迪安在使用，促使他們得在佛羅里達進行二〇一八年的選秀。即使莫迪安的人出現在辦公大樓

2　譯注：魔力象限（magic quadrant）是Gartner公司的分析研究報告，依據「執行力」和「前瞻性」將企業排在不同象限中，作為評估參考。

內，太空人還是盡可能不讓外界察覺，只在二〇一九年發布給媒體的指南中簡略地提到。

他們總是行事低調，舉例來說，有一次陶曼在測試球棒的甜蜜點，也就是球棒上最佳的擊球位置，因為他正在研究球棒的彈簧床效應。[3]

一位職員說：「這樣有違規嗎？沒有。那這樣是不好的行為嗎？也不是。他們在做的就只是測試球棒的品質。我們沒辦法把任何資訊放到專案計畫的追蹤軟體上，那些人不會透露他們在幹麼，他們就只會出現，然後下樓到祕密房間測試球棒。」

麥肯錫還建議研發部門每個月召開一次會議。隨著部門規模擴大，盧諾希望能更公開透明。有人說會議後來演變成盧諾在高層核心面前，嚴厲斥責費斯特的「任何事和所有事」，也有人把會議形容成伴侶諮商的過程。

二〇一八年三月，費斯特找上陶曼並跟他說他不想再繼續下去了。費斯特的合約將在十月底到期，而且他快崩潰了，屆時他很可能就會離開。陶曼要費斯特打電話給在外出差的盧諾，他們談了一個多小時，而談話內容甚是鼓舞人心。可是當盧諾返回休士頓後，盧諾就把費斯特叫進辦公室並跟他說，梅達爾哪裡都不會去。盧諾還表示，梅達爾是他的得意副手，並要費斯特好好聽命行事。

一位太空人職員說：「一直以來就只有區分成兩種人，曾經在紅雀和盧諾共事過的人，以及不曾待過紅雀的人。而且感覺起來那些沒有待過紅雀的人，必須要加倍努力才會被看見。看看梅達爾、艾利亞斯和奧茲・歐坎波（Oz Ocampo），他們都是這樣。好笑的是，太空人在解雇職員方面非常無情，很多時候也確實如此，我不是想說這是捏造出來的。但與此同時，梅達爾和歐坎波都被調離職位，好像只要曾經效力過紅雀，這種無情就可以轉彎。」

二〇一八年賽季，太空人再度打出相當好的成績。盧諾在春訓時和剛贏得美聯最有價值球員的奧圖維續約五年，合約總值一億五千一百萬美元，這是他和太空人球員所簽下最大筆的合約。奧圖維當時合約還沒走完，所以不算自由球員，只不過他又重新回到經紀人波拉斯的懷抱。他幾年前第一次和太空人簽下長約時，曾和波拉斯分道揚鑣。就如同辛區的延長合約，克蘭也插手確保奧圖維能續約，只是程度沒有那麼大。克蘭和盧諾很早就知道他們會在對的時間花錢，他們用長約綁住奧圖維後也兌現了。不過，他們都還是只把自由市場當作補充，以划算的價格和自家農場球星續約比較好。

「問題終究在於你想要花多少薪資在一兩位球員身上，當你有很多年輕好手時，你勢必得因為仲裁以及綁住他們而花錢，你必須牢記這點。」盧諾在與奧圖維續約前一個月說道。

盧諾在休賽季從海盜交易來前選秀狀元柯爾，他有著威猛的球速和很高的潛力，太空人相信能夠讓他發展得更好，而他們是對的。對投手來說，單季二百次三振已經是很高的成就，而柯爾光是在上半季就投出一百七十七次三振。隨著七三一交易大限愈來愈近，一樁本會讓人大

3 譯注：在球棒擊中球的瞬間，球會變得扁平並包覆擊球點，之後藉由對球棒的推力反彈，這便是所謂的彈簧床效應（trampoline effect）。

吃一驚的重磅交易成了泡影。太空人原已經同意與國民交易他們陣中的明星外野手布萊斯・哈波（Bryce Harper），但最後被國民老闆否決。

盧諾在補強牛棚時，他再度將目光放到前一年鎖定的投手身上：藍鳥的歐蘇納，但這次的考量卻非常不同。五月初，歐蘇納在加拿大被捕，罪名是襲擊他三歲兒子的母親。六月底，曼佛瑞根據聯盟的家庭暴力防範政策，將歐蘇納處以七十五場的禁賽。大聯盟家暴防範政策從二〇一五年才開始實施，這是當時依此政策所祭出第二長的禁賽懲處。加拿大隱私權法的規定讓大眾無法了解歐蘇納被逮的細節，不過曼佛瑞在宣布禁賽時，提到聯盟是在檢視完「所有手上的證據」後才做此決定，而曼佛瑞將禁賽場次定在七十五場也暗示這是件嚴重的家暴事件。歐蘇納並沒有上訴。

然而，禁賽終有結束的一天，歐蘇納將在八月四日回歸，也就是七三一交易大限截止的後幾天。升任為主席的盧諾聽聞藍鳥想要交易歐蘇納，只要有球隊願意收他，他便可以繼續在剩餘的賽季上場。盧諾知道當時並沒有規定受到家暴懲處的球員不能在季後賽出賽，所以如果太空人獲得歐蘇納，他就可以在十月上場投球。盧諾很看重歐蘇納的投球能力，他才二十三歲，投球的天賦並未因此減少。歐蘇納的三振多、保送少，而且還很年輕，是個身價不高的可控資產。除此之外，盧諾還將歐蘇納視為可以用低價買進的不良資產。他才剛被控告對婦女施暴，大部分球隊都不要他，使得他的市場價值有限。

一位太空人高層表示：「這裡有個便宜可撿。家暴問題重要嗎？是的，我覺得盧諾真的這麼想。但是贏球更重要。」

盧諾和高層討論前，他先派陶曼仔細研究一下。陶曼很快發現兩件事，一是歐蘇納的禁賽時間，二是他其實沒有比其他交易選項來得好。於是陶曼不想爭取他，便要盧諾去找其他後援投手，包括萊恩・普瑞斯利（Ryan Pressly）。有一週的時間盧諾沒有討論這件事，後來他得知藍鳥的母企業羅傑斯通訊（Rogers Communications）要求藍鳥球團交易或釋出歐蘇納。

「盧諾覺得可以用低價網羅，所以要想辦法拿到他。」一位同事說道。

據說聯盟主席辦公室清楚地對陶曼說要遠離歐蘇納，盧諾聽到消息之後，決定和整個高層討論。太空人高層於七三一交易大限前在會議室裡舉行圓桌會議，跟盧諾一起討論的核心人士有陶曼、費斯特、高斯汀、霍根和夏普，他們已就歐蘇納的交易案討論過很多次，而費斯特和高斯汀是兩個主要反對者。

「盧諾第一次提出時，我記得多數人都沉默不語，因為他們很怕發表意見。」一位在場的人說道。盧諾離開會議室後，反對聲浪就出現，後續還開了很多次會議。

一位同事表示：「我們團隊表明不想要歐蘇納，但盧諾會要求其他人做更多的評估調查。到最後，盧諾不想再聽到團隊其他人的回饋，所以把他們都踢除了。」

交易大限前幾天，太空人成功拿到後援投手普瑞斯利。有了這位新的牛棚大將，陶曼覺得這樣就夠了。盧諾持續和藍鳥總管羅斯・亞金斯（Ross Atkins）談了很多次，通常盧諾會讓陶曼與別隊總管通電話，但這幾次都是他親自出馬。最後，盧諾告訴陶曼他想要完成這筆歐蘇納的交易。陶曼會強烈反對的原因不僅是基於道德層面，還有這筆交易整體看來就是不合理。最後一場高層會議就此展開，盧諾要他的團隊為歐蘇納交易案的不同版本評分，而高斯汀在每一項都給最低分。

高斯汀在二〇二一年說：「我每一項提案都打零分，不管是拿球員還是一袋棒球去交易歐蘇納，我死都不贊成，而且我也勇於表達出來。盧諾跟我說他是在問棒球上的意見，而不是在問道德上的意見。我對他說，我認為歐蘇納會為球隊和球團帶來不好的影響和風氣，這就是棒球上的決定。儘管不是全部，但裡面肯定夾雜著棒球的因素。」

盧諾對高斯汀的回覆在另一位旁觀者看來，十足展現出了高高在上的姿態，彷彿在說：「我不想聽你的嬉皮自由言論。」當高斯汀給出他的解釋後，也就是如果盧諾非得要從棒球視角來切入，他認為這筆交易會對球隊不利，那位旁觀者表示盧諾的回覆是：「好喔隨便，管他的。」

與此同時，費斯特不敢相信他們居然真的想討論歐蘇納。他看上去激動不已，可是他已經被各種研發部門的會議和高層發生的事壓垮了，所以沒有太多發言。「他閉口不答，大概是因為也沒什麼辦法。」一位好友說道。費斯特在會議室外鐵青著臉和同事交談，質問球隊到底在想什麼？到底想幹麼？

「很明顯沒有人支持這場交易，大家都持反對意見或是不贊成。」一位高層回憶道。

這筆交易在七月三十日宣布。

「盧諾在此次交易中完全忽視了他的決策團隊，因為他不喜歡他們給出的想法。」一位核心圈人士表示。

高斯汀清楚表明他覺得這是個錯誤決定。他在二〇二一年說：「歐蘇納就是個家暴仔，我覺得這種人不應該繼續留在棒球圈，這一點都不難懂。」

但為什麼盧諾看不出來呢？

高斯汀說：「歐蘇納絕對不是第一人。不只盧諾，職棒裡很多人都把贏球當作唯一重要的事，其他方面都不屑一顧。只要球員很有才華，大家都不會管其他東西，歐蘇納絕對不是唯一，很多人都是這樣，他們也還在職棒裡打球。」

其他職棒球員也曾因施暴遭到禁賽，聯盟規章允許他們回歸賽場，不少人對此感到憎惡。什麼樣的行為值得給第二次機會，又或者什麼形式或長度的反省是合適的，這些討論並非毫無意義，人們反而更應該好好善用。對外，盧諾深信歐蘇納值得改過自新的機會。

盧諾在完成交易不久後，透過《休士頓紀事報》說道：「我個人支持這筆交易的理由是我們有一個可以讓歐蘇納成功的環境，我指的不只是球團，還包含休士頓這座城市。我從小在墨西哥長大，我了解墨西哥的文化，我跟歐蘇納可以隨時用西語交談。休士頓因為地緣的關係，有很多來自墨西哥還有拉丁美洲的人。我覺得這在未來能提供歐蘇納良好的契機，也會帶來正面的影響。」

就算盧諾是真心的，但身為球團的一分子，他正試圖從一樁劣行中榨取價值。在這場暴力指控的餘波中，盧諾嗅到了一絲機會。在會議室裡，盧諾是最有權威的人，他的高層副手都太年輕了，他們在球團的工作經驗全都來自盧諾的指導，也沒有年資超過二、三十年的老鳥在場。

一位高層說：「太空人球團裡的人大多沒什麼經驗，我覺得有很多理由可以解釋，而且有好有壞。」

辛區在交易後立刻向球員喊話，幾天後，克蘭和盧諾也向球隊發表談話。無論他們實際上是否充分解決了歐蘇納新隊友們的擔憂，太空人還是欠缺為球團裡的其他人做好準備。太空人職員表示，他們自己和其他球團人員的情緒在交易案之後都立刻遭受打擊，因為歐蘇納的加盟向職員（尤其是女性職員）傳達了球隊漠視家庭暴力的態度。職員們看不到球隊有心要投入夠重要的資源來解決內部的擔憂，也感受不到他們有意要行動來處理這件事對美粒果球場人員的影響，他們不得不重新審視工作場域的核心價值。不過，球隊還是張貼了一些關於家庭暴力的海報。

盧諾在與媒體談話後前往墨西哥出差，留下陶曼代表棒球事務部，而陶曼很不爽盧諾把他單獨拋下。他在內部大廳向職員致詞，也和棒球事務部裡的一些女性職員進行一對一談話，可是陶曼並沒有受過這方面的訓練，也沒有展現出足夠的理解和支持。雖然人資部門主動示好，讓員工想要的話可以來談談，但在大多數人眼裡，這只不過是空洞的作為。

據稱盧諾不在時，太空人球團總裁萊恩和企業合夥部資深副主席麥特・布蘭德（Matt

Brand）正在找他，一位同事說他們「很驚訝居然找不到人，而且對於做決定前沒有先來諮詢他們感到很不爽。」通常盧諾在做棒球事務的決策時，不喜歡負責商務的主管來插手，尤其是萊恩。但如今面對這麼重大的決定，「萊恩也應該一起參與討論」，一位棒球事務部的職員說道。

那麼老闆是持什麼樣的態度呢？儘管克蘭不會干預，但他都清楚知道每一件重大的棒球決策。一位高層說：「克蘭授權讓盧諾完成這筆交易，這也很令人不滿，他也該負起部分責任。」不管在交易前還是之後，克蘭和盧諾其實都應該花更多心力來確保球團裡的女性職員和球場工作人員能獲得足夠的支持。多次讓老闆和總管被炎上的並不是他們所重視的東西，而是被他們擺在一邊的部分。

加拿大當局在九月撤銷了對歐蘇納的控訴，指控他施暴的女性已在攻擊事件後返回墨西哥。根據《加新社》（Canadian Press）記者柯林．佩科爾（Colin Perkel）的報導，加拿大檢察官說原告表明她不願意到多倫多出庭作證。歐蘇納也同意一年不得接近該女性，並且要進行諮商。

這是大眾和棒球界在太空人奪冠後，首次將目光轉移到盧諾和克蘭的經營方式，球團內部也出現動盪。

一位太空人職員說：「球團內部四分五裂，管理層出現分歧，球迷也分裂，到處都是衝突。這讓球界出現了『太空人當然會這麼做』的鬼話。」

陶曼認為盧諾都忽略他，而費斯特也下定決心不再替盧諾工作。費斯特其實在這筆交易之前就知道，但一直到盧諾完成交易前，他偶爾還是會懷疑自己是否反應過度。費斯特總是記得過去太空人取得的輝煌成就，並享受著他們創新的方式。但在交易過後，那些對費斯特都不重要了。九月中旬，就在太空人即將以衛冕軍的身分重返季後賽時，球隊給了費斯特一份新合約。然而，他拒絕了，並且離開他的第一支大聯盟球隊。

「歐蘇納的交易成了致命一擊，但他過去早已累積很多不滿和嫌隙了。」

第十五章　獅子與鹿

二〇一八年，聯盟主席辦公室試著強化電子偷暗號的規章。此規章在前一年還只有七個段落，現在已經長達三頁，而且用粗體字明文規定使用影像室來偷暗號是違規行為，不論是用跑者法還是其他手段。然而，修法和實際執行卻是兩回事。在二〇一八年賽季期間，大聯盟並沒有派遣常駐人員來監管球隊的影像室。雖然監管人員時不時會來抽查，但這無法防止一心想要作弊的球隊。到目前為止，大眾對聯盟偷暗號的認知僅止於「蘋果手錶案」，太空人前一年做的事還無人知曉。不過很多球隊都開始疑神疑鬼，尤其是季後賽列強，而且這層疑慮有時還會變成一種偏執。這些懷疑中也有一絲真相，即使沒幾個人知道實際發生了什麼事。

太空人在二〇一七年季後賽將影像室搬移到更靠近休息區的位置，在二〇一八年又挪了一次。大聯盟同意太空人和其他球隊這麼做，也顯示出曼佛瑞和聯盟根本沒有意識到問題的嚴重性。根據科威瑟後來對聯盟的說法，他告訴盧諾搬遷影像室「不是個問題，因為這樣離休息區更近，影像室的人就可以親自過來傳遞訊息。」盧諾駁斥了這個說法。聯盟後來調查發現，太空人在二〇一八年並未繼續使用敲擊垃圾桶的方法，將暗號直接從球員通道傳遞給打者，但他們當年還是有使用跑者法。

太空人並非唯一。強隊紅襪剛在二〇一七年因「蘋果手錶案」被罰款，在新任總教練柯拉的帶領下，馬上又於二〇一八年故伎重施，開始在影像室裡破解暗號。紅襪主場其實有兩間影像室，一間在休息區旁，那是正式的影像室，另一間則在上層區域，是預備用的影像室。隨柯拉一起從太空人轉到紅襪的投手教練彼恩森，有時會在晚上和柯拉聊著太空人在二〇一七年偷暗號的往事，甚至到了吹噓的地步。「特別是他們開始喝酒的時候。」一位紅襪隊員說道。「世界大賽冠軍是我們偷來的。」這像是柯拉會說的話，而他的言論也確實嚇到不少人。

另一位隊員說：「我們知道太空人偷暗號的事，這是柯拉告訴我們的，他說他們對陣道奇時，還沒上壘就已經知道對方要投什麼球了，根本不用到壘包上看。我們聽得一頭霧水。」

有些球隊知道其他人過去做了什麼，有些不知道，但相互指責的程度卻愈來愈極端。二〇一八年五月，紅襪在王牌終結者克雷格．金布瑞（Craig Kimbrel）被洋基逆轉後，確信洋基這支過去幾年一直使用跑者法的球隊還在作弊。職棒圈內開始出現各種陰謀論，只要說得通似乎就有可能發生。有人開始質疑球員褲子後面的口袋裝了什麼？護腕是不是怪怪的？會不會身上暗藏可以接收投球暗號的裝置？各種未經證實的指控滿天飛，尤其是在強隊之間。

太空人想藉由非正式的反間諜行動來保護自己，他們在整個二〇一八年賽季採用了一些招數以確保其他球隊不會對他們作弊。一位同事說：「盧諾投入反情報工作的程度比他嘴上說的還要熱中。」到了客隊球場時，科威瑟會用攝影鏡頭掃視中外野，看對手有沒有架設攝影機。隨隊的高層有時也會親自巡視，像陶曼就會查看是否有頻率一致的閃燈出現。

太空人在五月底作客洋基時，他們相信自己已經知道洋基在搞什麼鬼了。喬．艾斯帕達（Joe Espada）接替柯拉成為太空人新任板凳教練，他從二〇一五到二〇一七年在洋基擔任教練。一位太空人職員說，艾斯帕達曾提醒包含盧諾在內的多位球團人士，當他前幾年在洋基時，他們會在中外野偷暗號。艾斯帕達還指出地點就在中外野的攝影席，操作人會用訊息把暗號傳回給球隊。另一位隊員則說，他們並不知道艾斯帕達所描述有關洋基的內幕消息，也不認為這個消息可靠。據那位隊員所述，太空人的情報僅顯示出洋基有好幾台情蒐攝影機，而且有可能被拿去做不正當的事。

盧諾和陶曼都隨著球隊到了紐約。生於長島地區的陶曼原本和家人坐在一起，不過被盧諾叫去中外野查看一下。陶曼到了中外野後，發現一位年輕的洋基工作人員正在操作一台昂貴的高速攝影機，而且比太空人使用的艾傑攝影機貴出許多。陶曼認為攝影機正對準了捕手手套，他趕忙向盧諾回報。盧諾說他會打電話給聯盟，而陶曼也致電了洋基高層。

陶曼開始盤問該位工作人員，但沒有得到回應，於是直接走進攝影席裡站在那人旁邊，而他還繼續在操作攝影機。

「老兄，我只是在聽命行事。」那人說道。陶曼錄下整個過程，並把影片提供給大聯盟。

洋基管理層對陶曼的踰矩行為感到勃然大怒，而當時跟陶曼一起在中外野的還有另一位叫作凱爾．麥拉林（Kyle McLaughlin）的太空人職員。他過去曾在克蘭位在佛州的高爾夫球場擔任球僮，也是專門索取球員簽名的獵手，並以實習生的名義加入太空人。此外，太空人的安全主管也在場。

洋基主管後來表示：「他們兩個一搭一唱。麥拉林趴著拍照，而陶曼闖進管制區域，他們什麼都不管，無視一旁的警衛，也表現得很無禮。這太扯了，還指控我們。」

陶曼很快就抓狂，同時他也覺得洋基對他不公，因為他只是在遵循盧諾的指令。比賽結束後，聯盟主席親自和兩隊召開一場群組通話會議，盧諾和陶曼就坐在辛區的辦公室裡聽。最後，大聯盟認定洋基架設並使用攝影機是經過聯盟核准的，他們可以在賽後觀看影像，但不能在比賽中即時觀看。

從二〇一八年開始，聯盟主席辦公室要求每一隊檢附球場所設立的「情蒐」攝影機。舉例來說，道奇在中外野有兩架對著捕手的攝影機，一位知情這份名單的聯盟主管在當年說：「每隊都有大約二十台到四十台的情蒐攝影機，你不能在比賽中用它們偷暗號，但是比賽後你想怎麼運用都可以。」據說太空人主場有將近四十台的情蒐攝影機。

當然，獲准以某個理由來使用攝影機不代表不能以其他理由來用。儘管如此，大聯盟仍然認為洋基沒有違規。因此，太空人高層開始覺得大聯盟在偏袒洋基。洋基宣稱那台攝影機並非對著捕手，而是對準投手的放球點，只是捕手剛好出現在畫面而已，但陶曼認為他錄的影片不是這樣說。然而，此事件並沒有馬上公開。

雖然大聯盟在二〇一八年賽季偶爾會派人監管影像室，但只要監管人員不在，他們就能輕易地利用影像室來偷暗號，球隊只需要派人在外把風就好。科威瑟聲稱在當年年底和盧諾的兩次會面中，他有一次告訴盧諾，他認為歐坎波沒有做好把風的工作。歐坎波原本是太空人的國際球探總監，被盧諾拔掉之後成為特別助理和球隊翻譯，另外還負責在比賽中留意聯盟的監管人員。科威瑟告訴調查員：「歐坎波沒有把好風，他的失職差點害他們被抓包。」科威瑟還告訴大聯盟，盧諾「沒有質疑為何需要有人把風，也對此毫無反應」，很明顯盧諾「知道太空人在二〇一八年賽季還在使用跑者法」。

歐坎波本人和同事帕迪亞皆向聯盟證實，歐坎波的確在二〇一八年擔任把風的工作。盧諾告訴調查員，他記得「曾經有討論到歐坎波『幫助不大』，也記得科威瑟說『他覺得歐坎波不是位好職員』。」但是只要面對這種暗示他知情太空人作弊的指控，盧諾一貫的做法又出現了。盧諾向大聯盟表示，他「不清楚明確的抱怨為何，也不清楚那是不是針對歐坎波身為『把風者』的對話。」

二〇一八年季末，換科威瑟要洽談他的合約。在十月與盧諾見面之前，科威瑟在訊息軟體Slack上條列出一些能幫助他續約的論點。科威瑟用了「暗黑技術」這個詞，並且寫道：「最後，我手上有我們之所以能拿到冠軍的祕密，如果有些祕密能留在這裡他肯定比較放心。」

後來，曼佛瑞給盧諾的信寫道：「科威瑟告訴我的調查員，他與你會面時提到條目裡的所有面向，並且使用了『暗黑技術』和『解碼』來宣揚他替太空人偷暗號的付出。你承認你們兩個有討論條目裡的其他事項，但否認科威瑟提到『暗黑技術』，也就是『解碼者』，或是曾以保守祕密來『要脅』你。」

⚾

太空人、紅襪、洋基和道奇再度闖進二〇一八年季後賽。如果現在還有球隊打著作弊的算盤，除非他們做得神不知鬼不覺，不然恐怕很難一直成功。大聯盟史上第一次針對影像室進行了全時段的現場監控，由活生生的工作人員來遏止作弊事件。晉級季後賽的球隊也都很自覺地改變暗號策略來保護自己。

一位二〇一八年的紅襪隊員說：「大家都是作弊能手，而且我們也都知道彼此在幹麼。到了這個時間點，沒有人能全身而退……如果找來獅子與鹿，獅子就會對鹿大開殺戒。例行賽中那些鹿都不夠專注，但到了季後賽，我們要面對的都是獅子。」

太空人二〇一七年的投手費爾斯是大聯盟決定加強安全管理的因素之一。他在二〇一八年上半季加盟老虎，後來被交易到運動家。他向兩支球隊警告了太空人的勾當，而這番話傳回太空人，說費爾斯正在引戰。費爾斯在二〇一九年說：「我告訴我的球隊，我不知道聯盟確切的規定，但我知道太空人在幹麼。我必須讓我的球隊知道，這樣我們作客太空人時才能做好準備。消息傳出去後，太空人氣炸了。但那根本不是棒球，他們根本是在用錯誤的方式打球，這就是我的想法。身為投手，你沒辦法控制那些事情，只能從一開始就使用多重暗號組合。如果大聯盟想要加快比賽速度，讓節奏更流暢，就不能允許太空人在主場幹這種事。」

季後賽開打之前，運動家總管大衛・佛斯特（David Forst）告訴聯盟主席辦公室的專員彼得・伍福克（Peter Woodfork），運動家已得知太空人的伎倆。佛斯特和伍福克從大學時期就認識，他們都曾在哈佛打過球。根據一位知情人士，聯盟並未將此次回報認定為正式的申訴。時任運動家總教練的梅爾文恰好是十年前在響尾蛇被辛區取代的總教練，二〇一八年例行賽中，太空人兩度打爆運動家投手布瑞特・安德森（Brett Anderson）。其中一場賽後，梅爾文打給辛區想問太空人是否在做一些壞事，而辛區否認球隊有任何不當行為。

聯盟高層一直以來都不希望轉移季後賽的焦點，因此沒有特別召開正式記者會宣布他們所加強的安全措施。然而，太空人在季後賽捲入了一齣爭議事件，迫使聯盟不得不出面說明。

太空人第一輪的對手印第安人抓到麥拉林在他們休息區周圍拍照。太空人老早就懷疑印第安人在偷雞摸狗，因為隊上的老大哥韋蘭德正是這麼想的，太空人也想找出原因。當韋蘭德在二〇一七年加入太空人並且得知他們敲擊垃圾桶的詭計之後，有提到對印第安人的懷疑。太空人全隊上下大概就屬韋蘭德對陰謀論最有興趣。交易來太空人一年後，他在某場賽前告訴高層，他懷疑印第安人主場中外野的那些樹暗藏玄機。一位職員說：「韋蘭德宣稱球場人員會在中外野的一棵樹上綁條線。」據說球場人員會拉著線去移動樹木，以此顯示投手將會投出什麼球。一位高層說，季後賽時盧諾與兩位助理總管陶曼和艾利亞斯都在場，三人一齊前去偵查，結果最後發現那條線應該是跟球場施放煙火的設備有關。印第安人也察覺到艾利亞斯在窺探他們。

與印第安人的系列賽期間，投手教練史卓姆和情蒐團隊很擔心本壘後方的幾台電視螢幕，雖然是在觀眾席，但場上都看得見。太空人在例行賽就曾注意到那些電視，到了季後賽，太空人向聯盟投訴此事，但卻沒有下文。

太空人擊敗印第安人挺進下一輪，即將面對柯拉領軍的紅襪。印第安人提醒紅襪要注意麥拉林的窺視，而紅襪也確實再次抓包麥拉林。這下整件事都曝光了，包含五月發生在洋基球場的事件。聯盟高層在季後賽期間簡要地調查了太空人，最後裁定麥拉林所做的就如同太空人所宣稱的一樣：這是反間諜行為，而非主動去偷暗號。聯盟並沒有懲處太空人。

諷刺的是，太空人這種反間諜行為也曾出現在美粒果球場。這豈不是跟已入獄的紅雀高層寇瑞亞所宣稱的一樣嗎？一位太空人隊員說：「盧諾說我們是在防範對手，而不是主動出擊。這理由很牽強，就跟寇瑞亞的方法一樣。」

除了麥拉林的事，聯盟其實還有其他關乎太空人的線索可以挖掘，只是基於保全季後賽的緣故，聯盟主席辦公室不願繼續調查。美聯冠軍賽期間，一位聯盟高層在波士頓芬威球場的包廂裡告訴盧諾，聯盟已經耳聞太空人有一套跟敲打垃圾桶有關的系統。盧諾向該名高層否認，並稱這件事「荒謬透頂」。

根據知情人士透露，有一位同事宣稱盧諾在同年季後賽承認他知道太空人有使用垃圾桶來偷暗號。據說盧諾告訴那位同事：「這事是真的。」但盧諾對外堅稱，他直到一年多後才知道這些事情。

太空人的暴力打線在美聯冠軍賽熄火，最後敗給了紅襪。聯盟在這個系列賽觀察柯拉會不會透露任何有關太空人的消息，但他隻字未提。最終柯拉帶領紅襪殺進世界大賽，並且擊敗道奇，使得柯拉連續兩年都嘗到冠軍滋味。幾年後，聯盟對太空人和紅襪進行漫長的調查，發現兩隊都在二〇一八年季後賽之前就停用了跑者法，也就是說當年季後賽他們是清白的。

曼佛瑞寫道：「太空人在二〇一八年賽季中，停止利用影像重播室來破解暗號，因為球員不再覺得這個方法有效。調查顯示太空人並未在二〇一八年季後賽嘗試使用電子設備來破解和傳輸暗號。」

但偷暗號的詭計就此結束了嗎？真的完全結束了嗎？

「我認為這個方法已經沒有效了。」一位太空人職員說道，而其他人也跟著附和。「可能是因為太多球隊控訴太空人在偷暗號，所以聯盟開始防範重播系統，使得往後更難去偷暗號。沒有人是基於良知而收手，他們之所以停下來是因為沒辦法成功了。」

二〇一八年初，太空人高層收到很多來自球員和教練的抱怨。研發部門創建了一套工具，它可以根據打者的球數和身高來預測一顆球會被判成好球或壞球的機率。球員可以合法地在比賽中使用這個工具，而高層認為這可以幫助球員判斷該不該揮棒。他們會說：「那球很可能是顆好球，你應該揮棒的。」或說：「這球有高機率會被判成壞球，你應該放掉。」這就是他們一開始的初衷。

然而，在比賽中使用這個影像工具已開始造成許多問題，球隊也因為受到一些刺激而減少使用，有時球員會太執著於影片。「岡薩雷茲很容易向主審抱怨好球帶，因為『追蹤者』系統的判定與主審不同。因此我們得在比賽時捨棄不用。」讓球員常常對裁判大吼大叫可不是件好事。「偷暗號事件爆出後，我常常想到這件事，球員在比賽期間可以拿到太多資訊了。」

道奇不認為紅襪在二〇一八年季後賽就完全停手，而紅襪同樣也認為道奇在幹一些勾當。一位紅襪隊員說：「道奇一直都很困擾我，因為他們是職棒裡最大的作弊仔。他們在二〇一八年世界大賽中作弊，而且還被聯盟抓包，但聯盟卻沒有任何作為。」

據傳，道奇打者賈克·彼得森（Joc Pederson）跑到芬威球場的客場影像區，裡頭還有隊友切斯·厄特利（Chase Utley）和一位大聯盟高層。

「你拿到暗號了嗎？」彼得森問道。

「那位高層的回應是：『你白痴喔！』」一位不具名的紅襪人士說道。「顯然大聯盟沒有任何作為，他們只是嚷著：『不要再這樣做了。』然後就跑去找紅襪的影像操作人員瓦金斯，先好好告誡他一番，確保他不會亂來。瓦金斯回問他：『所以你們抓到厄特利在搞事嗎？』」

瓦金斯沒有得到回覆。「瓦金斯突如其來這麼問讓聯盟的人傻住了，因為道奇的謊言被戳穿了。我就知道那幫人在搞事。」那位紅襪人士說道。

另一支球隊的總管建議檢視太空人在得點圈有人時（意指二壘或三壘有跑者的情況）的表現。在二〇一七年例行賽中，太空人在得點圈有人時的打擊率是二成九四，高居聯盟之冠。得點圈有人且兩出局後，他們還是排名第二，打擊率高達二成八二。這樣看來，截至二〇二二年為止，在世界大賽兩出局、得點圈有人的情況下，紅襪在二〇一八年打出的四成七一的打擊率是史上最高。同樣地，六成〇九的上壘率也是史上最高，而歷史上僅有一隊的長打率比紅襪的八成八二還要高。就算太空人在整個二〇一八年賽季都利用影像室來破解暗號，也使用最惡名昭彰的攝影機和垃圾桶來偷暗號，但他們的數據還是落後紅襪一大截。

第十六章　壓力機器

到了二〇一八年底，費斯特不是唯一一位出走的太空人高層。另外一個麥克，也就是艾利亞斯，他是盧諾在太空人第一批招募的高層，也從紅雀跳槽來太空人。艾利亞斯身居要職，但沒有參與所有事務。他專心擔任業餘球探總監，經常在外出差。比起費斯特或陶曼，艾利亞斯顯得比較溫和，也不會是站在風口浪尖的人。艾利亞斯早已萌生退意，高層的勾心鬥角和各種戲劇性的會議也開始找上他。雖然他和陶曼不是宿敵，但陶曼非常執著於自己的技術球探計畫。當陶曼成功實踐在職業球探上之後，下一個目標就是由艾利亞斯掌管的業餘和國際球探部，而且兩人也已經在預算方面出現摩擦。

艾利亞斯常常與盧諾步調一致，他們都是川普的支持者，會嘲弄支持伯尼・桑德斯[1]的陶

1 譯注：桑德斯（Bernie Sanders）是美國佛蒙特州參議員，屬於民主黨。

曼。此外，他們倆是全肉飲食派，同事說艾利亞斯會嘲笑陶曼吃蔬菜。「盧諾喜歡這樣，所以艾利亞斯總會這麼做。」艾利亞斯跟盧諾一樣很積極想要節省開支，太空人不只會在與球員簽約時會搬出球隊選擇權，連對職員和球探也是。球探雅各斯在二〇一七年離隊時，艾利亞斯給了他一紙一年合約，外加隔一年的球隊選擇權，買斷金是一萬美元。

雅各斯說：「如果薪水高一點我當然好，但要我接受那樣的選擇權太不講理了，根本就是想占我便宜，他們會這樣做就只是想把你留下來而已。這不是待人處事的方法，人家值多少就該給多少，不該去貪圖便宜，也不該讓你的投手教練哭。」（據說太空人投手教練史卓姆一度和球隊〔不是艾利亞斯〕協商困難，讓他落下男兒淚。）

「我們感覺隨著時間推移，球探團隊終究會被解散，但那些合約都是艾利亞斯處理的。」一位太空人職員說道。他們說艾利亞斯「要負責把他部門的薪資壓得愈低愈好」。

費斯特離開的主因是與盧諾和球隊的道德觀不合，而艾利亞斯則是因為一份他求之不得的工作：金鶯想聘他當新總管。二〇一八年十一月，艾利亞斯走馬上任，就如同之前的史登斯，這次他還順手帶走了盧諾的副手梅達爾。盧諾和梅達爾這對十三年前在紅雀合體的棒球門外漢雙人組，如今正式分道揚鑣，而盧諾對他的道別也稍顯敷衍。大眾對此事的認知主要是梅達爾的個人選擇，梅達爾告訴大聯盟官網：「是我想要探尋其他機會。盧諾是個很棒的主管，他總是會支持我，這次也一樣。」

太空人已經脫離重建階段，梅達爾也多年不定居在休士頓，他快樂不起來，或者說他不再能像過去那麼快樂。在梅達爾眼中，雖然球隊單季可以拿到一百勝，但他的快樂程度並不是一百分。梅達爾是個崇尚改變的人，他想要再度參與球隊新生的過程，而巴爾的摩正是他的歸宿。梅達爾也知道他的技術實力不如那些新來的分析師，他已在太空人掌管決策科學三年，跟著辛區討論實戰對策固然有趣，但前往創新技術遠落人後，且尚待重建的金鶯能讓他重拾工作的熱情。

雖說梅達爾的離隊很平和，但從最壞的角度來看卻是盧諾逼出來的。「梅達爾沒有獲得新合約，他沒有選擇離開。」一位太空人高層說道，其他人也有同感。他的同事誇大地說：「我想說，梅達爾的研發部門裡有一半的人都離開了棒球圈，而這非常詭異。」

值得注意的是，一直對盧諾忠心耿耿的梅達爾也是太空人除了總管之外，最受外界矚目的高層人物。一位太空人職員說：「他從來不會去擁抱更大的數據，因為他沒有分析更大數據的本事……長期以來，太空人的公開形象都是由梅達爾塑造的，因為盧諾都讓他來面對媒體，而這是太空人的一大重點。盧諾會這麼做不是因為梅達爾是主導者，反而是因為他不是主要負責的人。」有人說盧諾不希望讓陶曼或費斯特來面對媒體，因為這可能會嚇跑一票人。

梅達爾深受多數同事喜愛，但有一位曾開了個玩笑。當寇瑞亞幾年前駭進太空人的系統和梅達爾的帳號後，大家都很驚訝居然會發生這種事。等到他離開時，那人開玩笑地說：「我才不會為了報復梅達爾而去犯法，但總之我能理解。」

一年半前，太空人為了解決選秀模型和研發部門的未來而聘請麥肯錫進來評估，結果當時爭論的兩位核心人物——費斯特和梅達爾，如今都已離隊。

一位職員說：「很多事情開始分崩離析，我原以為費斯特的離開對他們來說是一記警鐘，他們也這麼說，但事情很快又反轉回來。」

加上艾利亞斯也離隊，有一位高層將負起未來太空人更重的擔子，那就是陶曼。儘管家中多了個小寶寶，但他把所有時間都花在球場。陶曼自從二〇一七年奪冠後就自尊心暴漲，但他也缺乏安全感。他愈來愈積極地推動他認為對太空人最好的措施，對待別人的態度也愈發無情。

雅各斯說：「看得出來陶曼很想要升職，但盧諾卻一直把他留在原位。史登斯離開後，他一心想拿到助理總管的頭銜。我告訴過他：『你才三十歲出頭，終有一天會如願的，要有點耐心。』」

費斯特的得力助手懷爾斯一直待到二〇一九年，但他最終還是離隊了，部分原因是他對莫迪安的試驗束手無策。二〇一九年四月的某場比賽，懷爾斯一行人與盧諾坐在包廂內討論著離隊的同事。盧諾關心了他的好友費斯特，而懷爾斯也問候他的好友梅達爾和艾利亞斯。尷尬的是，盧諾似乎很少和梅達爾交談。「但盧諾不想承認。」一位在場的人說道。

同時間，陶曼正埋首於他的筆電。盧諾規定主管不得在包廂看球時使用電腦，因為高速的界外球可能隨時會飛進包厢，所以盧諾要陶曼把筆電收起來，結果他爆炸了。「我必須要讓球隊繼續前進。」陶曼說道。這話讓眾人非常錯愕，是什麼事情那麼重要，非得在當下做不可？

陶曼愈來愈沉迷於工作、創新和贏球，也迫使其他人要跟他一樣。二〇一八年九月，盧諾終於將陶曼升任為助理總管，但他早已背負更為繁重的球團業務，特別是在盧諾兼任棒球事務部主席後，陶曼其實要做的工作更多。

一位同事說：「我認為陶曼就在做太空人總管的工作。當盧諾拿到主席合約後，他似乎淡出許多，可是盧諾卻吝於幫陶曼升到他職責該有的位置。我不是要合理化陶曼待人處事的方式，我只是想說那會是其中一個理由。陶曼一直覺得不受賞識，什麼事都得自己爭取，明明付出那麼多，卻沒有得到應有的威望。我認為金鶯請艾利亞斯去面試總管職缺這件事對陶曼的自尊打擊非常大，助理總管的事都是陶曼負責，艾利亞斯只負責選秀，對其他事情一概不問，結果反而是艾利亞斯去了金鶯。」

盧諾善於將球團內部塑造成充滿競爭的環境，讓大家覺得一切不夠好。

另一位職員說：「盧諾根本不會注意到，看看高斯汀和歐坎波，他們都被排擠和降職，連梅達爾也被邊緣化和趕跑，他可是盧諾在紅雀和太空人前期能成功的功臣，而且盧諾還把球員發展部百分之八十的人都弄走。我猜就是因為擔心隔年能不能續留球隊、必須要存活下來的心態使然……陶曼知道要怎麼壓榨別人。」

但實際上，陶曼和太空人一點都不落於人後。

太空人每座大小聯盟球場平均有七台艾傑攝影機，他們所拍攝的影像全部被拿來投入一個會讓球隊振奮的新計畫。這個項目由陶曼主導，繼續朝他和費斯特設定的方向前進。太空人不再只是用艾傑攝影機錄下球員並觀看影像而已，他們要以標準化的方式和固定點位來有系統地捕捉影像，這得以讓他們透過「電腦視覺」（computer vision）開始從事生物力學分析。電腦視覺屬於人工智慧的一種，它會訓練電腦去解讀圖像。一張照片是由上千個像素組成，每個像素都有其色彩，而每個色彩都能被指定為數值：全黑是一百，純白是一，黑與白之間的每個色度都是不同的數值。

一位太空人職員解釋道：「想像你有一張照片，上面有一千個像素，每個像素都有一個數字來描述其色彩。現在，一秒鐘後對同一樣東西拍第二張照片，然後再做相同的事情，為那張照片的每個明度分配數值。電腦視覺要做的就是計算和解讀像素逐幀的改變，所以假如我的幀數是每秒一千幀，也就是一千張照片，我就可以知道對應在每一幀裡的每一個像素，它的數值如何改變，這樣我就可以開始理解空間中的動作。我要量化的動作是二維的，照片是平面的，可是如果我有很多台攝影機，以不同角度對準空間中的同一個點，我就可以觀察二維還有空間裡不同點的改變，然後推導成三維算圖（3-D rendering）。」

這個概念是要創立一套模型來解讀太空人所拍攝的影片，而陶曼與他的團隊便想將影片和逐球數據連結在一起。將每一球的結果和移動結合時會得出什麼樣的成果呢？

一位職員說：「這些技術不會跟對方講話，所以要建立系統讓它們可以彼此交流。我們想連結三振、沖天砲等擊球結果的數據，也想對應到『追蹤者』投球方面的數據，而這就是一部分的技術難題……我們要如何核查這些資料來源，好讓我們可以研究並找出發生什麼事，以及球員動作中有哪些地方會實際影響表現？」

太空人在二〇一七年開始朝著這個方向前進。那年，球團上下共有七十台艾傑攝影機，成本超過三十五萬美元。但直到二〇一八年和二〇一九年後，他們的電腦視覺技術才開始變得健全，可以追蹤並量化球場上許多不同的動作和運動，是個非常厲害的工具。

「如果可以追蹤到場上發生的所有事，那就可以把資料用在非常多不同的地方。」一位高層說道。

一位太空人職員表示，太空人利用該影像技術能夠研究到什麼樣的地步，這本身就很有爭議。他不願多做說明，但球隊正在積累大量有關球員的資訊。這些資料屬於誰？球員對其有何種權利？以及球隊在薪資仲裁或其他情況時會怎麼拿這些資訊來對付球員？這些問題一直困擾著職棒圈。

太空人也將機器學習加入他們的模型工作中，機器學習基本上就是將統計模型自動化，或是部分自動化。其他球隊的研發專家解釋道：「機器學習是比較大規模的黑箱技術，[2]當你使

2 譯注：黑箱（black box）指的是沒有明確給定內部結構的裝置或系統，它可以根據已知的輸入完成特定的操作和輸出，但內部情況是未知的。與之相對的是白箱（white box）。

用部分的機器學習方法後，就可以快速獲得還算合理的好答案。」雖然理論上有可能，但沒有證據顯示太空人利用機器學習來幫助他們偷暗號。一位太空人隊員說：「人們猜想或說我們用機器來找出投手洩密的小動作，但這不是真的。我們有討論過，但從來沒搞懂要怎麼做。」

太空人持續拿穿戴式科技來實驗，例如：可以追蹤球員運動學動作的K背心（K-Vest），以及一款動態捕捉系統4D Motion。然而，這些計畫並沒有很快就成功，當然也沒有在大聯盟成功。

一位職員說：「基本上，那些穿戴裝置都屬於小聯盟球員的發展工具套組。（大聯盟外野手）馬瑞斯尼克可能有穿過一次K背心，但我們不曾套用在大聯盟層級上。比起套用在誰身上，我們要從資料中取得具體研究洞見的能力更為重要，不過我們一點都沒有。」

球員再度對資料蒐集感到懷疑。在小聯盟中，陶曼和普提拉配發給每位太空人球員一支安裝了Slack的球隊手機，這樣就可以更方便討論高層為球員所制定的目標。過去，巡迴教練會負責監督目標，但陶曼認為球團可以運用科技來讓過程更有效率。大公司經常會為員工設定目標，可是沒有好好追蹤，而陶曼和普提拉想要給球員一套簡單的追隨指引。

即便創新工作仍然持續，太空人的工作環境還在惡化，這一切都隱藏在球隊的勝利下。

一位太空人高層說：「伊芙・羅森鮑姆（Eve Rosenbaum）離開了。她不是單純因為喜歡和艾利亞斯共事才去金鶯，她會選擇金鶯而非其他隊可能是因為艾利亞斯，但她離開是因為在這裡沒前途。」

年紀輕輕的羅森鮑姆畢業於哈佛大學，她是太空人二〇一八到二〇一九年的國際球探經理。助理總管艾利亞斯在二〇一八年管理該部門，但球隊在二〇一九年沒有名義上的國際球探總監。

一位同事接著說：「上頭不考慮把羅森鮑姆升為總監，她已經管理國際球探部兩年了，但球隊卻不給她總監的職位。同一時間，太空人對於人事升遷很小氣，我認為這就是問題所在。有些人被升，有些人沒有；這與誰的影響力最大並不完全相符，感覺像是在找他們碴。」

另一位職員說：「太空人這麼在意成本，根本就是把克蘭和盧諾的缺點放到最大。他們瘋狂壓低成本，不僅打擊了球隊士氣，也讓人不想繼續待在這裡，他們讓大家都生無可戀。」

太空人隊內很多人在離開前都不知道其他事，他們從沒待過其他球隊，所以會以為其他隊都跟太空人一樣。這種認知並非完全錯誤，只不過太空人比任何球隊都還要極端。「脫身之後我才發現原來我的待遇一直都那麼低。」一位高層說道。

即使陶曼當時並未意識到，但他的壓力正在累積。陶曼一直覺得他正在朝球隊總管的路邁進，克蘭也曾直接表明他總有一天會達到。儘管太空人單季可以拿到一百勝，但這卻是陶曼人生中最焦慮的階段。在太空人和盧諾如此無情的環境下，陶曼確實是最有力的候選人。盧諾六年前雇用陶曼時，他刻意尋找擁有金融或管理顧問背景的人。那個職缺需要特殊的心理素質，而陶曼愈是展現出強大的心理素質，他就獲得愈多獎賞。畢竟盧諾會放手讓陶曼成為實際上的顧問，常常讓他檢視球隊營運的不同面向。

一位核心圈人士說：「這是我自己的解釋，盧諾剛來的時候表現就像個顧問。盧諾知道價值在哪，而陶曼在這方面非常火爆，這樣一點都不得體。」

陶曼的好勝心一部分是因為他的性格使然，在來到太空人前就如此。從他考進常春藤名校到進入金融界，他逐漸養成了咄咄逼人的心態，藉由支配他人來獲得自己想要的結果。一位職員說：「陶曼到了太空人後非常沉迷於工作，他覺得如果沒有做到最好，那球隊就會墜入萬丈深淵，所以他不斷地將人推入火坑。這就是太空人的球團文化，盧諾不會承認的，但這就是事實，不做的話就等死，而且一直都是如此。」

不出所料，即使陶曼的策略很精明，他還是會讓人很洩氣。麥休是太空人二〇一四年挖到的寶，他分別在二〇一七年和二〇一八年兩度進入薪資仲裁聽證會，以爭取來年的薪水，而麥休兩次都仲裁勝利。在第二次聽證會上，太空人一直等到反駁的最後階段才提出醫療文件想證明麥休不值這樣的身價。一位替麥休辯論的代表氣炸了，說這根本是來陰的。雖然陶曼並沒有親口提出那些論點，但他參與了其中的決策。當聽證會結束雙方要握手時，那位球員方代表直接當著陶曼的面對他說：「你是個他媽的混蛋。」

第十七章　關鍵證據

陶曼愈來愈希望一切都按照他的方式來進行。隨著艾利亞斯離開，陶曼更加介入二〇一九年的業餘選秀會，他還命令一位實習生去開發一個程式，以獲得選秀球探的回饋。對球團裡的其他人來說，這麼做似乎多此一舉，因為太空人早就有辦法把球探的偏好結合到他們的選秀過程。但陶曼不管，還是執意要實習生編寫程式。一位同事說：「因為他是陶曼唯一可以直接控制的人。但結果沒有效，程式只能在一台電腦上跑，如果十個球探同時登入，程式就會當掉。」到了半夜，陶曼還會繼續忙這個項目，並告訴人們這非常重要，必須要把它完成。

有時候，他的沮喪之情會失控。選秀前，陶曼要求一位分析師去研究他的理論，那是關於如何改善打擊的方法。某天早上，他在Slack上對研發團隊發飆：「如果你們不支持我，我就會告訴教練們研發部門並不支持。」

一位同事回憶道：「這是全世界最不專業的行為。他想讓程式來證明自己是對的，我認為一部分是因為陶曼這個人就是如此，一部分是因為球隊在二〇一九年時不再創新，而且費斯特也離開了，所以他感到很焦慮。」

陶曼的精明幹練大家有目共睹。另一位同事說：「陶曼並非一無是處，他其實非常厲害，也非常認真。盧諾很晚才給他那個職位，盧諾也知道這些問題。」但盧諾才不會覺得有問題，這對師徒都是精明的策略家，卻也常常無法贏得人心，盧諾正在把陶曼培養成他的樣子。一位同事說：「陶曼會發討人厭的訊息和做些有的沒的，盧諾並不知道這些事。我一點都不驚訝，他就像脫韁的野馬。較資淺的職員沒有管道告訴盧諾，我認為盧諾很同情他要做那麼多事，也同情他要帶領改變。」

但太空人職員認為，特別是在一次事件後，盧諾應該要注意到才對。就算沒有，那老闆克蘭或人資部門也該注意到。陶曼於二〇一八年九月升任為助理總管，在那個休賽季，他在美粒果球場的棒球事務部辦公室裡把另一位職員罵到哭出來。據說，太空人的人資部門知悉這件事。職員們彼此會討論這件事，但陶曼並未受到任何處分，人資部門也沒有進一步的動作。

陶曼是盧諾和克蘭的最佳武器，因為他會帶來成果。這次球隊的不作為正好顯示出對他們來說，哪些是重要的，哪些是不重要的。一位高層如此評論盧諾對陶曼的態度：「我認為不能說這是他的盲點，說他選擇視而不見比較準確。陶曼在很多方面都有貢獻，所以盧諾才會對他睜一隻眼閉一隻眼。」

二〇一九年，外界預期太空人能打出絕佳成績，從季初到季末一路維持在聯盟的前段班，而他們也確實不負眾望。太空人最後拿下一百零七勝，他們當年的陣容在很多方面都可以說是隊史最佳。盧諾在自由市場簽下頂尖外野手麥克・布蘭特利（Michael Brantley），加上原本的打線，太空人團隊長打率高達四成九五，創下大聯盟新紀錄。鎮守內野右半邊的二壘手奧圖維和一壘手古瑞爾都打出三十一發全壘打，柏格曼則敲出四十一轟，而史賓格「僅」擊出三十九轟。

投手群的團隊總失分是大聯盟第二低，僅次於道奇。柯爾飆出全聯盟最高的三百二十六次三振，是大聯盟從二〇〇二年以來的最高紀錄，同時韋蘭德也拿到三百次三振。單季要投出三百次三振對任何一位投手來說都非常難能可貴，更何況一隊同時出產兩位。太空人已然成為「宇宙太空人」，盧諾和辛區正帶領著球隊建立王朝，劍指三年內第二座世界大賽冠軍。

到了季後賽，球隊又開始相互指責對方偷暗號。大聯盟已於二〇一九年再度更新規章，他們延續前一年季後賽的方案，例行賽時也派人駐守在影像室裡，使得作弊變得更少且更難達成，但此方案並非無懈可擊。一位紅襪隊員表示，他們覺得監控影像室的人員「都在他們的掌握中」。至少，跑者法仍有可能發生。講到用電子設備偷暗號，一位太空人高層在二〇一九年季後賽時跟我說：「這種事還會發生。」而他的話似乎在指涉其他球隊。

從前一年開始，只要覺得對手可能在偷暗號，兩隊教練就會在場邊隔空叫囂。但到了二〇一九年，各隊會主動虛張聲勢，讓對手以為他們在搞小動作，即使他們實際上並沒有。在休息區裡左顧右盼和交頭接耳成為激怒對手的方法。

一位紅襪隊員表示：「我們會利用恐慌來取得優勢，以為我們在偷暗號嗎？我們會裝作好像知道一切，對方捕手肯定會瘋掉，投手還會接連暴投，我們就可以兵不血刃得到一分，這就是我們的戰術。你覺得我們真的知道什麼嗎？吹口哨有不好嗎？我們才不管，我們就是要吹口哨。」

時隔兩年，太空人和洋基再度於美聯冠軍賽碰頭，贏了對手方能晉級世界大賽。柯爾在比賽時口哨吹個沒完，而且還不止他一人，這讓洋基三壘指導教練菲爾·奈文（Phil Nevin）非常生氣。一位太空人隊員如此形容當時隊上的情緒：「操你的奈文，操你的布恩（Aaron Boone）。」[1]這也是為什麼太空人在二〇一九年例行賽對上費爾斯時，全隊都對著他吹口哨，因為他們聽說費爾斯告訴他的新隊友太空人在作弊。

毫無疑問，太空人過去確實有作弊，有時是透過吹口哨的方式。儘管如此，二〇一九年美聯冠軍賽期間，辛區在洋基球場的賽前記者會上，還是把太空人可能在作弊的說法輕描淡寫地帶過。

辛區說：「當有人問我關於口哨的問題時，我笑了，因為這太荒謬了。如果早知道這麼做會讓洋基或其他隊不爽，我們從春訓就會開始實行了。」辛區的意思是太空人在二〇一九這年並沒有做出任何不對的事，但這番話將在幾週後使他難堪。

美聯冠軍賽總共打了六場，最後一戰在美粒果球場進行。九局下半，奧圖維擊出再見全壘打，一棒將太空人送進世界大賽，也讓洋基打包回家。當奧圖維要回到本壘時，他做了一件令人匪夷所思的事：奧圖維清楚地指示隊友不要在慶祝時撕扯他的球衣。賽後，他們恣意噴灑香檳，慶祝三年內第二度闖進世界大賽。

陶曼一如往常地坐在總管包廂裡觀看美聯冠軍賽第六戰，而老闆整晚進進出出。二〇一九年季後賽，陶曼時不時會在包廂裡喝酒，他告訴朋友他在當晚比賽結束前喝了不少。季後賽的慶祝總是充滿歡騰喜悅的情緒，有時甚至過於瘋狂。球員和職員會互相噴灑香檳，酒瓶和軟木塞也四散各地。球員置物櫃會罩上一層塑膠袋，以防酒水噴濺到物品上。陶曼也到了球隊更衣室，並且繼續喝酒。

太空人前一年交易來的終結者歐蘇納當天救援失敗，差點讓球隊輸球。一位職員向陶曼說，柏格曼正鼓勵大家幫灰心的歐蘇納打氣，要他重拾自信。據說另一位職員還提到有位記者

1 譯注：艾倫．布恩（Aaron Boone）是當時洋基的總教練。

在歐蘇納表現不佳後發了篇推文，內容寫著「不盡理想」。這篇推文根本不足以引起球團任何人的注意，但高層之前曾被該記者的其他貼文搞到莫名惱怒。

太空人交易來歐蘇納後，那名記者時不時會在歐蘇納出賽的日子，發文貼出家暴求助的諮詢電話。那位記者常常受到推特上的暴民攻擊，但被那些熱線貼文所惹惱的不只有鍵盤酸民。「我記得盧諾有一晚在包廂裡發牢騷。」一位職員說道。盧諾認為那位記者的政治立場，也就是他認為推文所代表的意涵，與此無關。

時至今日，距離那位記者上一次發布貼文已過了一年（但這不是重點）。陶曼這次注意到了那篇「不盡理想」的貼文。賽後記者站在休息室裡等著採訪慶祝的球員，陶曼看到那位記者後，便發了瘋似的大吼：「我真他媽高興我們有歐蘇納！我超他媽開心的。感謝上帝，我們有歐蘇納真是太好了！」當時的慶祝聲非常嘈雜，但被針對的記者還是發現了，並驚恐地問陶曼：「你是在跟我說話嗎？」他又繼續飆罵了一下子。那位記者旁邊還站著另外兩人，且三位都是女性，而陶曼離她們大約三公尺遠。

媒體經常被視為太空人的敵人，原因來自盧諾和克蘭自己對待媒體的立場。職員常常與媒體保持一定的距離，雖然不至於完全對立，但態度也是相當冷淡。陶曼和被他大吼的記者素不相識。「他們從來不願意試著去理解、學習或尊重媒體在棒球報導和大聯盟裡所扮演的角色。」一位休士頓記者說道。

盧諾和克蘭多年來一直默許陶曼的暴戾之氣，因此他不認為單純朝記者咆哮有什麼不對。

當時陶曼不在乎歐蘇納是因為家暴被捕，也沒考慮過隊上有歐蘇納這號人物會帶給女性什麼感受。陶曼似乎在捍衛他所認定的核心價值，也就是球員名單和表現。記者推文稱一個球員「不盡理想」，不就擺明是在懷疑和否定他打造的名單嗎？陶曼朝著三位女性的方向大吼（更別說他是針對其中一人），來挺自家被控家暴的球員，這完全顯示出他是個不折不扣的混蛋，也會讓人質疑他的道德觀和價值觀。那麼明顯的事，顯然他不曾考慮到。

事件發生後，陶曼堅稱他不是因為那位記者是女性才針對她，也不是想挺家庭暴力。據說事件當事人都沒有懷疑他的居心，但卻是陶曼自己挖坑讓外界有不同的解讀。即使在陶曼鑄下大錯後，太空人球團其實可以做些合理的處置來防止事件延燒。處理公關問題最古老的方法就是出面道歉，如果他們當時有這麼做的話結果可能會不同。但在克蘭的領導下，太空人除了贏球和獲得讚賞之外，不知道什麼是負責。

《運動畫刊》記者史黛芬妮．艾普絲汀（Stephanie Apstein）當時就站在被陶曼針對的記者旁，她在隔天十月二十日動筆寫了篇報導，另一家媒體也考慮要跟進這件事。世界大賽將上演太空人對決國民的戲碼，開打前一天，十月二十一日，那天是球隊訓練日，艾普絲汀給足了太空人機會讓他們出面解釋，但他們卻避而不答。

陶曼嚇傻了，他向太空人傳訊部的資深副主席基恩．戴亞斯（Gene Dias）撒了謊，說自己只是想幫歐蘇納加油打氣，並沒有特別朝任何人大吼。沒想到戴亞斯輕易就被說服，認定是享譽全國的《運動畫刊》旗下的知名記者在說謊，並叫陶曼不要跟艾普絲汀講話。太空人行銷與傳播部的資深副主席安妮塔・瑟格爾（Anita Sehgal）告訴陶曼球團會挺他。這些錯誤層層交織，首先是陶曼謊話連篇，加上其他管理層不願細查，而且傳播部門的主管也太快認定這事是艾普絲汀捏造的。

艾普絲汀在報導裡寫下她的所見所聞：陶曼朝著三位女性記者的方向大吼。艾普絲汀寫道：「這個失控舉動非常具有攻擊性且令人畏懼，以至於另外一位太空人職員連忙道歉。但太空人拒絕發表評論，也拒絕讓陶曼接受訪問。」

後來太空人決定發表評論，當時艾普絲汀正在美粒果球場附近吃晚餐。經過盧諾和克蘭審視後，瑟格爾和法務長基普聯合發出了一篇聲明。太空人的聲明稿開頭寫道：「《運動畫刊》所刊登的報導錯誤不實且非常不負責任。」而結尾則是：「對於《運動畫刊》試圖捏造一件子虛烏有的事件，我們深感失望。」太空人企圖毀壞艾普絲汀的信譽。

世界大賽隔天就要開打，但太空人出格的聲明卻引發強烈抗議，也模糊了大聯盟最關心的賽事焦點。聯盟高層受夠太空人在季後賽不斷惹出公關麻煩，於是親自展開調查。很快地，聯盟就發現陶曼在說謊。戴亞斯停止和陶曼交談，改由法律專家基普接手。第一戰在休士頓開打前，盧諾要陶曼不要來美粒果球場，並說待在家裡看比賽對他比較好。

陶曼知道他完蛋了，他不僅壞了事還說了謊。世界大賽前兩戰在休士頓打完後，接著有一天的移動日，那天是十月二十四日。盧諾相約陶曼喝咖啡，然後告訴這位後輩他將會被解雇。盧諾飛到華盛頓特區後，和他的智囊團繼續把事情搞得更加糟糕。盧諾傍晚上台發言，但沒有解釋清楚為何他們會發出早先的聲明。在那篇聲明中，太空人試圖把艾普絲汀描繪成騙子，這在任何情境下都是非常嚴厲的指控，對一名記者來說更是惡毒和嚴重。

盧諾說太空人原先的聲明確實有誤，但他還扯了一堆有的沒的。「大家對於什麼人在哪裡做了什麼事等等細節的回憶程度不一，過了一晚可能會有出入。沒有人能百分之百肯定真相為何，不過我們確實知道做出那些評論很不恰當。」

盧諾還試著轉移注意力，把他塑造的球團文化撇得一乾二淨，暗示這件事對陶曼來說非常意外。「他是我請來的人，也已經跟著我們五年多了。這不是他會做的事，與他過去的表現很不一樣。我們不會縱容此事，而這也不能反映太空人的文化或我們所相信的價值。這不是球團問題，也不是什麼文化問題。」

十月二十五日，第三戰開打前，盧諾在休息區會見了艾普絲汀，但他沒有要撤回原先聲明的意思。隔天，克蘭終於寫信給艾普絲汀說會撤回聲明，並向其保證太空人已學到教訓。

⚾

對一部分的人來說，太空人成為聯盟的新反派。他們在世界大賽鏖戰七場，最後不敵國民。國民早就懷疑太空人在偷暗號，因此已經做足準備。辛區差一點就能拿下三年來第二座金盃，但他也逐漸感到厭煩。每當高層的作為引發爭議，他都得親上火線說明，像是二〇一八年歐蘇納的交易、同年麥拉林的反間諜任務，還有如今助理總管失控飆罵，其他高層還繼續火上加油。待在休士頓對辛區有很多好處，薪水優渥、執教紀錄優異，而且最重要的是他的兩個女兒正在就學。然而，背後的代價也變得愈來愈不易打發，辛區明白這點。

球季結束後不久，克蘭做出一項重大的人事異動，他撤換了商業事務部總裁萊恩。萊恩的信譽過去對老闆價值連城，但如今也成了棄將（萊恩的父親諾蘭．萊恩更早就被踢除了）。克蘭早就計畫要解雇萊恩，跟世界大賽期間所發生的事毫無關係。一位同事說：「萊恩知道情況不是很樂觀，但他沒料到那天這麼快就來臨。」

十一月七日，克蘭在記者會上宣布萊恩即將離隊，同一時間，他還宣布他當時三十六歲的兒子傑拉德將會加入球團的管理團隊。即便傑拉德不是接任總裁一職，但這場記者會給人一種任人唯親的感覺：把老將趕走，換老闆的兒子接手。

球季結束後，在陶曼事件中研擬聲明的瑟格爾反而擁有更大的權力。她之前的主管是萊恩，但現在直接向克蘭負責。

休賽季初期，至少有一位太空人職員直接告訴克蘭他讓自己的球隊變成什麼樣，而整支球隊都在恐懼和猜忌下經營，正是因為這種恐懼，所以沒有人想跟克蘭說出實情。有人曾告訴克蘭，太空人必須要變得更好，否則整個球團都會被整肅和清理一番。

然而，克蘭和警告他的人有所不知，整肅的過程將會在短短幾天後開始。二〇一九年十一月十二日，《運動員》雜誌刊登了我和羅森索主筆的調查。

當我和羅森索成為搭檔後，我們做了一個簡單的決定。當我們認為只有一次機會能讓對方接電話時，我希望由羅森索來撥打，他在職棒圈的名望是無人能敵的。我已經調查了太空人的作弊事件十三個月，隨著進入報導最終階段，情勢愈發緊張激烈。羅森索找了法奎爾談話，就是那名在二〇一七年九月登板時聽到敲擊聲的投手，而他願意公開具名。我們打從一開始就知道，想找到曾經待過太空人且願意具名的隊職員，機率簡直微乎其微，但我們仍會繼續努力。

費爾斯這個名字曾在二〇一八年出現過，並於二〇一九年再度出現。就在我們即將發布的前三天，且羅森索才剛跟法奎爾講完話幾個小時，他就和費爾斯連上了線。

「我們正在撰寫有關二〇一七年的偷暗號事件。」羅森索告訴費爾斯，並且開始解釋。

「我不知該從何說起。我也不太理解，你們究竟想做什麼？」費爾斯說道。

羅森索將報導初稿的一部分唸給他聽，包含偷暗號的一些細節。

費爾斯說：「我所知道的也就是那些。我沒有仔細讀過規章，不知道上面有沒有寫，也不知道確切的規則是什麼，但他們為了贏球做得太超過。身為投手，我沒有發言權，這對我沒有任何好處，投手沒辦法從中獲得助益，而且很困難。球隊裡有些人不喜歡這樣，有人不喜歡先知道，有些人則喜歡。」

羅森索詢問費爾斯能否接受報導引述他的話。

「這個嘛，我想這就是整件事的重點，我不想被攤在陽光下，但他們早就知道了，所以說實話我已經不在乎了。」費爾斯說道，意指太空人已經知道他告訴過運動家和老虎。「我只想要讓比賽乾淨點，有些人因為這樣而失去工作，他們並不知情。不少年輕球員前幾局被打得很慘，然後就被下放，這一點都不合理，會毀掉年輕人的機會。知道的人可以提早準備，但多數人並不知道，這就是為什麼我要告訴我的隊友。老虎隊裡有很多年輕好手想要成名並且打出好成績，我想要幫助他們，告訴他們這些事真的在發生，要做好準備。」

值得大力讚揚的是，費爾斯信守承諾，他從來沒有想過要在調查開始前退出。他幫忙改變了整個職棒，但也背負著極為沉重的擔子。

羅森索在與費爾斯談話時，我們已經準備要在沒有他說詞的情況下發表我們的調查結果。假若羅森索沒有跟他講到話、假若一切消息來源都是不具名的，我們根本不知道大家看到報導後會做何反應。不過報導裡講的事實都已經過查證，我們也有法奎爾的說明。

報導於十一月十二日刊出，在短短幾個小時內，網路上充斥著各種關於太空人在二〇一七年違規的討論。除了我們的解釋外，還有一位名叫Jomboy的網友也貼出他所蒐集到的影片。Jomboy本名是吉米．歐布萊恩（Jimmy O'Brien），他是位洋基球迷，且在棒球圈裡很紅，他會解說比賽片段以及讀唇語來還原球場上的對話。Jomboy把能聽見垃圾桶敲擊聲的影像剪輯成一部影片上傳。

我認為不管有沒有引述費爾斯的話，大聯盟都不可能坐視眾人的呼聲不管。但費爾斯的作證使我們的調查報導更加有利，他的名字則讓一切立即得到證實，想對這篇報導置之不理也變得更加困難。

最後，十一月十二日的那篇報導，我和羅森索其實採取了保守的戰術。舉例來說，我們雖然有被告知太空人在客場有用跑者法偷暗號，但不如他們在主場的手法那樣肯定，所以保險起見決定先按兵不動。我們只寫道：「太空人在客場比賽時並未使用相同的方法。」

我和羅森索都強烈認為要設法了解事情的脈絡，而休士頓和其他地方的人都覺得太空人不是唯一有做壞事的球隊。於是我們的報導花了大量篇幅在闡述這個問題，並且以〈大聯盟問題的冰山一角：太空人在二〇一七年使用電子設備偷暗號〉（The Astros Stole Signs Electronically in 2017—Part of a Much Broader Issue for Major League Baseball）作為標題。

我們也知道還得要有更多的報導才行，我們當時還沒有關於其他球隊不當行為的第一手資料，但我們會繼續調查。二〇二〇年一月，我們發布了一篇對於紅襪在二〇一八年不當使用影像室的調查，正好是紅襪奪冠的那年。然而，還沒有任何可靠的報導或證明指出，有其他球隊做得像太空人那樣明目張膽和囂張。（作弊的輕重程度是否有任何差別？我認為這個問題就交給各位讀者來評判。輕微的作弊真的有比嚴重的作弊來得好嗎？）

在我們調查期間，並非大家都期待接到我們的電話。有一個人對我們說：「相信我，我會跟你們作對到底的。」

太空人的光環不復存在，而根據曼佛瑞寫給盧諾的調查信，盧諾手機裡的資料也都消失不見，被他刪除了。我們的報導出現後，大聯盟全力展開調查。聯盟平常不太會積極派出調查員，但這次卻是火速突襲。這起醜聞迅速引起軒然大波，球星和球迷都在網路上表達訝異之情。

曼佛瑞在十二月中的冬季會議上稱，此次審視太空人「大概是聯盟主席辦公室所進行過最徹底的調查」。兩個月內，聯盟調查部門總共約談了六十八人，包括二十三位太空人球員，並且蒐集超過七萬六千封郵件，聯盟的取證能力甚至還擴展到Slack訊息和手機。

在任何調查中，聯盟會以書面通知相關人士要保留其手機。一位知情聯盟調查的人表示，調查人員獲悉盧諾曾指示他的副手傅考斯，去親自提醒隊內其他人聯盟可能會收取他們的手機。那位消息來源還說聯盟約談了多位太空人職員，試著找出盧諾對傅考斯說的話，以及傅考斯後續向眾人所傳的話。

以下條列出該消息來源對聯盟調查的陳述。

◆傳考斯告訴調查員，對於盧諾的指令，他最一開始的印象是盧諾急急忙忙地打給他，並要傳考斯告訴其他人刪除手機裡的資料。然而，傳考斯後來澄清盧諾並沒有使用「刪除」這個詞，盧諾比較像是要傳考斯聯絡其他人，告訴他們聯盟可能會沒收手機，要小心手機裡的資料。（另一位知情的消息來源指稱，傅考斯在這個主題上僅有過一次對話，並沒有更改內容或是講出兩個不同的版本。）最後，調查員認定傅考斯並未更改說詞。

◆維哥亞告訴調查員，他記得傅考斯說盧諾希望他知道他的手機可能會被沒收，並且要他實話實說。維哥亞告訴調查員有兩件事讓他覺得很奇怪，第一是盧諾竟要他說實話，而維哥亞認為自己很明顯本來就會這麼做。第二，維哥亞明明和盧諾有交情，但盧諾一開始卻透過傅考斯來傳消息。

◆消息來源表示，霍根對傅考斯的訊息有不同的描述：大聯盟要來了，他們可能會拿走你的手機，如果裡面有見不得人的東西，我會把它處理掉。

◆科威瑟告訴調查員他不記得傅考斯確切說了什麼，但他把話理解為要做出必要之舉，不過科威瑟跟聯盟說那些不是傅考斯的原話。

「我完全配合調查，並從未鼓勵任何人不這麼做。」盧諾在一份聲明中說道。盧諾實際要傅考斯傳達的訊息，以及後續傳遞出的訊息仍不為人知。但最終，一位知情人士表示，聯盟在告知太空人不得刪除手機資料後，他們發現只有一人刪去了資料，那就是盧諾本人。

在一封二〇二〇年一月二日的信件中，曼佛瑞勾勒出聯盟所蒐集到有關盧諾的證據。信中多數但非全部的具體指控早前已被《華爾街日報》報導過，但不包含盧諾刪除手機資料的事。

曼佛瑞向盧諾寫道：「你永久刪除了手機和備份裡的資料，因為你預料到我的調查員會搜查你的手機，而這將進一步影響你的信用。你沒有把你做的這件事告訴我的調查員，直到他們在第二次約談時向你對質。你解釋說你只是單純刪除了敏感的私人照片，但我沒辦法確認你沒有刪除關鍵證據。」

根據知悉聯盟調查的人士，這位太空人總管將他手機裡所有的備份資料（不止一份）都清除了，而且其他資料也有缺漏。盧諾在二〇一九年十一月首次被聯盟約談，據說他有交出手機以供查驗。調查員發現他在美國中部時間當天早上約十點十五分時將手機備份，而他的iCloud帳戶則沒有其他備份資料。

備份就是把資料複製到別處，這樣做並不會影響原裝置裡的資料。但知情人士表示，聯盟發現盧諾刪除了手機上的資料。他們發現盧諾的通話紀錄全沒了，他應該要有與總教練辛區的通話才對，聯盟也找不到曾在其他人的裝置上發現的郵件往來。聯盟調查員認為如果盧諾嘗試要刪除大量資料，那他沒有做得很好，因為他手機裡還留有Skype和WhatsApp的通訊紀錄，最遠可以回溯到二〇〇九年。

在第二次約談中，聯盟質問盧諾為何要刪除資料。根據知情調查的人士，盧諾向聯盟坦承他在約談前一晚刪除他太太的照片，也承認他在隔天早上將裝置備份。盧諾告訴調查員，他接著將先前的備份給刪了，這樣他們才不會看到那些照片。據信，盧諾向聯盟表示，即便他已正確理解聯盟要他保存手機以接受調查的要求，但他還是這麼做了。一位知情人士表示，盧諾說他會刪除資料是因為他不信任大聯盟。

盧諾在聲明中說：「我的手機裡有我老婆生兒子的照片，交出手機前，我應她的要求把它們刪掉了。調查員問我時，我就這樣告訴他們。與工作相關的東西我一個都沒刪，而且大聯盟和太空人都可以從我的工作電腦上看到我所發過的每一封郵件和訊息。」

盧諾並沒有向聯盟請求刪除備份的許可，且聯盟也不大可能會同意。假如他真的提出這個要求，聯盟至少可以請第三方的人士來處理，這樣聯盟就不會看到那些照片。

盧諾說：「我除了出席聯盟主席要求的兩場約談，太空人和聯盟也都有完全自由的權限來檢閱在這段時間內我收發的每則訊息。大聯盟從未指出有任何一封訊息暗示我有參與其中，而且聯盟擁有非常多的訊息可以說明。事實上，聯盟的調查從被指控實際參與偷暗號的人中，發現了二萬二千則訊息。那些被指控的參與者公開且即時地傳送了有關偷暗號行為的訊息，但是沒有任何一則對話顯示我有直接或間接以任何方式、形式或格式參與其中。我沒有在同時期的訊息裡被提及，因為我不屬於偷暗號團隊的一員。」

知情人士表示，盧諾告訴聯盟他沒有刪除手機裡的其他東西。然而，當聯盟在檢視簡訊的原始碼時，竟發現了九條盧諾和科威瑟之間的訊息紀錄，時間是從二〇一九年三月到八月。不過，聯盟卻沒辦法在任何裝置上還原簡訊內文。

盧諾說：「我不曾刪除我和科威瑟之間的任何訊息。我全部都留著，太空人和大聯盟都有權可以從我的工作電腦上查看。」

根據聯盟的鑑定，在盧諾刪除備份時所移除的資料中，那些照片只占了非常少的部分。

第十八章　為什麼全都怪我？

一位太空人高層在二〇二〇年表示：「我認為太空人的球團文化，它好的地方在於極力追求創新、突破極限，還有不斷地向前邁進。我常在想有沒有一種可能，太空人還是那麼出色，但不是以如此崩潰的方式收尾？動盪的管理階層、偷暗號事件等等，看得出來一切都是球團文化造就的，因為他們喜歡祕密行事，還有以詭異的方式讓人有權力。事實肯定就是這麼殘酷，這些都不是偶然發生的。你問我盧諾真的想要這麼刻薄嗎？我覺得不見得。」

「賦予人們權力讓他們可以進行改造和冒險，這是把雙面刃。把艾培爾帶到美粒果球場給隊上最強的投手教練看看，結果卻搞得灰頭土臉。你的確可以說：『這件事本身並沒有錯，值得放手一搏。』當有人鼓勵你冒著風險去做實驗，結果大聯盟介入並開始調查，最後發現你在二〇一七年作弊。這件事行不通，到頭來你還是可以說：『這不是一個好主意。』」

新年才過兩個禮拜，一切就結束了。上個賽季才剛帶領太空人鏖戰到世界大賽第七戰的辛區和盧諾雙雙被解雇。截至二〇一九年，辛區執教太空人五個賽季總共贏下四百八十一場例行賽，是隊史第二多，而且他還是太空人隊史勝率最高的總教練。盧諾也實現他之前的承諾，成功將太空人打造成一支冠軍球隊。然而，一路上伴隨而來的其他事物都造就盧諾的垮台，進一步來說，辛區同樣也是。太空人擁有如此高科技的技術，結果卻因為用球棒敲擊垃圾桶被抓到，這種連在比賽轉播中都聽得到的作弊手法，是多麼諷刺的錯誤啊！

大聯盟的調查結果就跟我和羅森索在《運動員》報導的一模一樣，甚至還挖出更多內幕。聯盟高層最後總結，太空人不僅一路作弊到二〇一七年世界大賽，他們在二〇一八年還繼續使用較為次要的手段：跑者法。二〇二〇年一月十三日，大聯盟發布了一篇統整其調查結果的報告，並勒令辛區和盧諾當年賽季停職一年。此報告一出，克蘭便召開電視記者會，進一步將總管和總教練給開除。

陶曼同樣也受到停職一年的處分，但原因不是因為電子偷暗號的事。雖然他在二〇一八年參與了反間諜行動，但聯盟不認為他在二〇一七年時知曉當時發生的作弊行為。曼佛瑞認為，就「歐蘇納事件」懲處陶曼一次就夠了。

當聯盟宣布太空人的懲處時，他們還在調查紅襪於二〇一八至一九年借助影片使用跑者法的行為，因此還在商議對柯拉的判罰。不過柯拉所屬的紅襪不等了，隔天直接和柯拉切割，並試著包裝成是雙方共同的決定。再過兩天，於二〇一九年十一月剛成為大都會新任總教練的貝爾川也被開除了，他一場比賽都還沒執教過。

在短短四天內，有三位大聯盟總教練和一位總管丟了工作。能與之相提並論的情況大概只有一九一九年的「黑襪事件」（Black Sox scandal），有八位白襪球員在當年世界大賽打假球，並且遭到終身禁賽。

曼佛瑞開罰太空人五百萬美元，這已是聯盟所規定的最高罰款金額。太空人還失去二〇二〇年和二〇二一年前兩支選秀籤，也算是非常嚴重的衝擊。不過對上個賽季成績很好的太空人來說，那些選秀籤的價值不算太高，因為他們很清楚戰績差的球隊才有好的選秀順位。

基於很多原因，大聯盟的懲處令人不甚滿意，很多人都納悶曼佛瑞怎麼沒有褫奪太空人的冠軍獎盃。

曼佛瑞說：「我們有好好思考過，也花費很多時間討論。我的考量包含好幾點。首先，這在棒球界是史無前例的。我自認是個遵循慣例的人，但我不是指每次都要遵循慣例，而是要先看看過去是怎麼處理的，我認為你得真的要有好理由才能打破慣例。第二，我之前講過，我最重要的責任就是找出並公開真相，讓人們自行去評判二〇一七年所發生的一切，以及那年的世界大賽。往後，大家將會以不同眼光來看待二〇一七年的世界大賽，不論是在獎盃上打星號，還是把它收回來，我覺得意義都不大了……你一旦去改變場上已發生的事，我真不知道該做到什麼樣的程度才要停下來。」

曼佛瑞在公開場合的形象總是西裝筆挺，但他有一次在解釋時失言，用「一塊金屬」來稱呼世界大賽冠軍獎盃。他想表達的意思是即便收回那塊金屬，也改變不了歷史。但球隊那麼努力想贏得獎盃，結果聯盟主席卻毫不留情地稱之為金屬，這也引起球員和球迷諸多不滿。後來曼佛瑞很快地出面道歉。

然而，大家抗議最大聲的點在於曼佛瑞竟然沒有懲罰任何一位太空人球員。他在調查開始前和球員工會達成協議，承諾會給球員豁免權。

曼佛瑞說：「對於爭論或批評本案懲罰夠不夠重的言論，我都洗耳恭聽。但我不認同那些稱太空人上下都逃過一劫、沒有受到半點處罰的說法。看看那些太空人球員，他們得要公開談論此事，也深受其害。在他們的餘生中，將會帶著質疑來看待二〇一七年和二〇一八年的事情。老實講，對任何過錯來說，要受到一輩子都會跟著你的懲罰很少見。」

但並非每個人都這麼認為。到了二月，也就是聯盟發布太空人調查報告後的一個月，各路球員陸續前往春訓基地報到，而偷暗號這件事成為大家口中的熱門話題。

「我不認同這些懲罰，球員本身都沒受到任何處分。」聯盟最強球員、天使當家球星麥克・楚奧特（Mike Trout）向記者說道。

「有沒有道歉我無所謂。」道奇外野手柯迪・貝林傑（Cody Bellinger）說道，他在二〇一七年是道奇的一員，他們在世界大賽輸給太空人。「我覺得克蘭很軟弱，然後曼佛瑞的懲罰也很軟弱，竟然豁免球員，他們可是作弊了三年。我覺得大家沒有意識到，奧圖維二〇一七年的最有價值球員是從賈吉手上偷走的，大家都知道他們從我們手中偷走了冠軍戒指。我個人對那些傢伙已毫無尊重可言，我想全大聯盟的人也會瞧不起他們。」

曼佛瑞同意給予球員豁免權以換取他們的證詞，部分原因是他希望球員能如實地講述事發經過。曼佛瑞在二〇二〇年春訓時說：「假如我可以不用拿豁免權就換得所有真相，那我早就這麼做了。」可是這個前提怪怪的，在聯盟開始調查前，曼佛瑞就已經有大量的資訊可以處理了。我和羅森索在《運動員》發布的報導非常詳盡，還引用一位太空人球員的證詞，而且二〇一七年的比賽影片也能佐證。曼佛瑞說不提供豁免權就無法有效找出真相，這理由太過薄弱，真相的核心早已浮出水面。

更讓曼佛瑞擔心的是，假如他真的想處置球員，那必定會失敗。早在二〇一七年曼佛瑞回應「蘋果手錶案」時，他就清楚表示若未來再度發生以電子設備偷暗號的違規行為，他將會拿總教練和總管開刀。他於二〇一八年再度重申新規，並於二〇一九年明確將球員排除在懲處名單外：「針對違反規定的行為，聯盟主席辦公室將會向球團與（球員以外的）球團人員處以累進的處分。」

勞資關係中，明定職場規則是管理階層的責任。聯盟得把規則和連帶的處罰昭告天下，總不能因為一時興起就開罰某種行為，真要這麼做的話也該預期會出現抗爭。即使在「蘋果手錶案」後，若再發生以電子設備偷暗號的違規行為，球員該受到何種懲處，曼佛瑞並未與球員工會達成任何共識。因此，假如曼佛瑞沒有給太空人球員豁免權，還試著要處分他們，球員工會很可能會站在球員這邊。這就如同每次有球員面臨控訴時，工會幾乎總是會力挺自家人，而且他們的勝率也很高，能使聯盟撤銷或是減輕懲罰。一位熟悉職棒勞資關係的官員表示，聯盟主席辦公室會被「轟爛」。另一人則說聯盟這麼做「很絕情」，而且聯盟會「看起來像個傻瓜」。

其中一項曼佛瑞的重要發現是，盧諾並未將聯盟於二〇一七年九月發布的備忘錄轉傳給隊上的其他人知曉，那則備忘錄是聯盟為了要在「蘋果手錶案」後設立底線而發的。假設聯盟真的要向球員開罰，球員大可以主張球隊高層沒有好好把規則講清楚。

曼佛瑞告訴ESPN說：「那份備忘錄傳到總管手上後就沒有下文，所以如果處罰了球員，我們極有可能會被申訴，而且一定輸，因為我們沒有好好告知球員這些規則。考量到沒辦法讓球員受罰，所以我們才會做出這個決定，不過我能理解大家的反應。」

儘管如此，曼佛瑞仍舊可以拒絕給予豁免權並祭出懲處。如果最後真的翻盤，他就可以說「看吧，我試過了」，然後把責任推給球員和工會。不過，如果聯盟嘗試懲罰球員但失敗了，這樣做有辦法平息眾怒，或是安撫任何一人嗎？這搞不好會讓曼佛瑞的形象更糟。

曼佛瑞最主要的錯誤不在於他沒有在二〇二〇年讓球員受到責罰，他錯就錯在更早幾年沒有先意識到，確保自己有把握可以處罰球員有多重要，以及沒有提前和工會討論這個問題。就算他處理過類固醇的禁藥問題，但他還是沒有完全領悟到球員可能會借助科技來取得優勢，也不知道如果他真的得放球員一馬，外界會有什麼反應。

一九八九至一九九二年擔任大聯盟主席的文森出面譴責工會沒有祭出紀律處分：「作弊案裡最惡劣的就是那些球員，但他們卻從沒受到處罰。聯盟主席這麼做是在逃避，因為他不想要收到重大申訴案件，也不想要花很多錢，裡頭摻雜了各種政治和經濟的理由。可是在我看來，也是更重要的一點，真正的錯誤是認為球員和老闆不需要共同承擔重大問題……球員工會應該要以身作則，跳出來喊聲：『我們不能任由棒球比賽被這些作弊行為傷害。』我對兩邊都很不滿，我認為聯盟主席在推託，他不想跟工會槓上，他知道工會就像洛基．馬西安諾，[1]從來不會輸。我雖然能理解他在幹麼，但他忽略了這會帶給球界什麼樣的整體後果。」

然而，球員工會絕不可能主動陷其成員於麻煩或險境中。

「他根本不了解工會的目的。」前工會代表律師歐薩說道，他和文森是同時期的人物，並於二〇一〇年退休。「我很尊敬文森，但他顯然是錯的，工會才沒有什麼為了『良善比賽』如此崇高的使命。他會被（白襪老闆）傑瑞．萊森多夫（Jerry Reinsdorf）說是『聯盟主席當到昏頭了』。你給自己披上一件沉重的權力外衣，然後說：『我對比賽有責任，所以要超越其他的一切。』這根本就是一種自虐和自慰，覺得要肩負如此沉重的擔子會使人自我感覺良好。但

1　譯注：洛基．馬西安諾（Rocky Marciano）是活躍於一九四七至一九五五年的職業拳擊手，他的職業生涯戰績為四十九勝零敗零和，是拳擊史上唯一未嘗敗績或和局的重量級拳王。電影《洛基》的主角便是以馬西安諾為原型，向這位偉大的拳擊手致敬。

最重要的是，工會的存在不是為了健康的比賽，而是為了要捍衛它的球員。」

⚾

當別隊球員在春訓痛批曼佛瑞和太空人時，太空人自己也很火大。每年春訓，球員工會的高層都會訪視各隊。當他們到太空人的訓練基地時，滿城怒火從四面八方席捲而來，球員覺得聯盟和工會將他們棄之不顧，感覺被針對和拋下了（隨便講個東西他們也會有怨言）。此外，他們還擔心家人的安危。瑞迪克在會談後說，有些球員甚至收到死亡威脅。

休賽季期間，謠傳太空人實際做的事比聯盟主席調查到的還要多。有謠言稱，奧圖維在二〇一九年美聯冠軍賽第六戰對洋基敲出再見全壘打時，球衣底下帶著某種可以發出聲響的蜂鳴器或裝置，使他提前知道投手下一球要投什麼球。這完全是另一層級的詭計。奧圖維做了兩件事引起大家的猜疑。第一，他在回到本壘時，用手勢示意隊友不要觸碰他的球衣。奧圖維才剛一棒把太空人送進世界大賽，在如此歡騰的時刻，他怎麼會先想到這個？況且，他還很快就跑進球員休息室，並在慶祝時換上另一套衣服。

不過，大聯盟沒有找到奧圖維或其他太空人隊員有使用蜂鳴器的證據。

曼佛瑞在二〇二〇年二月說：「那部影片我們在開始調查前就知道了，所以實際上也算是調查的一部分。我的結論是，球員都坦承他們在二〇一七年的犯行，也具體、一致地說出他們在二〇一八年違規。同樣地，他們也一致否認這個蜂鳴器的指控，每個證人都否認。在我看來，都已經給球員豁免權了，他們為什麼會針對二〇一七和二〇一八年的事向我們說實話，承認他們做錯了，卻在二〇一九年的事上面騙我們？我覺得很匪夷所思。你問我確定嗎？沒有人能百分之百確定這些事，但這已是我最好的判斷。」

一位二〇一七年的太空人隊員如此評論蜂鳴器：「那些絕對會是隱藏在休息室內最深處的祕密，而我從來沒發現過任何跡象。太空人的成員也深信奧圖維不可能做那種事，因為他連敲擊垃圾桶的計謀都很少參與。」

所有懷疑都讓奧圖維變成太空人作弊事件的眾矢之的，這讓他的隊友和經歷一切的人無法接受。一位長期待在太空人的隊員說：「你如果在隊上就會知道，奧圖維居然成了這件事的人物形象，這簡直狗屁不通。」他還說坎普也沒有使用那些方法，這可以從球迷亞當斯二〇一七年賽季的影片研究中得到證實。根據亞當斯的計算，奧圖維總共聽見二十四次敲擊聲，遠低於岡薩雷茲最高的一百四十七響。儘管如此，有些太空人職員在事後還是懷疑奧圖維，但並非針對蜂鳴器，而是針對垃圾桶系統的使用。

有了高速攝影機，太空人得以追蹤打者的手部動作。一位分析師在二〇一七年表示，他有百分之七十到八十的準確度能夠在投手投出前，根據奧圖維手部的移動看出他會不會揮棒。一位職員說：「有趣的是，這個數字在前一年比較低。」他指的是奧圖維在二〇一七年開始大量猜球，或至少他變得預先決定要不要揮棒，而這不是他過往的球風。奧圖維有著不可思議的打擊天賦，他的擊球能力很好，可以常常碰得到球，並且做出調整，不會提早就確定要揮棒。「我的意思是奧圖維跟柯瑞亞和岡薩雷茲他們一樣，揮棒變得更加積極，也更常去猜球——或許用『預先決定』這個詞可能會比較好，因為他不見得都是用猜的。」那位職員說道。但這只是猜想而已。

廣義來說，球隊內外的任何人都可以合理懷疑太空人做的不只這些，而這都是太空人在二〇一七到二〇一八年作弊事件中咎由自取的。甚至以更廣泛的偷暗號行為來說，太空人和其他球隊採用的跑者法都為所有觀看比賽的人打開一扇想像扭曲的大門，每個人，包括球員、教練、高層和球迷都有新理由去質疑場上比賽的真實性。

一位太空人職員後來得出一個有趣但不受支持的結論。他在二〇二〇年說：「我覺得蜂鳴器的事是真的。但如果八個月前問我，當時我還在參與調查，我會說那是胡扯，一點都說不通。」

是什麼讓他改變主意了？那位職員說，他在調查階段得知球團的其他事，例如：有職員幫忙購買黏性物質以增強投手的握力，進而使他對整體的判斷產生懷疑。他覺得自己過去太天真了，曾經信以為真的事如今被推翻，那為什麼蜂鳴器的事不可能是真的呢？

「我其實不知道休息室裡發生了這些鳥事，直到聯盟提起我才注意到。」那位職員說道，他曾經待過球員休息室，「以前覺得不可能，然後他們找出某人跟某人之間的郵件，我才發現，天呀，這些居然都是真的，原來某人早就知道，這時候我感覺自己就像個白痴。」

奧圖維始終否認他有使用蜂鳴器。他在二〇二〇年二月說：「我沒有帶蜂鳴器。二〇一七年的事我感覺很不好，但我沒有使用蜂鳴器，隊上也沒有人使用。」

柯瑞亞也跳出來替奧圖維辯解。他告訴羅森索：「奧圖維沒在用垃圾桶的，沒有人帶著蜂鳴器，那是胡說八道。至於他為什麼不想要別人扯他衣服，讓我娓娓道來。那年早前，他在美粒果球場擊出一支再見全壘打，我和坎普把他的衣服扯了下來，你們可以去看影片。然後他老婆告訴我老婆：『為什麼柯瑞亞要脫奧圖維的衣服？我不喜歡那樣。』所以當他繞過三壘要回本壘時，我正好站在最前面等他，所以他要我們別脫他衣服。第二個原因是（他不想要我講，但我偏要講），因為他鎖骨上有個未完成的刺青，刺得很爛，他不想被任何人看到，也不打算秀出來。」

有意思的是，太空人曾經一度想利用電擊的方式來幫助他們在運動科學上取得進展。肌肉張力儀（tensiomyography）是款可以用來測量肌肉纖維屬性的儀器，這個想法受到很多反對。一位高層想把它用於球探方面，只要整年蒐集到夠多肌肉張力的測量資料，他們就可以拿去比較球員場上的表現。

那位高層說：「我們後來妥協了，決定只在春訓時對小聯盟球員使用，當成是賽季前的體格檢查。球員不想要被我們一直電，但其實不太會痛，就像被門把電到而已，又不是要電死他們。球員擔心那些測量資料會在薪資仲裁庭上被用來對付他們，但球團覺得他們才在1A而已，之後也不太可能需要薪資仲裁，直接接受測試就好。但這顯然不是個好態度，我們最後的做法是開立切結書，上面寫著『球團特此承諾不會於任何時間以不利於您的方式行使這些資料』。此外，只要你還是太空人的一員，就可以隨時查看完整的資料檔案。」

那其他球隊呢？

二〇二一年，蓋提斯在一個名為《全球太空人》（*Stros Across the Globe*）的播客節目（podcast）上指出，太空人曾經懷疑道奇作弊。他還說當道奇球員公開批評太空人作弊事件時，有些太空人球員主動聯絡了他們。

蓋提斯說：「我們休息室裡有人打給道奇的人對他們說：『喂，注意你講的話，我們也知道了。何必這樣做呢？』每個人都有一套方法，每個人在棒球圈都認識一個朋友在道奇的朋友。我們知道他們在幹麼，所以他們最好冷靜一點。」

凱寇在二〇二一年也說：「我覺得很多球迷都被誤導了，這事不是只有太空人在做。我們只是順著潮流走，情況變成現在這樣有點可悲。」

紅人的喬伊・沃托（Joey Votto）在二〇二一年也表示：「那些說只有他們在做壞事的看法讓我無法理解。」

其他球隊在不同時間點或多或少都有使用電子設備偷暗號，這是不爭的事實。二〇一七年紅襪和洋基的「蘋果手錶案」就是很好的證明，那甚至發生在我和羅森索報導太空人和二〇一八年的紅襪之前。但沒有跡象顯示有任何球隊像太空人那麼膽大包天，他們借助中外野的攝影機和電視螢幕，在場下把投手要投的球路即時傳遞給打者，這也是事實。其他球隊有那麼明目張膽嗎？沒人可以保證，也沒有人能真的確定三十支球隊做到什麼樣的程度。

然而，若是說大聯盟所有球隊都在作弊也過於牽強。

一位紅襪隊員說：「我認為大市場球隊都很善於用影像來偷暗號，競爭優勢才是一決高下的地方，這某部分證成了我們的理由，因為每一隊的教練和球員都很厲害，實力相差無幾，到頭來表現都很強。誰比較會作弊，誰才擁有競爭優勢，那才是分勝負的地方。」

偷暗號事件中，大部分出現的都是指控，在媒體、球員、高層等等之間，幾乎所有人都是，而實際的證據或第一手、確切的證明反而比較少。人們很容易說出「大家都這麼做」這種話，然後就拍拍屁股走人。

太空人的一切都出自於克蘭和盧諾這兩人之手，但作弊案發生之後，對於他們眼皮底下所發生的事情，兩人都沒有意思要承擔個人責任。盧諾選擇主動出擊，被球團開除當天，發出一份聲明說「責任他來扛」。但在同一份聲明中，他還把矛頭指向隊內其他人，包含二〇一七年板凳教練柯拉、科威瑟及其他情蒐人員。

盧諾表示：「我沒有作弊，在我棒球圈內外的三十二年職涯中，任何曾經跟我密切共事過的人都可以證明我是個光明磊落的人。我並不知道違規了……管理階層並沒有主動計畫或是指導偷暗號的行動，敲打垃圾桶是由球員策劃和執行，用影像破解暗號則是由板凳教練身邊的低階職員發起和執行。」

此後，柯拉也多次公開回擊盧諾。他告訴ESPN：「在整個過程中，有一件事是我全然反對和不同意的，那就是太空人球團內有人特別把我挑出來，尤其是盧諾，搞得我好像是唯一的主謀。」

盧諾的論點是他沒有指導任何違規行為，對此也都不知情。聯盟並未發現盧諾直接知情太空人的垃圾桶計謀，但據稱他知道球隊在破解暗號的事則是聯盟調查的一部分。曼佛瑞在信中寫道：「有非常充足的證據顯示你知道太空人有一套偷暗號的方案，還有更大量的證據顯示你應該要知道。」

盧諾開始計畫要對太空人發起違約訴訟，試圖拿回超過二千二百萬美元，他宣稱那是他二○一八年簽完合約後還沒履行的金額，再加上他在球隊的「利潤收益」。盧諾在二○二○年十一月提告，在此之前，他著手了一場看似精心策劃的宣傳活動，與兩家媒體進行了訪談。第一，他再度找上記者賴特。賴特著有一本關於盧諾奪冠賽季的書，後來還主持一檔播客節目，補充他在書裡沒寫到的內容。[2]另外，盧諾還找了休士頓當地電視台KPRC的記者凡妮莎·

理查森（Vanessa Richardson）。

盧諾想盡辦法要把他的故事公諸於世，一路上也試著扳倒很多人。換句話說，他在報復科威瑟，因為科威瑟向聯盟提供大量證詞，暗指盧諾知道太空人作弊的事，儘管科威瑟不是唯一這麼做的人。聯盟主席辦公室決定不處罰包含科威瑟在內的太空人低階職員，一部分是因為大聯盟不認為責任在於那些低薪、低職位的雇員。聯盟把懲處的決定權交給克蘭和太空人，但球隊後來並沒有懲罰任何人。

一位了解聯盟主席想法的人說：「他們都還只是孩子，聯盟已經抓到球員了，也抓到總教練，還抓到奎格艦長（這裡指盧諾）。[3]就縮手了吧！」

另一個比較引人懷疑的推論是，聯盟和太空人都不希望馬上切割科威瑟或其他職員，然後讓他們覺得有必要公開所有他們知情的事。

然而，盧諾緊抓著科威瑟、曼佛瑞和他的老闆克蘭不放，想要藉此證明自己的清白。

盧諾告訴KPRC：「這是我人生中第一次被開除。我從十六歲就開始工作，過著半工半

2 譯注：賴特的書是《第二波魔球革命》（*Astroball: The New Way to Win It All*），播客節目則是《The Edge: Houston Astros》。

3 譯注：奎格艦長（Captain Queeg）是小說《凱恩艦事變》（*The Caine Mutiny*）裡的角色，由赫曼・伍克（Herman Wouk）所著。書中，奎格艦長精神不穩定，手下因此聯合起來叛變，解除他的職務。

讀的生活。在職涯的這個階段被開除讓我有點震驚，但我從來沒休過假，所以能在家裡待一段時間感覺還不錯。」

這下可諷刺得不得了。盧諾在休士頓解雇那麼多人，他們一定也感到錯愕不已。那些人對盧諾來說已經毫無用處，當克蘭和聯盟主席認為盧諾沒有用時，憑什麼他會有所不同？他知道他在為誰工作，也知道克蘭的行事風格。盧諾打從一開始就和朋友說他可能不會有好下場，也見證克蘭送走兩位球團總裁（波斯特洛斯和萊恩）。此外，盧諾任內有好幾次都在關鍵時刻跑去墨西哥，包括歐蘇納的交易案以及艾肯的簽約截止日。這在在顯示他其實也會休假，而且他辦公室的燈也不是每次都是他開的。

對於二〇一九年陶曼失控所引起的公關危機，盧諾把矛頭指向瑟格爾和基普。他告訴KPRC：「新聞稿不是我寫的。編造、校閱和寫出那篇回應的人是太空人的法務部門和行銷公關部門，他們倆寫完、編輯完之後就發出去了……結果捅出了大婁子。」盧諾的確有理由把錯怪在瑟格爾和基普頭上，但盧諾也承認他和其他人有看過那篇聲明。「沒人叫他們別發出去，我當時應該跳出來說的。」盧諾也知道陶曼可能會做出什麼樣的行為。

毫不意外地，球團裡的人無法接受盧諾這種「焦土作戰」的策略。很多人早已對他恨之入骨，而他的朋友則感到十分挫敗。

一位朋友說：「我認為盧諾都在否認，這讓我很失望。盧諾討厭那些傢伙，覺得大家都在針對他，所以他也要反擊。」

那位朋友認為盧諾保持低調繼續過他的生活才是明智之舉。「現在不應該去對抗克蘭或是曼佛瑞，承認你犯了錯並接受就好。但他不斷否認，非常憤恨不平……只有一些人看清這件事的本質，也就是有功亦有過，也有人只從其中一個面向來看待。我認為盧諾覺得全世界都大大地錯怪他了。」

對於偷暗號的行為，盧諾的流彈還波及到那些跟行動核心遠遠沾不上邊的球團人員身上。

盧諾告訴KPRC：「仔細想想，沒有人去質疑球團裡的其他人，為什麼他們不知情。我的特助們、畢吉歐、卡貝爾、萊恩、克蘭，還有所有的行銷部人員，他們都是球團的一分子，也都待在球員身邊。他們沒有一個人知道，為什麼全都怪我？」

答案很簡單，因為盧諾是球隊總管。被他點名的那些人都沒有參與一般的棒球事務，他指名行銷部門的行為甚是可笑。盧諾這樣的態度也觸怒聯盟高層。怎麼能在順風時極盡所能攬下所有功勞，但出錯時卻不願意接受任何指責呢？

卡貝爾說：「克蘭讓盧諾掌管一切。盧諾成為那個男人。他幾乎高不可攀，直到他重重墜回地面。他負責管理，這就是會發生的事。盧諾從來就不善於交際，他才不會坐著跟你談話……後來有些人變得不敢說實話，不過我呢，我從來不會害怕說實話。我想，他不會跟自己人溝通就是讓他陷入麻煩的地方。」

歸根究柢，盧諾是否確切知道太空人如何作弊，以及他是什麼時候知道的，這些問題對於評價他的領導能力和工作表現幾乎沒有什麼關聯。

曼佛瑞在廣播訪談中說：「到底盧諾知不知道確切發生了什麼事其實不是重點。我在二〇一七年寫信給每位總管，提醒他們有責任管好自己的球團不要違反任何偷暗號的規則。我認為從事實來看，盧諾先生很明顯未能履行這項職責。他破壞了比賽，因此受到懲處。」

就算我們姑且相信，科威瑟向聯盟調查員撒了謊，或是帕迪亞和霍根記錯了，所以誤以為他們沒有對盧諾隱瞞偷暗號的工作；就算我們姑且相信，盧諾於二〇一七年時，真的避開或是沒看到他回覆科威瑟的信裡，有提到電子偷暗號的事；就算我們姑且相信，盧諾於二〇一八年時沒有像本書所講的那樣，向同事承認他當時其實知道二〇一七年的垃圾桶計畫是真的；就算我們姑且相信，盧諾是基於清白的理由才刪除手機資料，這些所謂的不知情仍然是糟糕和怠忽職守的展現，特別是當圍繞在以下兩個問題時：

為什麼他會不知道？還有為什麼沒有出現任何機制，讓他注意到並且阻止作弊事件？

整起作弊案都反映出盧諾所培養的環境。溝通是他「最大的弱點」，一位核心圈人士說：「糟糕透頂，難以捉摸，很難從他身上獲得真實的回應。當我們寄了一封想法很多、寫得很詳盡的超長郵件給他，他只會回說：『很棒，謝啦。』我懂，他大概有很多事要忙吧。他應該要知道的，這點無庸置疑。我不知道這跟他是否知道有沒有關係，但更重要的是，這件事是在他眼皮底下發生的。」

在其他球團裡，他們大概不會在賽季中找來麥肯錫顧問，那麼總教練是否會比較自在地與總管討論日益嚴重的問題呢？

強調球隊收益的代價就是犧牲其他面向，這無關乎盧諾和克蘭在休士頓所關注的，而是他們忽略的地方，也就是從來沒寫在那張空白紙上的東西。

想當然耳，盧諾是不會同意的。他告訴KPRC：「大家都把事情簡單化，在推特上說什麼『盧諾是首腦』、『盧諾是幕後主使』、『這就是盧諾的文化』等等。事實才不是那樣，那可錯得離譜，我必須要讓大家知道這件事。」

好幾位太空人高層卻有別的看法。一位高層說：「我覺得不是那樣。我確實認為有文化的因素在，人們也會做出他們知道或應該要知道是錯誤的選擇，這兩個都是真的。我不覺得會有文化是想要破壞規則，我在這裡沒有看到。我看到的是迫切想贏球的執念，以及總是覺得昨天做得不夠好、明天得要更好。這種心態充斥整個球團，也包含教練團，讓人覺得一定要找出優勢，而且昨天找的優勢不夠好，就要找出更強的優勢。假如洋基已經在做了，我們要做得比他們更好，這就是我們的文化。只有打進世界大賽是不夠的，我們還要做得更多……我不覺得有球隊的目標會是要破壞規則，或是去壓榨別人。」

那位高層表示，休士頓有一種想反抗體制的自豪感。太空人高層不想扮黑臉，但他們所傳達的訊息總是如此：「如果不想落於人後，那就要比別人多花百分之二十的心力，這比照顧員工或是遵守規則重要多了。照顧員工、遵守規則和當個好人是很重要沒錯，但到了關鍵時刻，真正重要的就是看誰比較厲害。」

發生了這些事之後，另一位太空人核心圈人士說：「每一件事都要懷疑。」

「肯定是哪裡出了大問題才發生這些事。不可能全隊都接受正在發生的事，一定有些職員很擔心，對吧？我沒辦法理解為什麼這些事不會傳到陶曼或是盧諾那邊，如果這些事情發生在其他球隊，高層一定很快就會注意到，也會很快就傳到棒球事務部主席的耳裡。」

對於球隊總管是否會毫無疑問地知道隊內發生了作弊事件，太空人和其他球隊的高層有不一樣的看法。另一隊的總管說：「要知道球隊裡發生的一切大小事，這是不可能的。」

但不是每個人都同意。

另一位總管說：「如果我們隊上做了這種事，我想我會知道的。你知道為什麼嗎？因為那些人在幫助我們贏球，這也是總管會想要做的事。那些人就會在上級面前邀功，試著拍馬屁、獲取升遷機會，然後賺更多錢，沒道理不發生這種事。這麼做並不是因為無私，他們還是基於自利的原因，而唯一能實現自利的辦法就是把事情告訴總管。」

職棒圈對於太空人成為那支越界的球隊並不意外。盧諾在紅雀的同事說：「這就是從他們那邊的壓力和文化延伸出來的。」

另一位總管說：「盧諾絕對不可能不知道，如果他不知道，那就是因為他刻意讓自己處在一個可以說他不直接知情的位置上，但是他絕對知道。是在開什麼玩笑呢？他絕對知道，好嗎？看看太空人得點圈有人的表現就知道，那才不會憑空出現。紅襪、太空人和洋基都比聯盟其他球隊還要高出好幾個標準差。他們可是有著最好的方法，他也知道高層會提供競爭優勢給球員……這完全就是個金字塔結構，盧諾知道一切真相，沒幾個人比他知道更多。」

也有很多人樂見盧諾下台。

別隊總管表示：「這部分是因為盧諾都表現得居高臨下、冷漠無情，他也不願意花心思在其他人身上。盧諾太自以為是了，以為自己什麼都會，以為所有解決方法都在基本的商業效率和價值工程的原理中，而不在那些把一輩子都貢獻給棒球的人。他不僅自以為是，而且一點也不值得信任，打從最一開始就令人討厭。因此，我絕對沒辦法支持他。另一方面，他爭強好勝，顯然也得到成果，但我不欣賞他的手段，所以我有很多理由不喜歡他。」

盧諾認為變革不容易這點是對的，但他一路上把所有護欄都給拆了。從他在紅雀身為飽受批評的局外人時期開始，就一直不顧反對、執意向前，而他也如願以償得到他想要的結果。但盧諾並沒有採取足夠的措施來確保不會觸及到錯誤的底線，不僅僅是在偷暗號的方面，歐蘇納的交易案也是如此。

一位太空人職員說：「你還是需要有人來做這些事。我覺得隊內還是需要有智慧的人，當你在推行某件事時，要有人站出來反對。但這種人常常會被踢出球隊，不管在哪個層級都是，包含教練、球探、高層或是資深管理層。這不單單只是開除球探、教練或是總教練的問題，一路上你將會失去很多有智慧的人。」

曼佛瑞在他九頁的報告中，嚴厲地批判盧諾所打造的球隊文化，這樣做實在非比尋常。對於聯盟裡表現數一數二的球隊，時任聯盟主席竟公開把他們的球團生態狠狠數落一番。「即使沒有人可以否認盧諾所帶領的棒球事務部在分析方面是球界的佼佼者，但對我來說，從員工的待遇以及與其他球隊、媒體和圈外相關人士的關係來看，都反映出其部門文化存在很明顯的問題。至少在我看來，太空人棒球事務部這種重視和獎勵結果更勝於其他考量的孤立文化，再加上往往缺乏指導和監督不周的職員，至少在一定程度上造就了陶曼事件，還有後續球隊對該事件不妥當和不準確的回應，以及最後容許本報告所描述之行為發生的環境。」

一位知情聯盟調查的人士表示，太空人的球隊文化是場「災難」。「人們對於太空人的管理方式有許多誤解。大家以為他們經營得井井有條，但仔細一看就會發現，其實裡面亂成一團。」

盧諾在休士頓的一位好友直接跟他分享他覺得什麼才是最根本的錯誤。「盧諾會說棒球是一場零和遊戲，當一隊贏球時，勢必有一隊在輸球。」然而，大聯盟並不是零和的商業遊戲，它是由三十支球隊組成的，聯盟自有辦法讓所有隊伍都能好好經營下去。「好的教練和主管會轉隊，選秀籤位能夠幫助戰績不佳的球隊，而聯盟也有收益共享的機制，還有很多不成文規定。我們都在同一條船上，如果有人走得太偏，對聯盟整體來說終究會是件壞事。我認為盧諾和克蘭並沒有意識到，他們並不是在經營自己的企業。」

第十九章　物流鉅子

二〇二〇年二月，春訓開始。雖然克蘭外聘了危機處理專家，但太空人卻還沒有找到處理公關問題的好方法。太空人在佛州的春訓基地召開記者會，在進入與記者的問答環節之前，幾位球員尷尬地發表一些言論來開場。克蘭說太空人感到抱歉，但他個人沒有做錯任何事。

「不，我不認為我應該要為此負責。我是來改正問題的，並且帶領球隊繼續向前。」克蘭說道。克蘭一度聲稱偷暗號「沒有影響比賽」，但不久之後，當他被追問此事時，他卻自相矛盾：「我並未說那沒有影響比賽。」

這場記者會完全是個災難，甚至引來更多批評。前馬林魚總裁大衛・薩姆森（David Samson）說：「在我十八年的棒球生涯中，克蘭事後的處理方式比我見過的任何危機事件都還要糟糕，而我會這麼說是因為我們曾經有過很嚴重的公關危機。」

雖然這件事並未引起太多關注，但克蘭仍公開反對曼佛瑞報告裡的一大要點：聯盟主席對棒球事務部文化的苛責。聯盟發表報告當日，克蘭也召開一場記者會，也就是他宣布開除辛區和盧諾的那場。克蘭在開頭表示他接受曼佛瑞的調查結果，但很顯然他能接受的不多，因為就在同一天，克蘭說他不同意那些對球隊文化的評價。

克蘭說：「我不同意。我們有非常多優秀的人。超過四百人在這裡工作，而且他們都很認真，我認為是單獨的情況才讓那些事情發生。我們的經營團隊是職棒裡數一數二厲害的，如果問題真的存在的話，我們很快就會發現，並且積極地處理好，這一點都不難。我們的棒球事務部是最棒的，而且已經獲得很多成就。」

克蘭在二〇二〇年中再度重申。

他告訴《今日美國》（*USA Today*）：「人們說我們的文化有問題。我們的文化才沒有問題，那些都是互不相關的獨立事件。」

二〇二〇年夏天，我和曼佛瑞進行一場三十五分鐘的對談，聊聊他擔任聯盟主席五年來的心得。在談話中，他幾乎回答了我每一個問題，唯獨一題例外：「克蘭不斷表示你調查裡有一部分是錯的，你是否會覺得困擾？」

曼佛瑞的沉默我並不意外，這正好反映聯盟主席的工作已經變了調，或者說一直以來都是如此。曼佛瑞並不是公正無私、處處為棒球著想的仲裁者，他可是一位訓練有素的勞資協商者，以及代表三十支球團老闆利益的法律代表。

在一部二〇〇一年一月十七日的影片中，馬克・費爾克（Mark Fierek）身穿底特律紅翼隊[1]的衣服說，飛鷹全球物流的主管告訴他不許在底特律的報紙上刊登徵才廣告。「霍恩（Horn）先生說如果這麼做的話，全底特律的『黑鬼』都會來應聘這些職缺，你不會想這樣的。」費爾克在存證影片裡說道，該影片由美國廣播公司（ABC）播出。

克蘭於一九八四年創立飛鷹全球物流。一九九七年，公司法律顧問茱蒂絲・羅伯森（Judith Robertson）被解雇，她很快向平等就業機會委員會提出歧視申訴。根據一九九八年《休士頓紀事報》記者西索（L. M. Sixel）的報導，公司裡另一名法律顧問說羅伯森是個「既傷心又不滿」的律師。雖然羅伯森後來撤銷多項控訴，但她並不孤單。平等就業機會委員會指控旗下員工超過二千人的飛鷹公司，他們在許多職位上拒絕雇用非裔、拉丁裔、亞裔和女性，並且營造出對這些族群相當不友善的工作環境。

西索一九九八年的報導寫道：「根據平等就業機會委員會休士頓分部的資深調查長羅莎・德拉克魯茲（Rosa De La Cruz）的書面證詞，飛鷹公司的人力主要都是白人男性，這個現象在公司裡被稱為『計畫』（The Program）。根據委員會主席的指控，他們亦宣稱飛鷹公司沒有妥

1 譯注：底特律紅翼隊（Detroit Red Wings）是美國國家冰球聯盟（NHL）的隊伍。

善調查性騷擾的申訴案件，也未盡保護員工免於性騷擾之責任。根據委員會的書面證詞，有證人宣稱公司的高階主管用公司資金去請妓女和脫衣舞孃來招待男性客戶，並把這些費用記作商業款項。」

克蘭和飛鷹公司否認一切，這些案件纏訟多年，雙方攻防不斷，實際情況也很複雜，但這些全都是嚴重和令人厭惡的指控。

《費城每日新聞》（*Philadelphia Daily News*）的吉姆．史密斯（Jim Smith）報導了一樁費城聯邦法院的訴訟案件：「飛鷹公司執行長克蘭的『計畫』就是幾乎不要雇用非裔美國人，也不要雇用女性，『除非她們長得很迷人』。還有另一位來自休士頓的白人女性，四十五歲的卡尚蒂．莫里斯（Kshanti Morris）是人資部門經理，她表示自己因為不願實行具有歧視性的政策，所以被降職為祕書，並且聲稱取代她的白人男性的薪水『是她的五倍高』。」

原告律師魯本．古特曼（Reuben Guttman）於二〇〇〇年告訴業界知名雜誌《交通世界》（*Traffic World*），飛鷹公司的案件是他「見過最糟糕的歧視案件」。另一方面，克蘭也告訴同樣的雜誌社：「我們沒有做錯任何事。」

「如果我們像人們所說的那樣對待員工，那我們就不會如此成功。」時任飛鷹公司的投資關係總監麥克．斯洛特（Mike Slaughter）告訴《交通世界》。斯洛特後來在二〇一五年加入太空人擔任財務長。

飛鷹公司希望該案件在休士頓而不是在費城審理，最後也的確如他們的意。休斯法官（就是後來審理休士頓運動網和寇瑞亞駭客案的那個休斯法官）在飛鷹公司的要求下，封存了一九九八年的原案。

（休斯在處理性別和種族議題上充滿爭議。二〇二二年一場民事訴訟案件中，原告方要求休斯迴避此案，而《休士頓紀事報》則有此報導：「休斯過往處事不夠慎重，他曾經把政府在一件詐欺案裡做錯的事，歸咎於一位女性聯邦官員的性別，並說：『我們以前不會讓女生做這種事。』美國聯邦第五巡迴上訴法院在二〇一八年推翻休斯原本的判決。二〇一三年，上訴法院批評他在一起案件中『明顯未能察覺帶有種族歧視的言論』……該案有位官員曾說：『如果歐巴馬（Barack Obama）當選總統，自由女神像手裡的火炬就會換成一塊炸雞。』」）

二〇〇一年，飛鷹公司案以九百萬美元達成和解。克蘭說：「我們一方面持續否認平等就業機會委員會的宣稱，另一方面認為在這個時間點以有生產力和遠見的方式解決此事，對公司和未來都有最大的好處。」當索賠被提出後，最後有大約六百萬美元回流到飛鷹公司。

飛鷹公司惹出的大麻煩還不只這些歧視案件，聯邦政府曾向他們提起戰爭牟利的控告，指控他們在伊拉克違法哄抬物價。後來公司被罰款，員工還因此入獄服刑。

有如此過往的人究竟是怎麼當上大聯盟球團的老闆？

當克蘭要收購太空人時，他與大聯盟球團老闆委員會見了面。印第安人老闆賴瑞·道蘭（Larry Dolan）是委員會主席，而紅雀的小德威特則主導問話。道蘭過去曾是檢察官，現在他又重操舊業。一位在場人士說：「他們非常存疑，出了一堆難題給克蘭。並不是說局勢很不明朗，但至少不是從一開始就接受克蘭，他們把他盤問了一頓。」

棒球界每一季度都會舉行球團老闆會議，但大部分的事情都是在實際會議外處理，像是餐會。薩姆森說：「大家很少會在球團老闆的大型會議上提問，因為聯盟主席不認可那樣的論壇。所有事情都是私底下解決，以小團體的方式進行。在會議上很快就出現傳聞，說克蘭的選票有麻煩了，因為情況看起來很不妙。」

塞利格是個很有親和力的人，且善於使用辭藻和甜言蜜語來包裝。他關注多元性，為大聯盟設立了「傑基．羅賓森日」），[2]但是公開表達對多元性的關注不代表他總是能夠或應該實現此目標。

儘管聯盟實際對克蘭的調查可能做得很徹底，但對薩姆森來說，他們重視的程度卻很輕率，只想要趕快擦屁股，做做表面工夫。「如果你拿得出錢，又能把團隊拼湊起來，那出價最高的就贏了。」他說道。

塞利格和老闆們終究比克蘭更有籌碼及合理的理由來促成轉售，甚至還有一些誘因，其中一個就是公關形象，而且他們也想藉此達到另一個目的：把原屬於國家聯盟的太空人轉到美國聯盟。這在克蘭接手後實現了。

二〇一一年十一月，塞利格向三十隊寄發一份宣告球隊易主的正式信件。信中第四段說明克蘭過去在飛鷹公司的一些事蹟，包含那些歧視案件。

「克蘭先生否認了平等就業機會委員會的每項指控，並解釋因為飛鷹公司高速成長，使得資本和人力資源負擔加重，才導致他們不夠關心人選的聘用和紀錄。」聯盟主席辦公室裡的某位專員寫道。

聯盟對於戰爭牟利的指控有相同的論調。「克蘭從未被指控參與這些事件，而背景調查也顯示在此期間，克蘭個人並不知道這些不實指控。」這封沒有特別署名的信寫道。

九年後，二〇二〇年一月，曼佛瑞在他九頁調查報告裡的第一段就開宗明義地表示，他的調查員發現：「完全沒有證據指明太空人老闆克蘭知道任何有關本報告所描述的行徑。」

當曼佛瑞後續將太空人的文化歸咎於盧諾時，他再度為老闆辯解：「就如同許多球隊都是由經驗豐富的人掌管其棒球事務部門，克蘭和他的資深管理團隊將心力都投注在經營球團的商業面向，並將棒球事務的決定權交由盧諾掌管。有鑑於盧諾被公認是他這一代最成功的棒球高層，因此很難去說這樣的職責劃分有什麼問題。」

歧視、戰爭牟利和作弊，這三件重大醜聞都跟克蘭的團體有關。他並沒有公開承擔個人責任，而大聯盟每次也都縱容他。克蘭對於自己的過往很敏感，以至於他下令要他的職員盡力確

2 譯注：一九四七年四月十五日，羅賓森打破棒球的種族藩籬，成為美國職棒大聯盟史上第一位黑人球員。二〇〇四年，時任聯盟主席塞利格宣布每年的四月十五日為「傑基・羅賓森日」（Jackie Robinson Day），並從二〇〇九年開始要求所有上場人員在這天穿上四十二號球衣。

保他不會再經歷一次。一位太空人職員說：「他不想再被告了，所以他嚴正要求我們聘人的標準。我們應該要開始聘用黑人，好讓他不會再受到批評。」另一位職員記得隊內曾經討論某位黑人職員的工作能力，但克蘭表示：「我們不能開除黑人。」

二〇二〇年春訓，太空人偷暗號的事件鬧得沸沸揚揚，也許沒人預料到會發生這種事情，甚至有國會議員建議舉辦聽證會。但這股熱潮後來被新冠疫情中斷，導致所有春訓基地都關閉。最後，整個賽季縮水成六十場，並且禁止球迷入場觀賽，一直到十月季後賽尾聲才開放部分觀眾進場。

少了球迷進場，聯盟各隊的營收都大幅下滑。儘管過去幾年球隊價值和營收不斷上升，而且大家也預估疫情結束後榮景便會回歸，但老闆為了省錢還是讓員工放無薪假或是直接解雇他們。到了二〇二〇年十月，瑞奇特（Ricketts）家族所擁有的小熊已裁員超過一百人，而安傑羅（Angelos）家族的金鶯[3]則資遣約五十人，其他球隊也都大同小異。這波裁員對球團商業和棒球事務都造成衝擊，但球探卻首當其衝，小熊也不例外。

某位總管說：「小熊所做的非常誇張，他們又不是在重整球探部門。我認為太空人是第一支這麼做的球隊，但其實不需要做得那麼絕。現在看到的是很多球隊需要減少開支，但同時也迎來科技的新世界。人們知道有模型，也知道其他人正在這麼做。這不會不好，甚至在某些方面可以說是更好的，那不如現在就做吧。」

即使在疫情之前，有些球隊已開始追隨太空人的模式，並且得出和他們在二〇一七年時一樣的結論：既然用影像和資料蒐集可以更可靠和全面，我們何必還要花大錢派球探去外地情蒐呢？由史登斯掌管的釀酒人早在疫情前就把重心轉移到影片上，艾利亞斯的金鶯也是，而現在輪到小熊了。

老闆開始大刀闊斧地整頓各個部門，他們幾乎都是億萬富翁，是否真的有需要削減開支，這個就見仁見智，只是在新冠肺炎期間，營收下降也提供這麼做的誘因和名義。球隊不再對多餘的技能組合包感興趣，他們現在有了新的切入點，要用以往可能會避免的方式來撼動職棒。

在很多方面，盧諾和陶曼對於職棒產業走向的看法是正確的。在將近二十年前的魔球時代，老闆和總管在球員評估上非常講求效率，如今這股力量已滲透到球隊營運的每個層面，不僅僅是球員決策的部分。

一位總管說：「『雖然某某球員現在已經不行了，但他人很好，而且去年在季後賽敲出關鍵安打，所以我們要把他簽回來。』這大概是二十年前的想法。然而這一切在過去八年、十年內消失得無影無蹤。現在，連其他領域都已發生轉變，而棒球比賽也一年比一年激烈，大家幾

3 譯注：金鶯已於二〇二四年易主，球隊經營權由私人股權投資大亨大衛．魯本斯坦（David Rubenstein）等人接手。

乎都只簽一年約。這就是資本主義，但最爛的隊伍不會因此倒閉，對吧？洋基沒有買下金鶯，這種事也不會發生。因此過去多年來，球隊都需要進行一定的教導和磨合。但我認為科技轉變得非常徹底，以前再怎麼爛的投手教練能比下一個爛多少？百分之十，或百分之二十？可是如果你現在不使用『追蹤者』，那你百分之百會是個爛投手教練，你是在破壞價值。所以他們必然要把那些人都汰換掉，我想這就是為什麼會這麼瘋狂的原因，因為科技改變了一切。如果只因那些人待很久就留住他們，你最後一定會搞得一團糟，就等著別人進來收拾殘局。」

然而，並非每位球隊高層都能接受這樣的宿命。

有人說：「當我愈接近那三十位球隊老闆，我愈覺得很多都是世界上最爛的人。我敢打賭他們絕對只重視自己的利益，並且短視近利，會為了保護權力和財富而犧牲職棒圈裡其他人的好。」

一位太空人高層引用亞馬遜（Amazon）的例子來對比：「看看其他同行在做什麼，這也很有意思。亞馬遜就做了同樣的事，但在變革管理這塊處理得更好。他們裁撤工作，改採更有效率和節省成本的技術，許多人因此恨透亞馬遜。但是他們的產品物美價廉，使得他們成為一家優秀的企業，至少對股東來說是如此。」

太空人不是唯一朝著這個大方向前進的球隊。他們真的領先其他人嗎？還是只是把方法張揚得最大聲呢？

一位太空人高層說：「道奇在運動科學方面有更多進展，我認為洋基也是。我們領先的地方是球員發展，其中一項證據是我們在小聯盟的勝率和三振率有好幾年都碾壓眾人。另一項證據是其他球隊都想挖角我們，他們絕對想找出我們成功的祕訣。我們太過招搖，各項表現都排在前五名，但如果覺得這樣就是比較聰明，那就太愚蠢了。有誰能夠用最好的方法去做每件事情？我們不斷力求發展和變革，最後走火入魔，變得太過激進了。」

二〇二一年，大聯盟開始打擊另一種作弊形式，這比用電子設備偷暗號還來得公開，而且已經到了會對棒球娛樂價值造成負面影響的程度。投手一直想要把外部物質抹在棒球上，因為把球握得更好可以提升準度和位移。儘管這麼做違反規定，但裁判和聯盟過去總是允許投手使用部分外部物質，只要別太過明顯和張揚，例如：在手臂上塗滿厚厚的一層松焦油。

到了二〇二一年，投手將此做法推向新高度，以人為的方式大幅提高投球轉速。轉速愈高代表球威更強，也代表三振愈多、打進場內的球愈少，因為打者更難打到球，而打進場內的球變少意味著比賽變得無趣。棒球的樂趣通常在於擊出的場內球，有時可能是打者贏了，有時則會被全力衝刺的野手美技沒收。當投手靠著黏性物質來操縱球路時，這些情況就會變少。

根據多項第一手的描述，太空人使用了大量黏性物質，而且已離隊的投手教練史卓姆會毫不避諱地詢問新投手有沒有在用外部物質。「春訓時，史卓姆會跟年輕投手噓寒問暖，然後問他有沒有在用黏性物質。」一位太空人隊員回憶道。

據傳在太空人待到二〇一七年的牛棚教練彼恩森也參與其中。「彼恩森有五、六種東西，什麼松焦油、防曬乳之類的，還有輕爽、中度和厚重的乳霜。」一位隊員說道。

史卓姆透過電子郵件說：「我拒絕回答，就跟每個投手教練一樣，談論這些不會有什麼好處。話題結束，繼續比賽。」

多名掌握第一手資訊的太空人隊員表示，韋蘭德和柯爾是黏性物質的主要使用者。由於太空人球員使用黏性物質，使得一位隊員認為他應該要對其他球隊用電子設備偷暗號的行為保持沉默。他的意思是作弊到處都有，沒有人是完全清白的，手也一樣。

一位總管談論太空人時說：「這就是作弊，但他們策劃都自己來，效果還特別好。韋蘭德本來正在走下坡，直到他加入太空人，當球員離開太空人後，這種情況就開始在聯盟蔓延。」

天使球團人員布巴・哈金斯（Bubba Harkins）因提供球員外部物質而被球隊開除，他在訴訟中所提到的球員就包含韋蘭德和柯爾。

「嘿，布巴，我是柯爾。我碰上一個小麻煩，想問你能不能幫我一下。」柯爾還在後面加了一個眨眼的表情符號，而這封簡訊則成為法庭文件的一部分。「我們要五月才能見面，可是我們四月就要在寒冷的地方打客場比賽，我去年用的東西在天冷時就沒效了。」

二〇一九年季後，柯爾與洋基簽下九年三億二千四百萬美元的合約。二〇二一年，他在記者會上直接被問及是否曾使用外部物質。

柯爾支吾一番後表示：「老實說我不知道該怎麼回答這個問題。有一些慣例和做法是從老球員傳承給年輕球員、從上一代傳承給這一代的，我認為裡面肯定有些地方越了界。在與同儕交流這點上，我的立場非常堅定。這對熱愛比賽的人來說很重要，包含現在在這裡的球員，以及球迷和球隊。所以如果大聯盟想要立法來規定，我們可以好好溝通，因為我們終究都是在同一條船上。」

太空人做的有比其他球隊誇張嗎？

一位太空人職員說：「大概有，而且更先進，因為這是他們投球文化的一部分。我聽過史卓姆、彼恩森和其他人打屁開玩笑不下千次，他們的混合物很有料。我不知道那有沒有比其他隊用的黏稠物還厲害，我只知道史卓姆調配的東西很猛。這不是高層的專案項目，據我所知沒有人測試過黏稠物的化學組成的效能，但感覺會是一個很酷的專案。」

當大聯盟開始打擊外部物質時，太空人把他們稱之為「作弊包」的東西丟掉，連小聯盟也不放過。「發生這一切後，所有的作弊包都不見了。」一位太空人職員說道。

普遍來說，投手站上投手丘後會把黏性物質塗抹在手上，那些黏性物質會藏在投手身體、球帽、手套或是皮帶上，要投球前再伸手去摸。從二〇二一年開始，大聯盟要求裁判時不時檢查投手是否有使用外部物質，並要投手出示他們的球帽、手套或皮帶。

比賽用球並非直接從盒子裡拿出來使用，球團職員會在棒球上抹一些泥土，以讓棒球呈現該有的觸感。長久以來，有些球隊開始發展出他們自己的抹球習慣，而大聯盟在二〇一七到二

○一八年之間，研究了各隊在比賽前為棒球抹土的方式。

一位太空人職員說：「聯盟做的研究基本上就是觀察每隊如何把土抹在球上。顯然太空人抹得最少，不考慮其他情況的話，這樣對打者來說比較有利，但對投手很糟。聯盟發現我們做得最極端，整顆球上幾乎沒有抹土，保持得最乾淨、最亮白，因此成為一個問題。我認為道奇則是在另一個極端，他們把球抹得最髒。聯盟還有別的發現，就是太空人很愛磨損的球，史卓姆會叫球員把球磨出痕跡，或是使用磨損的球，然後再用松焦油之類的。我記得彼恩森有一種很猛的混和物……每個人都在抹油，但史卓姆和彼恩森做得最凶。」

聯盟想要訂下抹球顏色的標準，並發送一張海報給所有球隊。一位知情人士表示，聯盟有些時候會要求球隊增加或減少抹在棒球上的泥土量，特別是在季後賽之際。此外，聯盟也試圖加強監管比賽用球從儲藏到主審的途徑。有傳言指責太空人在主場比賽時，會控制把球交給主審的時機，好讓他們的投手拿到比較好的用球。球僮會把球交給主審，而球僮通常都是主隊的人員。

一位大聯盟球員轉述他和彼恩森的對話：「他們在主場會用不同的球。彼恩森會用特殊的棒子來摩擦球，只要擦得夠多，再加上塗抹在手上的其他東西，這樣就可以幫助到他們。這會讓球變得非常黏，然後彼恩森說他們有兩個不同的袋子。當投手丘上站的是太空人投手，只要主審需要新球，他們就會從這個袋子裡拿，不過一次只會拿兩三顆。等到換局時，袋子裡可能只剩一兩顆球，所以他們就不會發現有太大的差別。」

好幾支球隊也聽過這類說法，而道奇對此特別懷疑。分配棒球的計策終究還只是個指控。我們透過第一手資料可以知道的是，至少有一些太空人投手曾使用過外部物質。然而，跟偷暗號不一樣的是，我們有好理由相信長時間以來，每隊的投手都在做一樣的事，只是程度不同而已。

一位總管說：「這個嘛，黏性物質到處都有，每個地方的球員都在用。我認為偷暗號只存在於休士頓、波士頓和紐約，我在其他地方沒看到。還有密爾瓦基，我們覺得他們有用計分板來提示打者。」

太空人投手能那麼厲害，其中究竟有多少是因為外部物質促成的，這本來就很難定論。當談到最羨慕太空人哪一點時，另一隊總管說：「絕對是他們愈來愈高的轉速。但我太天真了，我以為他們沒有用很誇張的外部物質。轉速是最吸引我們的地方，也是我們投入最多研究的地方。」

另一位總管也呼應同樣的事情：「球員跟我說，他們的投球模式就是找來一個新投手，然後給他些好東西。他們笑著表示，高層或史卓姆才不會做簡報來告訴你哪些球投得不好、要怎麼調整握法，或是改變配球組合。結果不是這樣，史卓姆會在你第一次練投時出現，拿出一罐好東西抹在你手指上，然後讓你看看球威提升之後的樣子。」

一位太空人高層雖然承認球隊使用黏性物質，但不認同其所造成的影響。

那位高層說：「大家都說那是作弊，還有太空人是如何作弊等等。但我想提出另一種說法，我們只是很嚴謹地教導投手，手指與手腕的位置和放球點要正確。我們這些工作都是在場上完成，我們會從牛棚裡拍的影片找出手指與手腕的放球位置，然後跟『追蹤者』測得的轉速結合在一起。我要表達的意思是，我們會指導投手改變握法。假如有人的大拇指在出手時造成側旋，導致整體轉速下降，他們就能從影片中發現問題，我們很嚴謹地看待與球員的回饋循環。」

「『追蹤者』顯示我們有辦法讓投手的球更會跑，人們卻很快認為這是因為使用黏稠物的關係。可是有趣的是，綜觀球團裡的所有投手，他們加入別隊之後，還是保有在太空人時期所增加的位移。所以這些全都表明我們的球員發展很可靠，能讓投手變得更厲害，而且沒有使用黏稠物。這就是人們懷疑我們搞亂『追蹤者』資料的原因，我不是很清楚，也沒搞懂怎麼會有人說什麼我們汙染了聯盟其他球隊得到的『追蹤者』資料。好吧，我覺得黏稠物可能也有部分關係，要我猜的話我會說可能有百分之十五，但百分之八十五是因為我們教得好，讓球員能夠變得更好。」

當聯盟在二〇二一年開始打擊外部物質時，初期成效是正面的。某一隊蒐集到的數據顯示聯盟剛開始執法之際，道奇投手群有著最高的轉速，而後續下落的幅度也是最大的，這表示他們使用外部物質的情況最為嚴重。

一位高層談論二〇二一年的道奇時說：「在執法開始前，他們比其他人高出八個標準差，現在還是比大家高。所以我想這很丟臉，對吧？我們都有近乎瘋狂的好勝心，但這是有限度的，有些事情你不能做，也有些界線不能跨越。華爾街和麥肯錫的人來了之後，這些界線都被拋諸腦後，這大概不是巧合。從一九五一年的紐約巨人作弊案，[4]到無數的歷史案例，這些界線一直被逾越，但卻沒有被制度化。」

二〇二二年，轉速又攀升了。《運動員》的伊諾．薩里斯（Eno Sarris）寫道：「看來投手找到透明、可擦拭，而且比防曬乳和止滑粉還更有效的東西，因為棒球的轉速又回升了，幾乎回升到聯盟開始管控前的程度。」同年，大聯盟在小聯盟新測試了自家的黏性物質，其中一款由陶氏化學公司（Dow Chemical）所開發，目的是要找出某種能夠增強投手抓握力，卻不會顯著提升投球表現的物質。這個實驗完全是場災難。

4　譯注：當年，紐約巨人隊（New York Giants）派人在中外野拿望遠鏡來偷看捕手暗號，再用一套電鈴系統將暗號傳給位於界外區的牛棚，牛棚再打暗號給打者，把球握在手裡代表速球，將球拋起表示變化球。

後記

貝爾川沉寂了好一段時間，直到二〇二二年初才又回到大眾的視野，他受洋基電視台YES所聘擔任分析師。在與YES的訪談中，他承認太空人在二〇一七年錯了，他們確實越界了。貝爾川復出時，他即將獲得名人堂票選的資格。[1]他表示如果有人制止球員作弊，他們一定會停手的，但要球員自己停止作弊卻是不合理的。

「許多人總會問我為什麼不跳出來阻止。」貝爾川告訴採訪者兼他的同事麥可．凱伊（Michael Kay），「我的答案是，其他人和我一樣也沒有這麼做。這對我們很有效，我們幹麼阻止對我們有效的東西？假如球團有對我們說些什麼，那我們一定會停止的。」他還補充道：「真希望我當時能提出更多有關我們在幹麼的問題。」貝爾川可謂二〇一七年太空人隊內最有

1　譯注：球員必須擁有十年以上的大聯盟資歷，並且退休滿五年才有成為名人堂候選人的資格。

影響力的人物，還有什麼能阻止他提問呢？

辛區和柯拉的禁賽令在二〇二〇年賽季結束，他們很快就找到新工作。辛區將接掌老虎帥印，而柯拉則回鍋擔任紅襪總教練。兩位總教練都公開承認他們在太空人作弊案裡所扮演的角色，但兩人都未曾對外提供詳細的內幕消息和對此的感想。很可能是因為既然他們都有意繼續待在棒球圈工作，那麼互相揭露他人的瘡疤可不會有什麼好下場。

辛區一直以來都感到懊悔，不論是與聯盟主席還是對外的談話。他在二〇二〇年告訴大聯盟電視網：「真希望我可以做得更多。對就是對，錯就是錯，而我們當時錯了。」

當被問及這座冠軍是否會沾上汙點時，辛區回答道：「我能理解這個問題，而且問得很好，人們會有自己的答案。不幸的是，我們以團隊開啟了這件事的大門，這個問題我們永遠不會知道。我們得接受並繼續向前，然後變得更好。但不幸的是，沒有人能真的回答這個問題。我沒辦法清楚告訴你我們有什麼優勢、發生了什麼，或是不同情況會怎樣，但這是我們自己造成的。」

明明還有其他不曾參與醜聞案的總教練候選人，辛區和柯拉卻可以那麼快就找到新東家，這讓一些人感到不悅。不過同時間，他們兩位也算是聯盟裡極為出色的總教練。

聯盟針對柯拉領軍的紅襪進行了第二起電子偷暗號的調查，最終給出比太空人還要輕微的懲處。雖然紅襪曾在二〇一七年的「蘋果手錶案」後保證不會再有此行為，但他們隔年卻又故態復萌。聯盟發現在二〇一八年的例行賽中，也就是他們奪冠那年，紅襪情蒐人員瓦金斯在比賽進行時透過影像來破解暗號，是為跑者法的一部分。

我和羅森索報導說紅襪其實還可以在二〇一九年偶爾這麼做，因為負責看管影像室的監管人員是年輕的紅襪球迷，他們可能會手下留情。聯盟並沒有正式得出如此結論，不過曼佛瑞還是寫道：「四位證人表示，當影像監管人員在重播室時，瓦金斯會用手勢或筆記把暗號序列的資訊傳遞給他們，這讓他們覺得他在從事不法行為，因為他試圖隱藏他的通訊方式。」一位紅襪隊員表示：「那傢伙（監管人員）總是坐在椅子上滑他的手機，也不會一直在那邊，他會起來走走，所以真的沒那麼難。」況且紅襪其實有兩間影像室。

一方面，紅襪似乎不需要接受如同太空人的懲罰，只有否認一切指責的瓦金斯被禁賽。與太空人失去四個選秀名額相比，紅襪僅被剝奪一支選秀籤，而且還未被罰款。然而，聯盟這次處理調查和懲處的方式不免有雙標之嫌。聯盟之前說過總教練和總管要為球隊偷暗號的行為負責，這也是曼佛瑞在太空人案時再三強調的論點，但此時卻認定瓦金斯是個脫序的員工。聯盟表示紅襪與太空人不同，他們已經採取許多措施來確保職員有遵守規範。

「我不認為柯拉或是其他紅襪職員知道或是應該要知道，瓦金斯會利用即時轉播影像來更新他從賽前分析中所獲得的訊息。」曼佛瑞於二〇二〇年四月在紅襪事件的報告中寫道。但同時他還寫道：「柯拉並沒有將二〇一八年實行的偷暗號規則有效地傳達給紅襪的球員知悉。」

柯拉與辛區、盧諾和陶曼一樣，整個二〇二〇年球季都被禁賽，但不是因為紅襪二〇一八年的所作所為，而是因為他二〇一七年在太空人的角色。到頭來，聯盟對紅襪的調查似乎過於便宜行事。只有一名職員犯了錯？柯拉和其他紅襪隊員集體讓一名低階職員扛下二〇一八年作弊事件的所有罪名，他們對此幾乎沒有做出任何解釋。讓基層職員因為某些造福其他多數人的行為而被禁賽一整季，這可不是好的領導者該有的做法，特別是總教練本人也因此受惠。

瓦金斯繼續待在紅襪擔任球探，雖然他應該正在禁賽停薪中，但據說他還是有金錢收入。在某通與紅襪職員和球員的通話中，一位知情人士表示：「有一位球員站出來呼籲大家：『我們要確保瓦金斯的經濟狀況無虞。』我們都知道他為我們做了什麼，所以我們有責任要照顧他。有了球員的幫助，他那年賺的錢比其他時間都還要多。」

這起事件也造成二〇一八年紅襪隊員之間的對立。在調查期間，據說聯盟高層告訴瓦金斯是誰把他出賣給了調查員。一位紅襪消息來源說：「聯盟裡還是有人被紅襪隊員討厭，這給球團造成不少問題，因為瓦金斯到處在質問別人。」

太空人外野手史賓格在二〇二〇年賽季後成為自由球員，當時因為疫情緣故，自由市場顯得不穩定。假如太空人在二〇一三年或二〇一四年開季時就將史賓格升上大聯盟，他就能早一年（也早一歲）投身自由市場。後來，藍鳥以六年一億五千萬美元簽下史賓格。

先發投手凱寇在二〇一八年季後離開太空人，他未能如願與球隊簽下長約。二〇二一年，凱寇以白襪球員的身分重回休士頓，而他在訪談中提及盧諾。「盧諾已經不在了，所以我沒有怨恨的人了。我就直說了，我們一直都處得不好。」凱寇在抵達休士頓前告訴記者。

當凱寇回到舊地休士頓，他向記者說：「我們從來都沒有對話，我在二〇一七年就說過了，那時候是在講我對交易大限的想法，大概就是這樣。完全沒有對話，連一丁點的個人關係都沒有，這讓我很不高興。我很認真對待比賽，只想要一絲尊重，但我認為很多人都沒有得到應有的尊重。所以我站出來發聲，到現在還是一樣。」

二〇二二年，克蘭以六年一億一千五百萬美元和陣中年輕好手尤丹·艾瓦雷茲（Yordan Alvarez）續約，他是盧諾在二〇一六年與道奇交易而來的，這個價碼對球隊來說挺划算。

前選秀狀元艾培爾沒有投過任何一場大聯盟賽事就宣布退役，但他對棒球的熱愛使他再度回歸職棒。二〇二二年，他在費城人完成大聯盟的初登板，距離他與太空人簽約已過了九年。

過去分別任職於佛羅里達和亞利桑那訓練基地的前太空人職業球探雅各斯和塔桑諾，在本書出版之際，他們都已不在大聯盟從事全職工作了。雅各斯先是加入響尾蛇，後來離開棒球界，但還兼了一份費城人的球探工作。塔桑諾則是前往韓國職棒，加入三星獅隊。

當雅各斯告訴別人自己曾在太空人工作時，「大家都會嘲笑我是個作弊仔，此時我就會拿冠軍戒指給他們看。我不會用異樣眼光來看待它，我對於那枚戒指感到無比自豪，因為我知道我沒有做錯任何事。」雅各斯看見太空人球團文化有很多問題，但他不覺得每一樣都是不好的。他決定去攻讀企管碩士，並特別在電話中告訴盧諾，他之所以這麼做是因為盧諾的緣故。

雅各斯說：「他是個領袖，是個非常聰明的人，他做的事情換作是我肯定很不一樣，特別是在知道很多商學院的術語後。第一是人力資產的價值，再來是文化，建立文化。好笑的是，我有一堂課教的是：『只要獲勝就會有好文化。』我就想說，不對吧，我之前效力的球隊才剛拿到世界大賽冠軍，然後他們的文化還是像坨屎一樣。結果沒人相信我。」

寇瑞亞在二〇一八年十二月三十一日出獄，他駭入太空人系統而被判處的四十六個月刑期得到減免。之後，他花了將近三年的時間參與「保釋計畫」，[2]後來任職於刑事司法改革和公民資料等領域。

費斯特離開太空人後，與勇士搭上線。太空人的前同事說：「勇士是繼太空人之後投資艾傑攝影機第二多的球隊，這並非偶然發生。」懷爾斯之後也到了亞特蘭大。勇士在二〇二一年世界大賽擊敗太空人，在美粒果球場封王。

高斯汀在二〇二〇年被太空人解雇，他也是疫情期間職棒裁員潮下的犧牲者。「我認為整個職棒都把人當成垃圾在對待，太空人更是特別擅長，他們又不是獨資企業或什麼的。」高斯汀說道。高斯汀再度回到他的老本行，投身數據網站「FanGraphs」，然後於二〇二二年加入雙城的高層。

經營金鶯的艾利亞斯和梅達爾正在進行超級擺爛計畫，這跟當時的太空人有得拚，兩隊都有著極低的團隊薪資和糟糕的戰績。二〇二二年，金鶯總算看到一絲曙光。

陶曼接受了諮商，還在休士頓的「援助家暴受害者」（Aid to Victims of Domestic Abuse）團體中擔任志工，並在一家房地產投資公司上班。他很慶幸自己終於看清之前的工作樣態有多扭曲。他也試著彌補他在職棒的過錯，包含二〇一九年美聯冠軍賽封王時被他大吼的那位記者。好巧不巧，他們一起上了同堂瑜伽課，還會相約喝咖啡和聯絡。大聯盟已讓陶曼復職，如果之後有球隊要雇用他的話，聯盟也允許他為其效力。陶曼與棒球的緣分未滅，他幫助好幾間第三方公司來評估和預測球員。

盧諾的出路幾乎被斷光，因此黯然退出棒球圈。他對克蘭的訴訟已達成和解，而和解金額未被公開（控告老闆大概是讓盧諾最不可能重返棒球圈的理由）。二〇二〇年，因禁藥問題而飽受爭議的羅德里奎茲有興趣買下大都會，盧諾為他提供了一些意見。同年，很多投機客掀起一波「特殊目的收購公司」（special-purpose acquisition companies）的熱潮，盧諾也緊跟在後。二〇二一年初，他與人共同成立SportsTek公司，並在首次公開發行（initial public offering）上募集到一億二千五百萬美元。根據《彭博》雜誌報導，特殊目的收購公司於二〇二〇年在美國交易所的募資金額，達到破紀錄的七百八十億美元。二〇二二年，盧諾成為兩支足球隊的共同老闆，分別是墨西哥的坎昆足球俱樂部（Cancún F.C.），以及西班牙的萊加內斯足球俱樂部（C.D. Leganés）。

聯盟主席曼佛瑞也做出重大改革，從二〇二三年球季開始，他將限制守備布陣並且加裝投球計時器。數據分析的崛起和守備布陣等現象的出現都影響了球賽的進行，對許多人來說，這也導致全壘打和三振數提高，場內的守備機會減少。

2 譯注：「保釋計畫」（The Bail Project）是一個非營利組織，旨在無償提供保釋金給任何有需要的人，並且打造出更平等的司法體系。

一位總管說：「想要做到完美就得付出代價。我覺得當數據分析最佳化開始走向賽場時，就是棒球悲劇的開始。對我來說，這和用在選秀或是分配薪資很不一樣。當這些狗屁倒灶的事情漸漸爬向球場，球迷和球賽都會因此受害，不管是黏性物質、偷暗號，還是三純數據（三振、保送和全壘打）什麼的，我們現在都要把它們剷除乾淨。」

至於擺爛和操弄服務年資呢？在大聯盟睽違二十六年的罷工中，這些都成為勞資雙方最主要爭論的議題。

那位總管說：「我認為高層和人員決策變得有點華爾街化和麥肯錫化，而大聯盟從中獲得很多利益。雖然也造成不少代價，但多數肯定都是他們喜歡的。」

二〇二一年十二月，球團老闆進行了封館，將球員拒之門外。例行賽差點就打不成，好在雙方於二〇二二年三月達成協議，確保球季可以打滿一百六十二場比賽，只是開幕戰的日期被往後延。像太空人這樣的行為成為爭議的核心，新版勞資協議鼓勵球隊儘快將年輕球員升上大聯盟，而不是像對待史賓格那樣操弄球員的服務年資。此外，新協議還加入選秀樂透制度[3]來反制球隊擺爛行為，最爛戰績不再是選秀狀元籤的保證。但這樣的方法並沒有阻止運動家在封館結束後，把隊上的好球員都出清交易走，也沒能改變擺爛是老闆省錢的好手段這個事實。

勞資問題並未隨著封館結束而消失不見。二〇二二年，長期飽受低薪困擾的小聯盟球員組成自己的球員工會，並涵蓋在大聯盟球員工會的保護傘下。另外，小聯盟球員針對大聯盟違反薪資法而發起集體訴訟，雙方也以一億八千五百萬美元達成和解。

在太空人作弊案後，曼佛瑞對於電子偷暗號祭出更嚴格的規定。球員和職員仍然可以透過電視觀看延遲的轉播，雖然曼佛瑞曾短暫禁止過，但他在二〇二〇年將此權利還給了球員。二〇二二年，球員首次可以使用一套能夠讓捕手電子化配球的耳機設備，捕手無須比出傳統的暗號手勢，他們可以藉由按壓手腕裝置上的按鈕來告訴投手要投什麼球。

在另一項技術的探尋上，聯盟正在研究電子好球帶，讓裁判至少能夠借助電子儀器來判定好壞球。「如果你覺得這樣就不會有人駭入好球帶或是在上面動手腳，那你就太傻了。」一位大聯盟總教練說道。這樣的擔憂即使推展到極端，也適用於新的配球系統。

二〇二〇年，曼佛瑞和老闆們准許大都會出售給億萬富豪史蒂夫・科恩（Steve Cohen）。科恩之前曾想收購道奇，而且他擁有的SAC資本顧問公司（SAC Capital Advisors）因從事內線交易被判處十八億美元的罰款。這是有史以來最嚴重的內線交易判罰，員工還因此入獄服刑，但科恩沒有被起訴。他現在是職棒裡最有錢的老闆。

克蘭還是太空人的老闆，為了填補盧諾的空缺，他從光芒挖來一位有著研發背景的新任總管：詹姆斯・克利克（James Click）。光芒這支小市場球隊過去靠著前總管佛里曼的打造，搖身成為團隊薪資低廉的知名強權，而佛里曼正是克蘭在找到盧諾前鎖定的人選。

---

3 譯注：根據選秀樂透制度規定，前六順位的選秀籤將會從前一年所有十八支未晉級季後賽的球隊中抽取，而中籤的機率會隨著戰績愈差而愈高。

太空人在資深總教練戴斯提・貝克（Dusty Baker）的帶領下，仍然打出相當出色的成績，並於二〇二二年以四勝二敗擊敗大黑馬費城人，順利奪下隊史第二座世界大賽冠軍。二〇一七年的冠軍人馬如今只剩下五個，深受球迷喜愛的柯瑞亞在前一賽季末成為自由球員，而克蘭讓他走了。小聯盟裡還有另一名更年輕、更便宜的強力游擊手傑瑞米・潘尼亞（Jeremy Peña）在等著，而他獲選了二〇二二年世界大賽最有價值球員。

儘管大獲成功，克蘭和克利克在該賽季對於「棒球事務部的人力規模，以及克利克對於隊內其他聲音會影響老闆的擔憂」出現爭吵，羅森索如此報導。克利克在太空人奪冠的六天後離隊，這如果發生在其他球隊肯定會讓人大吃一驚。據傳他拒絕克蘭所開出的一年合約，很多圈內人士認為那份合約是種侮辱，不只是因為他才剛帶領太空人連兩年闖進世界大賽並收穫一座冠軍，還有因為偷暗號醜聞發生後，他的到來可說是穩定軍心。二〇二二年初，《富比士》預估太空人的球隊價值約為十九億八千萬美元，約莫是克蘭十年前購入球隊和電視台股份的三倍之多。

曾被譽為「基西米市長」的艾明斯頓幫助太空人把春訓基地從佛州的基西米搬遷到西棕櫚灘（West Palm Beach）。搬遷期結束後，他在二〇一九年九月被解職，就在盧諾被開除的幾個月前。當時還是總管的盧諾雖然沒有親自開除艾明斯頓，但他派了屬下傳達此消息。

艾明斯頓說：「他們的要求我全部都照做了，結果卻因此被解雇。我想讓大家知道過去的樣子，以及過去有多美好。當我認識我妻子時，我告訴她：『妳不會相信我的工作有多麼棒！』等到盧諾接管之後，我不再熱愛這份工作了，他們沒有做正確的事，也不照顧好自家人。」

在太空人待了三十四年後，艾明斯頓的年薪是八萬美元。現在，他則在佛羅里達銷售福特汽車和貨車。

誌謝

在我和羅森索揭露太空人新聞的那天，我們恰好一起出席在亞利桑那舉行的職棒年度總管會議。我在一旁告訴他，我覺得這大概會是我們人生中最大的新聞。他起初還不太確定，但很快就改變了心意。羅森索不僅是個技巧嫻熟的記者，還是個永遠充滿活力和善良的人。他有著我從沒見過的滿滿動力，但仍然抽出時間指導許多在《運動員》和業界的人。我永遠對他心懷感激，感謝他當初鼓勵我加入《運動員》、我們最終對於調查太空人一案的合作，還有我們除了談論每日新聞之外的所有對話。儘管羅森索無法跟我一起撰寫這本書，但字裡行間都有著他的身影。

哈波（Harper）出版社的編輯尼爾森（Eric Nelson）在這漫長過程中展現了極大的耐心。與所有偉大的交情一樣，我們的關係始於他在推特上私訊我，建議我可以把太空人的報導寫成一本書。過了這麼久之後，至少可以確定他這點是對的。出版社的西爾凡（Beth Silfin）和奈哈特（James Neidhardt）同樣也給予我很多指導。布雷克（David Black）經營著同名的作家經紀公司，他讓我在看似不可能的情況下，穩定保持在進度上。

寫一本書會消耗大量的時間和精力，而這些都是身為一位好員工該擁有的，因此我必須向《運動員》的管理團隊致上誠摯的感謝，包含伯比奇（David Perpich）、漢斯曼（Adam Hansmann）、馬勒（Alex Mather）、費騰鮑姆（Paul Fichtenbaum）、高絲汀（Sarah Goldstein）和柯米特（Lauren Comitor）。媒體經紀公司蒙太格集團（The Montag Group）的高斯法蘭（Maury Gostfrand）則協助打理所有事情。《運動員》裡有許多同仁都經手過報導原稿，包含以下幾位優秀的編輯：史潘（Emma Span）、多曼（George Dohrmann）、諾蘭德（Claire Noland）和博洛斯基（Kaci Borowski）。

在我報導的過程中，包含寫這本書時和好幾年以前，很多人都花時間替我解惑。我非常感謝每一位與我對談的人，你們的經驗和想法成就了本書。休士頓大學的檔案管理員李伊（Vince Lee）幫助過我的研究，而新聞網Newspapers.com是個特別珍貴的資源。

《休士頓紀事報》（包含其他人的報導以及我在那裡的時光）扮演了最核心的角色。貝倫和西索產出了重要報導，前太空人隨隊記者拉文（Zachary Levine）也是。當我還在職時，雷曼斯（Reid Laymance）和麥修斯（Nick Mathews）是兩位非常優秀的編輯，巴恩斯（Nancy Barnes）和洛伯（Vernon Loeb）也是，而歐提茲是個絕佳的隨隊搭檔。同時也要感謝哈維（Randy Harvey）、拉賈（Greg Rajan）、楊恩（Matt Young）和薛佛（Steve Schaeffer），而華倫

（Karen Warren）則是世界上最厲害的運動攝影師。

第一個報導太空人不當使用垃圾桶的記者是如今在ＥＳＰＮ的帕森（Jeff Passan），也是我認識很久的朋友。他有了不錯的發現，而且還那麼有名望，我很高興他還留了一些給我，哪怕就只有這一次。

業界裡有許多朋友在過程中支持我，而這份永無止境的名單包含了奧爾巴赫（Nicole Auerbach）、巴巴瑞西（Dan Barbarisi）、布瑞福德（Rob Bradford）、布朗（Maury Brown）、伊恩（Ian）和艾米（Amy Browne）、克瑞格（Marc Carig）、柯戴洛（Sarah Cordeiro）、柯提洛（Chris Cotillo）、戴蒙（Jared Diamond）、戴德（Rustin Dodd）、費桑德（Mark Feinsand）、休威特（Steve Hewitt）、卡普蘭（Emily Kaplan）、基莉（Laura Keeley）、基恩（Casey Keen）、基瑟（Hannah Keyser）、馬斯楚多奈特（Jason Mastrodonato）、麥卡菲（Jen McCaffrey）、甘古利（Tania Ganguli）、芮肯、羅姆（Chandler Rome）、羅森索（Brian Rosenthal）、西佛曼（Michael Silverman）、史密斯（Chris Smith）、史彼爾（Alex Speier）、史賓塞（Lauren Spencer）、托馬斯（John Tomase）以及瓦格納（James Wagner）。布里頓（Tim Britton）、薩德南（Saheli Sadanand）、卡普蘭（Jake Kaplan）、麥卡洛夫（Andy McCullough）、梅森（Chris Mason）、歐托利尼（Meghan Otolini）和蘇利文（Heather Sullivan）則特別包容我的搞笑噱頭。我真希望能把這本書分享給兩位既善良又體貼的新英格蘭體育媒體大老，卡法多（Nick Cafardo）和瑪東（Art Martone），可惜他們太早離我而去。

當我答應要寫這本書時，疫情才剛開始。大家一直對我說：「這樣你就有很多時間在家裡報導和寫作了！」結果我幾乎沒辦法分散和轉移我的注意力，使得編寫這本書困難無比。考菲（Alex Coffey）的鼓勵猶如混亂中的一絲曙光。

多年來，我一直有個很支持我的圈子，這讓我受益良多。我由衷地感謝亞力山卓（Vlad Alexandre）、柯波（Tiffany Marie Corpuz）、拉澤爾（Rose Lazarre）、芭芭拉斯柯（Sofia Barbaresco）、尼可雷塔和瑪麗亞（Nicoletta and Maria Bumbac）、費許曼（Jeannie Fischman）、蓋森海默（Jason Geiseinheimer）、曼佛雷多（Amanda Manfredo）、丹和瑪蓮娜（Dan and Marlaina Wing Hunter）、蘇珊和傑佛瑞（Susan and Jeffrey Hunter）、喬納醫師（Jonah Mandell）、索希尼克醫師（Sara Soshnick）、曼德爾（Alan Mandell）、希客（Vicky Shick）、瑪希奇（Josh Mirsky）和楊提姆（Tim Yeo）。

我的家庭成員不多，但每一位都很偉大。我要向戴夫（Dave）、哈爾（Hal）和伊莉莎白（Elizabeth Drellich）、黛博拉（Deborah Berry）、蘇珊（Susan Mayer）、阿里（Ali Thom）、詹姆斯和費爾（James and Phil Maslow）、柯瑞（Curry Glassell）、艾瑪（Emma）和蕾貝卡（Rebecca Piscia）獻上我的愛。琳西（Lindsey）和費雪（Fisher Adler）堅定無比的慈愛是對我最好的支持。感謝我的母親琳達（Linda）、外婆瑪麗（Mary Ekstrand）和父親史蒂夫（Steve Drellich），我愛你們。

最後，本書的原聲帶是「殺手樂團」（The Killers）的音樂。

GAMER 02

贏球治百病：
數據分析如何毀了棒球文化，搞出美國大聯盟史上最大弊案！

Winning Fixes Everything: How Baseball's Brightest Minds Created Sports' Biggest Mess

作　　者　伊凡・德雷里克（Evan Drellich）
譯　　者　顏佑丞
編　　輯　邱建智
校　　對　魏秋綢
排　　版　張彩梅
封面設計　許晉維

副總編輯　邱建智
行銷總監　蔡慧華
出　　版　八旗文化／左岸文化事業有限公司
發　　行　遠足文化事業股份有限公司（讀書共和國出版集團）
地　　址　新北市新店區民權路108-3號8樓
電　　話　02-22181417
傳　　真　02-22188057
客服專線　0800-221029
信　　箱　gusa0601@gmail.com
Facebook　facebook.com/gusapublishing
Blog　gusapublishing.blogspot.com
法律顧問　華洋法律事務所／蘇文生律師

印　　刷　中原造像股份有限公司
定　　價　550元
初版一刷　2025年3月
ISBN　978-626-7509-35-7（紙本）、978-626-7509-33-3（PDF）、978-626-7509-34-0（EPUB）

國家圖書館出版品預行編目（CIP）資料

贏球治百病：數據分析如何毀了棒球文化，搞出美國大聯盟史上最大弊案！／伊凡・德雷里克（Evan Drellich）著；顏佑丞譯. -- 初版. -- 新北市：八旗文化, 左岸文化事業有限公司出版：遠足文化事業股份有限公司發行, 2025.03
面；　公分. --（Gamer；2）
譯自：Winning fixes everything : how baseball's brightest minds created sports' biggest mess.
ISBN 978-626-7509-35-7（平裝）

1. CST：職業棒球　2. CST：美國史

528.955　　114001071